你的企业离倒闭还有多远

周锡冰　韩星　著

中国财富出版社

图书在版编目（CIP）数据

你的企业离倒闭还有多远 / 周锡冰，韩星著 .—北京：中国财富出版社，2014.2

（财富商学院）

ISBN 978-7-5047-4893-5

Ⅰ.①你… Ⅱ.①周…②韩… Ⅲ.①中小企业－企业经营管理 Ⅳ.①F276.3

中国版本图书馆 CIP 数据核字（2013）第 228806 号

策划编辑 黄 华 **责任印制** 方朋远
责任编辑 周 南 姜莉君 **责任校对** 饶莉莉

出版发行 中国财富出版社
社　　址 北京市丰台区南四环西路 188 号 5 区 20 号楼 **邮政编码** 100070
电　　话 010-52227568（发行部） 010-52227588 转 307（总编室）
010-68589540（读者服务部） 010-52227588 转 305（质检部）
网　　址 http://www.cfpress.com.cn
经　　销 新华书店
印　　刷 三河市西华印务有限公司
书　　号 ISBN 978-7-5047-4893-5/F · 2066
开　　本 710mm × 1000mm 1/16 **版　　次** 2014 年 2 月第 1 版
印　　张 22.5 **印　　次** 2014 年 2 月第 1 次印刷
字　　数 311 千字 **定　　价** 48.00 元

版权所有・侵权必究・印装差错・负责调换

财富商学院书系专家委员会

总顾问　曾德国

主　任　张路中

副主任　周云成　张　永　宋　华　陈　莉　张大德
　　　　兰世辉

委　员　简再飞　周芝琴　张著书　赵丽蓉　张荐华
　　　　范萍岚　魏双勤　朱伯庸　沈　洋　何　明

财富商学院书系编委会

主　　编　周锡冰

执行主编　周锡冰　范虹轶

编　　委　赵丽蓉　霍红建　赵立军　王　彦　厉　蓉
　　　　　赵晓棠　熊　娜　周芝琴　李艾丽　李　言
　　　　　黄坤山　丁芸芸　何　庆　吴江龙　吴抄男
　　　　　吴雨凤　周　斌　李文强　丁　文　兰世辉
　　　　　徐世明　佘　玮　杨丹萍　沈　娟　刘炳全
　　　　　占小红　史　霞　陈德生　吴雨来　王　建
　　　　　庞志东　姚信誉　陈　放　李爱军　蔡　跃
　　　　　姜玲玲　李嘉燕　徐　思　苟斌文　文淑霞
　　　　　周云成　陈应刚　欧阳春梅

目录

第一章　识人无术

在任何一个企业人力资源管理中都存在着诸多风险。如果企业老板在使用人力资源决策时稍有不慎，就有可能给企业带来不必要的损失，甚至灾难性的后果。

——《命门：中国家族企业死亡真相调查（升级版）》

第一节 “兄弟”阋于墙：哥们式合伙，仇人式散伙

有人戏说，个别企业的合伙人都是“哥们式合伙，仇人式散伙”。公司创办之初，碍于情面，合伙人之间只用口头简单约定。而在经营过程中，公司财务管理又不规范，制度和股权或者没有确定，或者有而模糊。这些都为以后的纠纷埋下祸端。

——“哥们式合伙，仇人式散伙”

“哥们式合伙，仇人式散伙”发端于传统文化

可以肯定地说，任何一个企业老板都希望自己创办的企业能够基业常青和永续经营。但是在我采访和在给一些企业老板培训的过程中却发现，要想实现基业常青和永续经营这样的梦想，可谓是“蜀道之难，难于上青天”。

可能读者会问，这是为什么呢？这主要源于中国的传统文化。在中国传统的文化中，倡导儒家“五常”——仁、义、礼、智、信。

在这样的文化熏陶下，中国人就时刻把这“五常”作为做人、经商的训条。客观地讲，中国人重感情、讲义气，这的确是一种传统美德。在儒家“五常”文化中，把“义”列在“仁”之后，足以看出“义”在中国传统文化中的分量。

当然，今天的中国人早已打破了封建社会的精神桎梏，迎来了一个接

受系统教育的黄金时代。在中国改革开放30多年的历程中，中国企业家迎来了创业的黄金时代。据资料显示，中国中小企业已经达到5000万家。

在这5000万家中小企业中，众多中国企业创始人将“重感情、讲义气”这种美德带到了商场经营中。所谓“在家靠父母，出门靠朋友”。

研究发现，在中国5000万家创业企业中，三五好友聚集，一番热血涌动之后就开始创业的企业老板不在少数。在企业创办初期，企业的凝聚力是最强的，因为其目标都是一致的——赚钱。在这个目标下，创业伙伴都会同心协力，同甘共苦，一点一滴地努力将创业企业的规模做大。

然而，当创业企业规模做大之后，当初的“重感情、讲义气”式友谊就开始出现裂痕，开始产生内讧，出现利益纠纷。创业企业一旦出现这样的问题，那么它离倒闭就不远了。

事实证明，很多创业企业由于经不起这样的折腾，倒在了成长的路上。中国照明行业中类似事件屡见不鲜，2005年雷士照明遭遇的股东分家危机至今历历在目，让人心有余悸。[①]

被称为照明行业“三剑客”的吴长江、胡永宏、杜刚都是山城重庆人，而且还是高中三年同窗，其中吴长江为班支书，胡永宏为班长。

1984年，对于吴长江、胡永宏、杜刚三人而言，无疑是幸运的一年。三人以优异的成绩分别考入西北工业大学、四川大学、华南理工大学。在20世纪80年代的中国大陆地区，上大学就意味着改变命运。

由于吴长江、胡永宏、杜刚三人上的大学各不相同，大学毕业后，三人的工作地点自然就各异——吴长江被分配到陕西汉中航空公司、杜刚被分配到国有企业惠州德赛电子、胡永宏则被分配到了成都彩虹电器集团。

1992年，邓小平南行讲话以后，中国创业更是迎来了燎原之势。不甘

① 一凡．照明企业：合资办企不能光靠讲义气［N］．古镇灯饰报．2009-8-28.

落寞的吴长江看到越来越多的人加入到创业队伍中，心中更是踌躇满志，于是从陕西汉中航空公司辞职南下广东。不久，吴长江辗转加盟了位于广州番禺的一家名为雅耀电器的港资灯饰企业。

到了1993年年底，吴长江毅然从雅耀电器辞职，并筹划创业，创业项目就是照明行业。他没有把创业地点选择在番禺而是在惠州，自有自己的盘算。当时，吴长江的高中同学杜刚已经升任惠州德赛下面一家二级公司的副总经理了。吴长江前往惠州创业，起码有同学照应。

1994年，杜刚邀请了三位德赛的老总，而吴长江则邀请大学校友王戎伟，6个创业伙伴每人出资15000元，总共筹集了10万元创业资金，成立了惠州明辉电器公司，专做电子变压器的代工生产业务。

惠州明辉电器公司的具体工作由吴长江和王戎伟负责，其他四个人只做股东。公司刚设立之时，其工厂就设在德赛厂区，由于德赛的三位老总是股东，公司最早用的厂房、货车都是免费的。

由于惠州明辉电器公司没有厂房投入、租金负担，创办当年就盈利100余万元，但因股东数量太多分歧过大，一年之后的1995年创业伙伴决定卖掉惠州明辉电器公司，每人分得30多万元。

惠州明辉电器公司卖给了给吴长江他们订单的港商，而港商又把吴长江返聘为该公司的总经理，并且答应给予吴长江15%的股份。

该港商则在中国香港成立贸易公司，把明辉电器的产品卖到海外。但是后来吴长江发现，港商承诺他的15%的股份几乎拿不到分红，因为公司的利润转到香港去了，大陆这边的公司赚不到钱。几年之后，吴长江索性离开了。

1998年，吴长江决定做照明品牌。他找到了高中同学胡永宏，因为他所在的成都彩虹电器集团从事的是小家电行业，而且他毕业十年来一直干着营销岗位。吴长江擅长的是工厂管理，做品牌光有工厂管理能力显然不够，所以胡永宏的市场营销经验就成为吴长江所急需的。[①]

在1998年年底，由吴长江出资45万元，他的另外两位同学杜刚与胡永宏各出资27.5万元，以100万元的注册资本在惠州创办了雷士照明。

从雷士照明的股权结构来看，吴长江是雷士照明的第一大股东，持股占比45%，而相对两位同学杜刚与胡永宏的合计持股55%来说，吴长江又是小股东。

雷士照明正是在这种“有控制权但又被制约”的股权结构中，由作为同窗的“三剑客”合力迅速做大。创办雷士照明的第一年，其销售额即达到3000万元，此后每年以近100%的速度增长。

随着雷士照明的做大，从2002年开始，“事情正在起变化”，股东之间的心态也开始悄然转变，裂痕随即产生。

在雷士照明中，由于吴长江担任总经理，全面负责雷士照明的运营。在对外合作中，吴长江代表雷士照明。合作者们但凡提及雷士照明，一定会首先谈及吴长江，所以另外两位股东杜刚与胡永宏认为自己的功劳被忽略了。

于是，掌管销售的胡永宏开始越位干涉雷士照明的企业经营，原本只需要向总经理吴长江汇报的事情，胡永宏也以股东身份要求职业经理人向其汇报，并且单方面下达他的指示。胡永宏的举动造成了一旦雷士照明股东意见不一致时，雷士照明职业经理人就无所适从。

随着雷士照明局势的恶化，但凡开会，股东一方提出新的建议，另一方通常都表示反对，致使会议无法正常继续进行下去。

不仅如此，杜刚与胡永宏还认为，如果这种情况持续下去的话，雷士照明将无法持久经营，于是提出只要雷士照明有收入就马上分红。

---

①佚名.雷士照明股权连环局[OL].东方财富网.http://hk.eastmoney.com/news/1535,20120713221817086_2.html.

而在日后的分红中，由于吴长江的股份相对于杜刚与胡永宏而言较多一些，因而所分得的现金也较他们要多。这就使得杜刚与胡永宏心理进一步不平衡，要求分红也必须一致。

经过一番交涉，吴长江把自己的股份向杜刚与胡永宏分别转让 5.83%。于是形成了吴长江、杜刚、胡永宏三人的股份分别为 33.4%、33.3%、33.3% 的均衡状态，三位股东在雷士照明的工资、分红也完全均等。

然而，尽管股东股份均等的问题解决了，但是吴长江、杜刚、胡永宏三人的关系却并未因此而改善。2005 年，随着雷士照明的销售渠道改革，吴长江、杜刚、胡永宏三位股东的矛盾全面爆发，杜刚与胡永宏强烈反对吴长江的改革方案。

吴长江当时采取了"以退为进"的策略。由于吴长江负责雷士照明的全面管理和经营，如果他离开，杜刚与胡永宏是"玩不转"雷士照明的。于是，吴长江向杜刚与胡永宏提出，出让自己所有的股份给他们，分走 8000 万元现金并彻底离开企业。杜刚与胡永宏欣然同意，随即签署协议。

然而，让杜刚、胡永宏没有想到的是，吴长江离开雷士照明还不到一周时间，即遭遇雷士全体经销商的纷纷讨伐。雷士照明全体经销商要求吴长江重掌企业，杜刚与胡永宏被迫各拿 8000 万元彻底离开雷士照明。

在这一"赌局"中，吴长江"以退为进"的策略最终赢得胜利，而且付出的成本低于预期。有媒体报道说，如果不是吴长江"以退为进"的策略，要想让杜刚与胡永宏两位股东顺利离开，吴长江付出的成本将远不止 1.6 亿元资金。

但是事实上，尽管股东问题相对来说是妥善解决了，留给吴长江的雷士照明依然前途暗淡。在雷士照明的资金账户上，已经没有足够现金支付杜刚与胡永宏离开的股东款了。经过协商，最终达成一个折中方案，就是杜刚与胡永宏两位股东先各拿 5000 万元，剩余款项由吴长江半年内付清。

在兑现了一个亿的股东款之后，雷士的资金账户上几乎变成了“空壳”，接下来的资金问题才是吴长江真正的挑战。据他自己说，从 2005 年年底到 2006 年的下半年，他唯一做的事情就是“找钱”，其他的一概不管。[①]

在中国，有一句叫“合伙的生意做不长久”的古话深得商人阶层的认同。在今天，这句古话的道理依然适用。

研究发现，同学、好友合伙创业绝大多数都是“有善始、无善终”的，即哥们式合伙，仇人式散伙。

相对较好一点的结局是分道扬镳，各自独立经营自己的公司。如正泰创始人南存辉和德力西创始人胡成中。最糟糕的结局是兄弟反目成仇，对簿公堂，最终将创业企业推下山崖。如爱多创始人胡志标和陈天南。

客观地讲，创业企业股东之间的矛盾，向来是公说公有理，婆说婆有理。在上述案例中，吴长江与另两位股东杜刚与胡永宏之间，究竟孰是孰非，至今依然是个谜团。我们所知道的很多媒体报道仅仅只是吴长江的一面之词。

在本案例中，雷士照明被两位股东杜刚与胡永宏抽走了 1 亿元资金，资金链面临断裂而轰然倒地的风险。

尽管雷士照明的城池得以保住，但是吴长江却为此付出了 1.6 亿元的巨额代价。对此，吴长江在接受媒体采访时叹道：“你身上背着黄金，掉进了水里，你要是不丢掉黄金，你的命就没有了。当时企业非常危险，我只有丢掉‘黄金’，将企业牢牢抓在手里。”

根据双方签订的协议，吴长江必须支付给另两位股东每人 8000 万元，总共 1.6 亿元的股权转让金。这笔转让金不光数目不小，而且有时间限制。吴长江必须在一个月之内首先给每人支付 5000 万元总共 1 亿元的资金，

① 苏龙飞 . 雷士照明：资本猎手之间的博弈 [J]. 经理人，2010-12-15.

而余款必须在半年内全部交完。签订协议的两天后，律师又给吴长江拿来了一纸补充协议，如果不能按期支付，则会拍卖他的股份和品牌。

命悬一线的雷士不禁令人联想到曾经的爱多DVD。当年，爱多DVD就是因为一场股权风波，被股东抽走了5000万元，资金链断裂而倒闭。而雷士所遭遇的，更为甚之，釜底抽薪的1.6亿元使其同样面临资金链断裂的境地和倒闭的风险。[①] 尽管当时吴长江赢得了胜利，但同时也为日后自己与阎焱的对决埋下了祸根。

梁山式论资排辈解决不了创始人散伙问题

除了东亚文化，没有一个国家的文化中有“江湖文化”一说。江湖文化是中国传统文化中衍生出来的一种非常奇特的文化现象。不管是唐朝诗人李白，还是梁山泊首领宋江，都把江湖文化演绎得令人遐想无限，博大而又神秘。但是这种文化不能应用于商业的经营中，一旦把这种文化沿袭在企业经营中，那么这个创业企业必然遭遇重大危机，甚至还有可能从此倒闭。

在很多著作中，无不提到水泊梁山。当我们研究后发现，梁山最终的失败是必然的。在梁山的创业伙伴中，很多都是被某些政府官员逼反的，他们对朝廷可以说是恨之入骨的。然而，梁山首领宋江却一直以招安为梁山的最终战略目标。

在《水浒传》中，在江州，宋江得到戴宗和李逵的照顾，但因酒醉在浔阳楼墙壁上题了反词，被江州知府蔡京的儿子蔡九判处死刑。正准备行刑时，梁山泊英雄们，在吴用策划下，大闹江州法场，劫走了宋江、戴宗。

① 佚名．雷士照明：2004至2005年劫后重生［OL］. 高工LED. http://www.gg-led.com/asdisp2-65b095fb-6103-.html.

事后，29 位英雄在江州白龙庙聚会，浩浩荡荡返回梁山泊，宋江在山寨中坐了第二把交椅。[①]

这段文字很清楚地表明，宋江上梁山不是自己主动去的，而是因为在浔阳楼酒后写下《西江月》词一首后被以反革命罪告发，而被迫上梁山的。

然而，让宋江没有想到的是，梁山泊的各路英雄从法场上把他劫走了。当宋江最终走上梁山之后，他骨子里的东西依然是报效朝廷，这就意味着创业合伙人宋江不可能跟其他各路英雄一样。这就是宋江推行着一条彻头彻尾的投降主义路线的真正原因。

尽管宋江也是一个不安分的人，但是其父的反复交代让宋江彻底放弃了革命。可以肯定地说，在宋江的精神意识里，从来就没有想要彻底地革命、彻底地推翻宋朝。宋江热衷于鼓吹招安、等待招安，迫不及待地乞求招安，主要是他忠君报国的精神意识在作祟。

反观《水浒传》中的其他各路英雄，在招安这条战略路线中，很多英雄是不愿意被招安的，然而他们屈从于封建礼教中宣扬的所谓“忠义”，宋江“忠义”于腐朽的朝廷，“忠义”于封建专制，企图把已经十分尖锐的、不可调和的农民和地主之间的阶级矛盾竭力地抚平，而他们“忠义”的却是热衷于搞投降的宋江，每次激烈的争辩，他们总是被宋江那张巧舌如簧的嘴里看似战略性和策略性的言论以及封建统治者为了维系其统治，大肆向人们灌输的封建“忠义”柔和地压制下去，在《水浒传》里就成了“宣传投降就是忠义，忠义就必须投降”的荒谬理论。反对者立场不坚定，虽然不像宋江那样铁了心地想招安，却碍于所谓的兄弟义气，最后有的唉声叹气，有的闭口不谈，有的收回自己明明正确的言论等于向宋江认错，导致了最后的“被投降”。最终，这场轰轰烈烈的农民革命草草了事，惨

① 佚名．水浒传［OL］．百度百科．http：//baike.baidu.com/view/2578.htm#sub4991920.

淡收场。[①]

在创业道路上，当创业伙伴的战略目标不一致时，不光会出现“排座次”“分金银”“论荣辱”等问题，更有可能是一大堆问题都累积在一起，从而使得创业企业遭遇内讧。

湖南涉外经济学院文学部沈端民教授撰文指出，“任何政治斗争都基于一定的经济利益，梁山泊聚义也具有明确而具体的经济目的。作为聚义领袖的宋江用拜金主义指导梁山泊聚义，使拜金主义浸透了梁山军的政治理想，损害了梁山军领袖的权威性，削弱了梁山军的战斗力，最终使整个聚义军深深湮没在拜金主义祸水中而彻底灭亡。[②]”

水泊梁山虽然轰轰烈烈，可最后却落得死的死，散的散，草草收场的结局。梁山公司这个案例警示每一个企业老板，要想使自己所经营的企业基业常青和永续经营，在创建公司时，就必须选择与自己价值观相同的创业伙伴，否则，很难避免出现“哥们式合伙，仇人式散伙”的结局。

要想将企业打造成百年老店，就必须选对创业合伙人。对此，大唐帝国这个家族企业的开拓者唐太宗李世民的经验就值得借鉴。在《资治通鉴》里，就有关于唐太宗选择创业伙伴的案例记载。这个案例如下：

上令封德彝举贤，久无所举。上诘之，对曰：“非不尽心，但于今未有奇才耳！”

上曰：“君子用人如器，各取所长。古之致治者，岂借才于异代乎？正患己不能知，安可诬一世之人！”

德彝惭而退。[③]

---

① 佚名．梁山好汉为什么会失败［OL］．铁血社区．http://bbs.tiexue.net/post_6599332_1.html.
② 沈端民．拜金主义：“梁山聚义”失败的根本原因［J］．湖南财政经济学院学报，2011（3）.
③［宋］司马光．资治通鉴［M］．北京：中华书局，2009.

这段话的大意如下：

唐太宗李世民下旨，让唐朝初年任宰相的封德彝向大唐帝国朝廷举荐能人异士，可是，时间过了很久了，封德彝也没有推荐一个有才能的人。于是李世民就责问封德彝为什么没有举荐一个可用的能人。面对李世民的责问，封德彝回答说：“不是我没有尽心去找，而是当今大唐帝国的确没有杰出的人才。”

李世民了解封德彝的想法后说：“在用人这个问题上，其实跟使用器物的道理是一样的，每一种东西都要选用它的长处。古来能使国家达到大治的帝王，难道是向别的朝代去借人才来用的吗？只能怪自己不能识人，怎么可以冤枉当今一世的人呢？”

封德彝听了唐太宗的话，惭愧地走了。

李世民的观点是正确的，要想让大唐帝国这个家族企业千秋万载，就必须得人才，只有得人才者，方可得天下、安天下、治天下。然而，很多千里马正是因为不被伯乐赏识而骈死于槽枥之间。古今中外，多少有识之士、有才之人，由于没有被伯乐赏识而报国无门，英雄无用武之地，抱憾终身。

在李世民看来，封德彝之所以没有能够选拔出人才，是因为封德彝缺乏伯乐赏识人才的精神，而并非大唐帝国无才俊。在李世民这个管理团队中，就有善谏的魏征、长于谋划的房玄龄、敏于决断的杜如晦……

李世民用人如器，各取所长，为一大批人才提供了一个施展才能的舞台，使这批人才的才能得到了很好的发挥，为成就帝王之业和贞观之治打下了坚实的人才基础。正如司马光在《资治通鉴》里所言：“夫聪察强毅之谓才，正直中和之谓德。才者，德之资也；德者，才之帅也。云梦之竹，天下之劲也，然而不矫揉、不羽括，则不能以入坚。棠溪之金，天下之利也，然而不熔范，不砥砺，则不能以击强。是故才德全尽谓之‘圣人’，才德兼亡谓之‘愚人’；德胜才谓之‘君子’，才胜德谓之‘小人’。”

在司马光看来，唯才、唯德，都有失偏颇，只有德才兼备，才符合帝国家族企业的用人观。司马光的论述值得企业老板学习和反思。其实这个道理对于今天的创业企业一样适用。对于任何一个单位、组织而言，也是人才兴，事业才旺。

在选择创业伙伴时，不单单需要有识人和用人的智慧，更需要企业老板的宏大气度，否则难以成事。可能读者会问，既然唯才、唯德，都有失偏颇，那么作为企业老板如何选择理想的创业伙伴呢？对此，业内专家认为，以下几点值得创业企业老板学习和参考（见表 1-1）。

表 1-1　　选择理想的创业伙伴的 3 个标准

（1）人品好是必要条件	在企业经营过程中，选择人品好的合作伙伴是保证企业生存和发展的必要条件。ZCOM 总裁黄明明坦言："更多品质要在遇到困难和压力时才能体现出来。因此，选择创业伙伴时，有时自己的感觉比理性判断更加重要。要坦诚，要正直，如果创业合作伙伴品质有问题，公司一定走不远。"让黄明明最欣慰的是，ZCOM 的四个创业合伙人，至今没有因为个人利益而出现过争执
（2）志同道合是基础	在创业和经营过程中，选择志同道合的合作伙伴是保证战略一致的关键因素。这为统一战略的方向打下了基础。在《水浒传》中，宋江和其他英雄由于在招安问题上存在巨大分歧，尽管有情义在维持，但最终还是大厦将倾
（3）韧性、开放的心态和有非常强的执行力	在创业和经营过程中，可能会面对许多想象不到的困难，这就需要选择韧性、开放的心态和有非常强的执行力的合作伙伴。对此，奇虎董事长、天使投资人周鸿祎认为："选择投资对象和合作伙伴，最重要的是要有韧性，其次是要有开放的心态和有非常强的执行力。有的人有激情，但激情了三天，碰到了困难就放弃了。而有韧性持之以恒的人才能获得成功，所以这是第一位的。在互联网上要不断地学习听取别人的建议，不断调整和变化，故步自封不愿意改变的团队是不会成功的；企业最终是天使还是魔鬼都在细节之中，特别是创业的公司，只有卷起袖子做事的人，才可以做好创业的企业。①"

①李冰心．周鸿祎：选择伙伴韧性比激情更重要 [N]. 中国青年报，2007-4-30.

第二节　识人无术：关键岗位用错人

在中国大陆，目前人才流动机制基本形成、人才信用机制严重缺乏的情况下，特别是在现代职业经理人队伍尚不成熟、缺乏有效的信用机制的情况下，民营企业家必须能够正确地评估企业的用人风险，并具备相应的风险承担能力。民营企业如何找到合适的人才、有效地降低用人风险是一个非常重要的课题。长期而言，民营企业必须通过建立完善的内部管理体系和人才梯队来降低企业对个人的依赖，以从根本上降低用人风险。

——人力资源资深管理专家　陶大宇

核心员工的风险足以搞垮一个企业

对于任何一个企业老板来说，必须关注核心员工的风险防范。这一点在中国企业中往往不受重视。

中国的许多企业老板不清楚，在任何一个企业人力资源管理中都存在着诸多风险。如果企业老板在使用人力资源决策时稍有不慎，就有可能给企业带来不必要的损失，甚至灾难性的后果。

在《家族企业长盛不衰的秘诀》培训课上，一个学员问："周老师，人力资源风险防范那么重要，我们日常的企业有哪些风险呢？"

从研究十多年的与企业老板们接触的情况来看，人力资源往往存在着三个风险。我们主要以情景再现的案例来说明（见表 1-2）。

表 1-2 人力资源存在的三个风险

（1）缺乏核心人才风险防范意识	刘东非常匆忙地拍板决定以 80 万元年薪聘请王刚，只关注了王刚的管理能力和市场经验，却并没有考察王刚的工作经历、人品等因素，这就埋下了王刚离开东科科技公司重新陷入更大危机的种子。王刚在跳槽的时候，将东科科技公司的先进技术和科研成果带走，而且是带到企业的竞争对手中去，不仅将企业的宝贵财富拱手相让，还可能改变市场竞争格局，间接损失巨大
（2）用人风险控制不当	为了改变东科科技公司的颓势，刘东把所有的希望都寄托在王刚身上。当王刚加盟时，刘东对他的过分信任和无限制的放权也加剧了用人风险。当东科科技公司的经营状况有所好转时，刘东突然亲自过问的做法激化了他与王刚之间的矛盾
（3）缺乏用人风险的驾驭能力和解决办法	作为刘东来说，在聘请王刚时，就必须知道自己的用人风险的驾驭能力和解决办法，即刘东在放权的同时必须监控王刚的职责

从表 1-2 可以看出，企业老板处理不好人力资源存在的三个风险，并将为此付出惨重的代价。以下是一个真实的案例。

在高楼林立的北京中关村，科技公司多如牛毛。而刘东经营的东科科技公司就是这种众多科技公司中的一家。

1998 年，刚从北京某大学计算机科学与技术专业毕业的刘东就进了诺基亚公司。两年后，刘东独立创业，主要经营业务就是手机短信。

在刘东的意识中，只要有了好的产品，市场是不用发愁的。在这样的思维下，刘东更加专注于技术的完善和产品的开发。

由于刘东“不关注市场”本身这种不正确的观念，再加上刘东缺乏管理企业的能力，导致公司管理非常混乱，而大部分能力较强的员工另觅高枝。最后不仅刘东坚持做的产品没有做好，而且客户不接受这个刘东非常看好的产品。此刻，东科科技公司已经濒临倒闭，公司的困境让刘东非常发愁。

然而一个 IT 技术研讨会让东科科技公司燃起了一丝复活的希望。在该 IT 技术研讨会上，刘东偶然认识了作为发言嘉宾的王刚。王刚的发言给刘东留下了极深的印象。刘东觉得王刚不仅有着很丰富的 500 强企业管理经验，而且还非常了解手机短信市场。

于是，刘东以年薪 80 万元聘请王刚担任东科科技公司副总经理，主管销售和行政，而刘东自己仍然担任总经理，主抓技术。

为了改变公司的颓势，刘东把所有的希望都寄托在这个对手机短信市场业务非常了解的王刚身上。因此，刘东对王刚也非常信任，对王刚也很放权。

王刚上任之后，经过对东科科技公司一些了解之后，马上大刀阔斧、信心十足地干起来。他重新进行产品定位、制定销售策划、招聘销售人员、建立销售网络，再不断地对公司员工进行培训，建立绩效管理体系等。

功夫不负有心人，王刚的到来使得东科科技公司的销售业绩倍增，不仅提高了东科科技公司的岗位效率，而且还对东科科技公司进行制度化管理。

在经过王刚一年多时间的艰苦奋斗下，东科科技公司发展势头非常迅猛，公司规模也一步一步扩大了。

然而，东科科技公司的危机再次袭来，刘东和王刚之间的矛盾也就开始了。由于王刚挽救了东科科技公司，在公司里威信较高，刘东开始担心东科科技公司失控于王刚。

以前从不过问公司大小事务的刘东渐渐地都要亲自过问处理，包括由王刚分管的事情都要经过刘东最后批准。

刘东的突然收权使得王刚的工作很被动。而且因为王刚是东科科技公司的头功之臣，也开始对自己的待遇和职位不满意了。刘东的收权更加激化了两个人的矛盾。他们二人不仅对东科科技公司目前的运作管理有所分歧，而且还对东科科技公司今后的发展方向看法各异。

半年之后，王刚辞职了，而且随同辞职的还有东科科技公司的技术部经理陈跃、销售部经理袁军，还有刚刚策划好的企业产品和市场机密。

这一次，刘东的东科科技公司彻底垮了。

就像东科科技公司的刘东一样，当他在高薪聘请王刚时，就应该评估其中的风险，从而有针对性地放权。

然而，在实际的企业管理中，很多像刘东一样的企业老板只知道解决公司眼前的困难，而忽略了风险的防范，这就引发了公司的最后垮台。因此，如果企业老板在人力资源管理中，由于自身缺乏法律风险防范意识，再加上法律风险控制不当，那么就可能会给企业带来不少劳资争端，甚至会付出惨重代价。

就像上述案例中的东科科技公司，就是一个典型的人力资源风险案例。事实上，像刘东那样的企业老板遭遇到的用人风险只是中国5000万家企业中的冰山一角。

从上述案例我们不难看出，尽管有能力的人才能够让企业高速发展，但是人力资源不同于其他物质资源能够准确地评估和度量，并保持恒定的产出，企业老板必须充分地认识到这一点。

然而，在目前中国缺乏职业经理人制度的情况下，在选择核心人才时，企业老板必须能够正确地评估其核心人才的各个方面——工作经历、人品等，从而更好地预测用人风险，并具备相应的风险承担能力。

降低企业用人风险就在预警与监控

“21世纪什么最贵，人才。” 电影《天下无贼》中黎叔的这句经典台词道出了中国企业老板们的心声与无奈，因此也得到了广泛的社会认可并迅速在社会上传播开来。

事实上，在当今科学技术飞速发展、竞争日益激烈的知识经济时代，技术就成为决定一个国家或企业是否具有竞争力的一个重要决定因素。而技术创新与进步是由核心的人才来完成的。因此，技术的较量归结到底就是核心员工的较量。掌握科学技术知识的核心员工，日益成为各企业争夺的对象。这种核心员工的供需缺口，以及全球化和信息化的不断深入，为核心员工的流动创造了需求并提供了可能。核心员工日益频繁的全球流动，已经成为当今社会核心员工流动的一大特点。

尤其在我国加入WTO之后，中国企业不可避免地要与实力雄厚的跨国企业争夺核心员工。在这种大兵压境的情况下，如何留住本企业的核心员工、尽量不让本企业的核心员工流失、降低流失风险，已经成为中国企业老板所必须解决的一大课题。

不可否认，当企业做强做大后，招聘更多的有能力的人才也就成为一种趋势。特别是近年来随着世界500强企业进入中国后，企业对人才的需求也相应增加，再加上在中国大陆严重缺乏人才信用机制的情况下，企业老板找到合适的人才、有效地降低用人风险就成为工作的重心之一。

对于任何一家企业老板而言，面对用人风险，必须调整人力资源管理思维，依据用人风险，有针对性地改进在人力资源方面的管理方法，从而进一步建立起更加专业、合理、精细的人力资源体系，以达到控制用人风险的目的。

对此，业内专家撰文指出，面对企业的用人风险，老板可以采用以下策略降低企业用人的风险（见表1-3）。

表1-3　降低企业用人风险的9种策略

（1）正确认识老板与人才的关系	有很多老板认为，老板与人才之间是简单的雇用和被雇用的关系。其实，这样的看法是不全面的，老板与人才的关系应该是一种合作、共赢的关系。只有老板充分认识到这一点，给予人才以更多的重视和认可，才可能建立起良好的合作基础
（2）制定符合公司发展需要的人事政策	企业老板必须依据企业的发展阶段、发展战略及内外环境、文化等因素，确定企业的基本人事政策，以书面形式确定企业引进何种技能的人才、怎样激发和留住人才等原则性问题，从而更好地指导企业的人才引进、使用及其他人力资源工作
（3）根据企业发展需要对人力需求做系统分析	企业老板依据企业人力资源和工作岗位的匹配程度，然后对人力需求做系统分析，从而了解哪些岗位需要何种技能人才、哪些岗位人才需要从外部引进储备等
（4）制订用人计划	在制订用人计划时，企业老板根据本企业发展的实际需要，确定需要引进人才的岗位，以及人才引进的时机、数量、方式等，从而有效地减少盲目及应急地引进人才，以降低用人风险
（5）健全人才选拔机制，用适当的方式选择适当的人才	很多企业老板在引进人才时往往借助猎头公司提高选人的成功率。尽管这一方法可以规避一部分用人风险，但是要想彻底解决用人风险，还必须依靠健全和完善人才的招聘、选拔机制，从制度流程上降低和避免企业的用人风险
（6）建立合理的激励约束机制	要降低用人风险，企业老板就必须建立合理的激励约束机制。在实际的管理中，企业老板和人才是合作的关系，必须建立在相应的激励约束机制来明确双方的权利义务、维护双方利益的基础上
（7）保持适当的期望	不可否认的是，有些企业老板打算通过高薪聘请一个或几个人才来解决所有问题。这样的观点是不正确的，也是十分盲目和不现实的。企业老板对引进人才的期望过高，往往会失去信心。因此，在引进人才时，企业老板要保持适当的期望
（8）合理地使用人才	当人才引进后，企业老板必须善用各种激励约束机制，合理地使用人才，最大限度地为人才提供发挥的空间和余地，达到人才合理使用的目的，从而降低用人风险

续 表

（9）必要、适时、有效的沟通	必要、适时、有效的沟通可以降低企业老板的用人风险。这就要求企业老板与人才就工作目标、工作进度等问题进行沟通，适时地解决问题，给予适时激励，对偏差给予适时的控制和纠正……以避免问题的堆积和矛盾的激化，最大限度地降低用人风险①

第三节 用人的硬伤：可用之人不可信，可信之人不可用

一直有这样一种观点：中小企业管理是中国民营企业走向兴盛的瓶颈，因为裙带关系会产生任人唯亲现象，优秀职业经理人难以进入决策管理层，而家族中不称职者会占据要职；产权界定不清还会导致中小企业的所有权与经营权不分。

——阿里巴巴创始人 马云

可用之人不可信，可信之人不可用

在很多场合下，一些企业老板抱怨说："可用之人不可信，可信之人不可用。"其实，这样的抱怨我不知听过多少次。

在《家族企业长盛不衰的秘诀》培训课上，一位学员向我咨询说："周老师，我有一个问题想请教一下。是这样的，我最近被一个家族企业聘请为华北区经理，而我的上级是营销部副总裁阮菁菁。阮菁菁是老板刘文才（董事长兼CEO）的妻子。老板刘文才和营销部副总裁阮菁菁都没有上过

①王启军，王军爱，宫照馥．高薪下的陷阱［J］．人力资源开发与管理，2008（12）．

一天大学，也可以说没有任何营销经验，可就是阮菁菁对市场部的所有人进行考核，当然也包括我们几个 MBA 毕业的科班管理人员，进行着‘微观管理’。我最近刚听一线的员工说，在我之前有好几个能力非常强的员工就是因为营销部副总裁阮菁菁而辞职了的。还听说她在公司里飞扬跋扈，颐指气使，谁不同意她的看法，她就辞退谁。而且，她的丈夫老板刘文才居然还全力支持她。尽管存在这些问题，但是我目前还不想辞职的话，我怎么面对这种裙带关系？”

在《家族企业长盛不衰的秘诀》培训课上，我让很多学员谈对家族企业的第一印象时，占一半的学员会说任人唯亲。

可见，任人唯亲在家族企业生存和发展路径中的痕迹。其实，学员们谈及家族企业的第一印象是任人唯亲时，我一点也不感到意外，因为家族企业在初创时期，高级管理人才一方面因为较低的薪水，另一方面因为平台无法施展其才华而不愿意加盟。

在创业初期，家族企业老板只有选择家族成员来担任重要的岗位一条路可走。可能读者会问，家族企业老板为什么热衷于任人唯亲呢？主要有两个原因（见表 1-4）。

表 1-4　家族企业老板热衷于任人唯亲的原因

原因一	在创业时期，由于实力较弱，给不起较高的薪水和福利来聘请高级管理人才，而家族成员则可以省去这笔费用
原因二	家族企业老板通常会认为，家族企业是自己家的，家族成员不会背叛自己。在改革开放初期，很多家族企业老板都是在法律的边缘，家族成员不会去举报，甚至是告密

研究发现，在家族企业的人力资源管理中，对于家族企业老板而言，首先考虑的是家族成员，主要原因还是家族企业老板认为家族成员不会背叛自己。

事实上，很多家族企业老板在用人问题上仍然走着任人唯亲的老路子。在创业初期，创始人坚持任人唯亲，这还是可以理解的，但是当家族企业达到一定的规模时，家族企业老板就必须考虑家族企业社会化，即从家族外部聘请一些高级管理人才来协助发展家族企业。

然而，有些家族企业老板在如何科学、合理、正确使用人才方面问题重重，特别是在家族企业关键岗位上使用高级管理人才等思想认识上仍然不够清楚，有的家族企业老板甚至宁愿“让肉烂在锅里”也不愿改变用人方面的落后僵化思想。这种思想顽疾将会导致家族企业“管理混乱、效益低迷、人心涣散”等不利于家族企业发展的诸多障碍。

M公司是一个典型的家族式企业，也是一个标准的家族企业，这家企业没有任何现代企业管理的规章和制度。

该家族企业老板宁建新，也是企业的董事长兼总经理。而M公司经销部经理是宁建新的儿媳；企划部经理是宁建新的女儿；财务部经理是宁建新的妻子；办公室主任是宁建新的女婿；库管部经理是宁建新的父亲；仓库保管员是宁建新妻子的弟弟；品管部主管是宁建新的堂弟；技术部总监是宁建新的高中同学；出纳员是宁建新的侄女；司机是宁建新的外甥……

不过，宁建新为把M公司做大也费了不少心思。据宁建新介绍，他是D地人，高中毕业后独自创业。M公司兴起于20世纪80年代，以经营瓜果蔬菜种子为主业，发展势头很好，一度和港商合作经营。

M公司发展到1991年时，已经是一个拥有固定资产数百万元、员工250人，产品行销全国15个省份的中型企业。

到了20世纪90年代中期，M公司更是如日中天，产品遍及全国大部分种子市场，每年营销瓜菜种子3000万～4000万元。由于经营规模的扩大，还成为中国农业部第一批注册3000万元资证的种子公司之一，在20世纪

90年代曾笑傲市场。

然而，由于公司高层经理个人的工作能力有限，特别是在20世纪末期，瓜菜种子的竞争日趋激烈，又由于管理不善而导致的种子质量等多方面的因素，公司产品销售疲软，失去了中国南部地区的市场份额，企业也因此亏损严重。在无力挽回局面的情况下，宁建新才有了聘请一位总经理来拯救M公司的想法。

然而在M公司召开的管理层会议上，财务部经理说："老公，请总经理的事情能不能缓缓再说。"

企划部经理说："爸爸，您请总经理的方法不好使。"

办公室主任说："爸爸，请来个总经理让人家怎么工作呀？"

……

这样的管理层会议简直就是十足的家庭议事。

宁建新毫不掩饰地说："周老师，您说得没错。这就是一个家庭会议，要不请您给出个主意。随着企业规模的不断壮大，儿子、闺女、儿媳、女婿等成为家族企业管理队伍的主力军，毕竟都是自家人，其他人关键是我也不相信他。"

针对M公司的现状，我给宁建新提出四点建议：第一，理顺体制，健全部门；第二，重新聘用各职能部门人员；第三，建立规章制度，整顿管理秩序；第四，改变公司的"家族形象"，根据工作能力有些亲属最好能退出管理层。整顿后再考虑招聘一位经理人。

当培训结束时，宁建新拒绝了我的建议。

2004年4月，当我到D地做培训时，宁建新的手机已经换号了，M公司办公室的电话停机了。很多人不知道M公司发生了什么事情，据说是由于市场萎缩、销售减少、持续亏损，导致资不抵债，积压种子1000多万千克，欠款300多万元，欠债250多万元。这个注册3000万元的种子公司最后竟莫明其妙地蒸发了。

M公司是中国家族企业的一个典型代表，尽管其经营不善而倒闭了，但是作为一种类型，家族企业本身还是具有远大的生命力的，只不过是做到一定规模后没有引进人才和进行制度化管理，以及社会化而已。

在给很多家族企业做内训时，我都拿上述案例来分析。但是对于M公司老板宁建新而言，他也是有苦衷的，毕竟在艰苦创业时职业经理人是不可能与自己同甘苦、共患难的，只有家族成员才能把自己的命运与企业的命运紧密地联系在一起。

当M公司规模做大后，引进人才的时机已经成熟，而宁建新作为M公司老板，依然坚持用家庭成员来作为高层经理，这个决策是错误的。

有德有才，大胆起用；有德无才，可以试用

在诸多中国家族企业中，任人唯亲的现象非常严重，然而，像宁建新一样的家族企业老板通常都不会承认自己会任人唯亲。当我向他提出重新聘用各职能部门人员，改变公司的“家族形象”时，从宁建新的表情来看明显是不愿接受的，从宁建新经营M公司的情况来看，老板对家族成员的过分倚重是任人唯亲的重要原因之一。

针对企业老板任人唯亲的问题，《华尔街日报》引述的一份研究报告数据显示，在15000个样本中，有92%的受访者坦言，在他们公司，老板任人唯亲的事情经常发生；有3%的受访者承认，在提拔员工时，自己曾经有过任人唯亲的做法；有5%的受访者明确表示，在他们上一次提拔员工时，“唯亲”就是一个提拔考虑的因素（见下图）。

从图中可以看出，尽管仅有8%的受访者承认，在提拔员工时，曾经

有过或者考虑过以“唯亲”为提拔依据。但是作为老板不管承认与否，在实际的企业管理中，老板任人唯亲的现象是存在的。

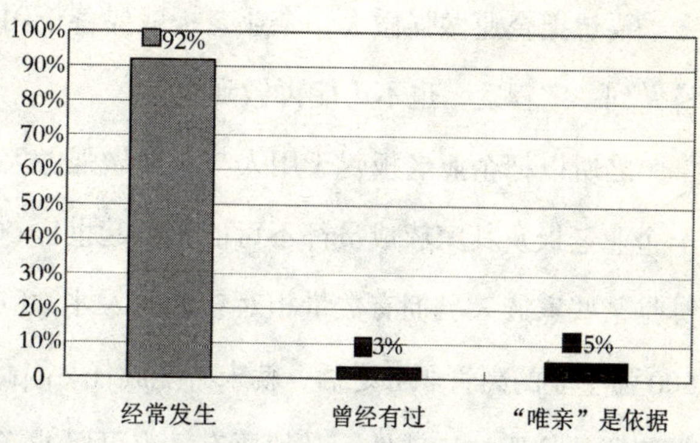

任人唯亲的调查数据显示

由于世界经济一体化的纵深发展，必然会加剧人才市场竞争。尽管很多任人唯亲的老板不愿意引进优秀人才，但是在这样的背景下，老板对人才的需求自然也越来越高。

从M公司的发展就能看出，在企业自身的成长过程中，对于任何一个企业而言，都不可能拥有数量如此庞大的“优秀可靠”的人才。

在家族企业中，尽管家族成员的忠诚度极高，但是却缺乏管理企业的能力。从这个角度上来看，既忠诚而又具备才干的人才就不多了。

之所以说很多企业都匮乏人才，是因为很多企业老板的人才观念落后，只相信自己的家族成员。我碰到过很多这样的企业老板。在给K企业写企业案例时，K企业老板就跟我说，他在各省市都有分公司，但是分公司的负责人和财务总监必须是从总部派过去的。我到K企业的分公司一看，这些分公司的经理们都是K企业老板的亲戚。

反观K企业，老板首先考虑的是自己的亲人，他们认为，亲人是不会背叛自己的。确实，很多企业老板在用人问题上仍然走着任人唯亲的老路子，在如何正确使用人才，尤其在关键岗位上使用优秀人才等思想意识上仍然存在着非常大的误区，有的甚至宁愿“让肉烂在锅里”也不愿改变用人方面的落后思想，而这种思想顽疾带给一个企业的最大害处就是导致管理混乱、效益低迷、人心涣散。

要想把企业做强做大，企业老板就要善于用人，否则就算能将企业规模做到一定程度，也不可能再做到更大。

之所以把企业老板善于用人与企业做强做大联系起来，是因为任何一个企业老板及其家族成员都不可能担负起世界500强企业的岗位职责。就算是某些家族人员拥有数量相对较多的人才，但是把这些人才安排到世界500强企业的高管职务之后，就未必能胜任。因此，作为一个企业的老板，由于所处位置的特殊性，必须要有一支可以冲锋陷阵的得力员工团队，而这些员工可能来自世界各地。

反观世界500强企业，为什么这些企业能够成为世界500强企业，就是这些企业的老板懂得知人善任，很少任人唯亲，从而让那些具备无往而不胜、无为而不成的员工的能力优势得到充分发挥。

在一些家族企业中，股东或者董事出了钱，但是未必会管理，所以职业经理人制度是对于家族企业尤其重要的一种人才使用模式。对于家族企业职业经理人的引进，应该将人才的道德水准放在首位，包括社会道德、职业道德，同时从企业安全经营的角度考虑，从外部引进的经理人，要按照管理岗位和信息的机密程度逐步任命，提倡先“知”后“用”，既可以让新来的经理人熟悉企业环境，同时企业也可以对他进行观察、考核，合格后再予以进一步的重用。①

万向集团创始人鲁冠球就探索出一套引进职业经理人理论。在2001年，鲁冠球就颁布了一道关于企业接班人的标准。

这个标准可以给中小企业提供借鉴和参考。该接班人标准如下：“有德有才，大胆起用、大胆聘用，可以三顾茅庐，高薪礼聘；有德无才，可以试用，通过教育培训，视其发展而定无妨；无德无才，可以不用，因为

① 佚名．论家族企业的管理［OL］．网上人大网．http://www.cmr.com.cn/plus/view.php?aid=5059.

一看就知道，不易混入；有才无德，绝对不能用，让其伪装混入，后患无穷。”

可能读者会问，作为企业老板如何才能做到知人善任呢？对此，业内专家建议，企业老板一定要牢记4个用人原则（见表1-5）。

表1-5　　老板的4个用人原则

（1）用人所长	作为企业老板必须清楚，在实际的经营中，特别是在提拔员工时，尽可能懂得用员工之长，避员工之短。就像骏马能日行千里，然而用骏马来耕田时还不如一头老黄牛。但是如果能够用骏马和老黄牛的优点，规避其缺点，那么骏马和老黄牛都能发挥最大的岗位效率。正如鲁迅所说："倘要完全的人，天下配活的人也就有限。"当然，作为老板，在用人时，一定要反对那种论亲疏的错误做法，要从多渠道、多层次、多视角了解和考察员工，然后将他放到最适合他发挥作用的位置上去工作
（2）不求全责备	作为企业老板，在起用员工时，应尽可能避免为求"完人"，把事业心和责任心较强、工作技能较为全面，又有若干缺点的员工辞退，而把那些企业老板眼中"完美无瑕"但事业心和责任心较差、工作技能较为一般的员工提拔到重要岗位上。企业老板只有避免这样做，才能避免企业蒙受损失，才能提升企业的竞争优势。作为企业老板，在用人上，一定不要求全责备，宁用有缺点的能人，勿用四平八稳的庸人
（3）善于揽过	事实上，员工无论有多么聪明能干，都不可能不犯错误。对员工而言，犯错与破产、税收一样都是不可避免的。既然不可避免犯错误，那么当员工犯错误时，作为企业老板应尽可能地指出其犯错误的原因，促使其改正。对于员工所犯的错误，企业老板应主动承担责任，不能推却责任。值得注意的是，给员工揽过绝对不是简单的、无原则的纵容，而是要分清员工犯的是什么样的错误，分清错误的大小。对事关大局的重大问题，就必须严惩不贷，绝不能姑息迁就。从这个角度上来看，善于揽过不仅是企业老板的领导艺术，而且是有效提升岗位效率的重要手段
（4）明责授权	作为企业老板在用人时，必须明责授权，同时还必须监控其职责。如果不能明责授权，那么就很难重用员工了，就像古人所说的那样："非得贤难，用之难，非用之难，信之难也。"这句话的意思是说，企业老板在用人时，常常犯想用而又不敢放手使用的毛病。因此，作为企业老板在用人时，要敢于"用人要疑，疑人敢用"。所谓用人要疑，疑人敢用，就是既然用了就要充分予以信任，放手让其大胆工作，明责授权，权责统一，但是又要时时对其监控，一旦出现问题，马上制定相关的应对策略

综上所述，对于企业老板而言，知人善任不是一句时髦的口头禅，也不是显示企业老板权威的代名词，而是一个实实在在的管理措施。如果企业老板失去了这种战略管理，那么他也只是一个平庸的企业老板。因此，企业老板应该学会合理地搭配好人才，用其所长，这是促进企业发展的有利条件。

第二章　决策就是拍脑袋

在我们公司，我舅舅，也就是我们老板，常常在一些重大决策上从不和我们这些高层经理商量，而且上千万元的投资都是通过拍脑袋的方式作出决策。这样的决策方式，在金融危机的今天，使得我们的经营困难重重。

——《家族企业长盛不衰的秘诀》课程上的培训学员

第一节 哪行赚钱做哪行："盲目跟风，一哄而上，一哄而下"

在创业时千万不能盲目跟风，与其选择市场热点，不如寻找市场空白点。创业者在创业前需做好各项准备工作，开展相应的市场调查，了解本地市场的需求和发展趋势，理性分析，结合自身实际选择创业项目。

——洛阳师范学院商学院院长　刘玉来

"哪行赚钱就做哪行"，就是投机心理在作祟

在《家族企业长盛不衰的秘诀》培训课上，一个学员非常得意地介绍了他的投资经验。他说："周老师，现在到处投资环境都不好，我发现了一个项目投资的好办法，就是哪行赚钱就做哪行。"

这样的中小企业老板比比皆是。其实，在初创企业做强做大的道路上，一些中小企业老板也在竭力地想把企业做强做大。

然而，一些中小企业老板总是想投机取巧地走捷径——只要哪行赚钱就把创业项目立在哪行。

殊不知，这样做的结果是，看似诱人的市场和低门槛的投入，却造成了诸多的跟风投资，结果翻了一个大跟斗。

在2007年年初的北国冰城哈尔滨，春天似乎比往年来得要晚一些。瑟瑟的寒风依然袭击着人们的脸面，寒冷而冰凉。

而曾经在哈尔滨这个北国之地遍地开花的香辣鸭脖子店就如同这天气一样，暂时没有转暖的迹象。不仅没有转暖，而且像多米诺牌一样，接二连三地倒闭关张了一大半。

香辣鸭脖子店在哈尔滨这个城市，从开第一家店开始，就如同热浪一般席卷整个城市，而后却是莫名的沉寂。

在哈尔滨，香辣鸭脖子店到底出了什么问题？

研究发现，香辣鸭脖子店在哈尔滨这座城市从开店到火爆一时，再到关张倒闭。其模式就是以加盟形式开店。

在连锁业界，加盟是一种快速做大的模式，而这种模式存在一定的风险。这个风险就是“同质化”。

香辣鸭脖子店同样出现了这个问题，其模式与“爆烤鸭”、“掉渣大饼”大致相同。由于人们缺乏专业的投资常识，看着香辣鸭脖子店火爆异常，纷纷加盟，结果使得一些创业者投资失败。

针对此问题，在此提醒创业者或者想创业的人在选择投资项目时一定要慎重。

通过多方了解到，2005年，在哈尔滨开了第一家香辣鸭脖子店。由于香辣鸭脖子的风味非常有特色，再加上这一特色饮食在哈尔滨仅此一店，食客络绎不绝，生意异常火爆。

尽管当时每根鸭脖子的价格偏高，达到每根5元。然而，对于那些急于尝鲜的消费者而言，价格不是问题，排队也不是问题，关键是要尝尝南国的风味。

这样火爆的情况大约持续了两个月。很快，一些精明的创业者看到了商机，纷纷加盟香辣鸭脖子店。

就这样，香辣鸭脖子之风在哈尔滨刮了起来，而后开始风靡整个哈尔滨。可以说，在哈尔滨这座城市的大街小巷，处处可见香辣鸭脖子店，在最火爆的时刻，在一条街上就可以看到四家香辣鸭脖子店。

对于哈尔滨这座城市而言，购买香辣鸭脖子的消费者是有限的，而开香辣鸭脖子店的创业者却是越来越多。再加上混乱不清的香辣鸭脖子品牌，竞争也就风起云涌。

在这场香辣鸭脖子的竞争中，由于各家香辣鸭脖子店加盟的品牌不同，不同品牌的鸭脖子也都拉开架势，都想大干一场。

众多的香辣鸭脖子品牌店，如武汉鸭脖子、精武鸭颈王、莱双扬鸭脖、久久鸭颈王等都想尽可能占据较大的市场份额，于是大多数香辣鸭脖子店都打出了“最正宗武汉鸭脖子”的招牌，香辣鸭脖子市场竞争形势非常惨烈。

这样的竞争持续了一年，到2006年下半年，尝鲜的消费者开始下滑。这也预示着香辣鸭脖子风在冰城哈尔滨开始衰落。

曾经火爆的场面已经一去不复返，一条街上有四五家鸭脖子店的情况不复存在。甚至有一些香辣鸭脖子店由于长期亏损而开始关门，有的店面开始转项、出兑。

在哈尔滨的新阳路，一家鸭脖子店已经转项了，老板林立春介绍，他是在2006年年初开店的，听人说只需交2万元的加盟费、租间房子就行了，而且每天的销售额挺大的，一个月能有几千元的收入。[①]

让林立春没想到的是，刚加盟就出现了“全市都开店”现象，市场受到了极大冲击，生意一天不如一天，最惨淡时一天的销售额只有十几块钱，见越来越多的同行都关门了，林立春也只能转项了。[②]

在上述案例中，造成香辣鸭脖子店大规模倒闭的一个重要原因，就是“盲目跟风，哪行赚钱就做哪行”。这种瞬间膨胀的重复开店，给诸多中

① 国语洋，张蕊．盲目跟风开店　香辣鸭脖子店关门一大半［N］．新晚报，2007-2-6.
② 国语洋，张蕊．盲目跟风开店　香辣鸭脖子店关门一大半［N］．新晚报，2007-2-6.

小企业老板陷入经营困境埋下了祸根。

资料显示，由于香辣鸭脖子店在扩张的过程中缺乏相应的专利、商标等保障机制，造成了香辣鸭脖子市场的诸多无序竞争。当香辣鸭脖子市场饱和时，诸多中小企业老板所经营的香辣鸭脖子店大规模倒闭也就在情理之中。但香辣鸭脖子店破灭的速度超过很多营销专家的想象。

哈尔滨商业大学市场营销学的研究人士认为，鸭脖子在哈尔滨市的销售情况与爆烤鸭、铁锅炖鱼、掉渣饼一样，都是由冷到热，由热再到过剩，它也再一次印证了[①]中小企业老板盲目跟风开店的弊端。

这个案例给中小企业老板的警示是，在投资一个项目之前，必须有一个科学的判断和评估，这样才能更好地、正确地了解即将投资的项目。

针对上述案例中许多中小企业老板跟风开店存在的问题，时任四川格力公司总经理喻筠提出了"小心驾驶"的提醒，开专卖店切忌乱跟风。

喻筠认为，四川地区各路品牌纷纷大建专卖店，与格力的"示范效应"有关，同时，市场需求的增长也是一大诱因。稍加分析便不难发现，其中难免有盲目跟风者。"专卖店的选择布点往往集中在两类区域"：第一类，是业已成熟的家电商圈，虽然大多数与大卖场相邻，但由于市场有较大错位，双方实际并不处于同一竞争平台；第二类，也就是大多数的专卖店，布局于居住小区，可以向消费者提供专业化服务，成为居民身边的"家电专家"。但在喻筠看来，不是所有品牌都有吸引居民走进的能力。[②]

喻筠还认为，专卖店建立于品牌的基础上，其生存发展的关键完全取决于消费者对这一品牌的认知度、接受度。因此，从某种意义上讲，家电单品专卖店完全是强者的游戏。

在上述案例中，香辣鸭脖子店之所以失败，主要是因为中小企业老板

① 国语洋，张蕊．盲目跟风开店　香辣鸭脖子店关门一大半［N］．新晚报，2007-2-6.
② 邹芸．家电单品自建渠道 开专卖店切忌乱跟风［N］．成都商报．2007-6-21.

盲目跟风开店造成的。对此，中国投资协会副秘书长张永贵副研究员认为，目前中小民营投资主要存在信息壁垒和跟风投资两大问题。而拥挤驱浪式是投资中最没有主见的投资，被市场、政策、资源、规模湮没的危险性极大，这类投资往往是晚三秋，吃别人嚼过的馒头，失误概率较之正常投资要大得多。①

张永贵副研究员分析道，我国经济已经进入“过剩时代”，如何科学、理性地判断、选择好投资项目，是投资成败的关键一环，尤其是对于资本有限的中小投资者来说，选择一个好的投资领域就显得极为重要了。

张永贵告诫诸多中小企业老板，将在日用小商品产销领域、服务领域、专业配套领域、进出口领域、高新科技领域、旅游产品领域和环保领域八大领域有所为。另外，电信、邮政、铁路、航空、石油等垄断企业，由于企业规模过大，其价值链条很短，服务质量不高，以后某些方面的业务必将以分包的方式交由小企业经营，产生投资机会。②

无论是时任四川格力公司总经理喻筠，还是中国投资协会副秘书长张永贵副研究员，都指出作为中小企业老板，在投资项目时，比如加盟餐饮、快餐行业时，必须警惕盲目跟风、哪行赚钱就做哪行的投资思维。

而当前那些盲目跟风、哪行赚钱就做哪行的做法，使得众多中小企业投资失败成风，这样的现象应当引起众多中小企业老板思考。

据资料显示，近年来，广东中小企业发展迅速，数量达到300多万户。广州市中小企业服务中心的调研显示，广州平均每天有十几家中小企业退出市场，中小企业平均存活期由3年前的3.5年减至现在的2.9年。③

因此，实战专家告诫中小企业老板，在投资项目时，绝对不能盲目跟风、

① 佚名．开店有风险　莫要盲目跟风．阿里巴巴生意经［OL］.http://baike.china.alibaba.com/doc/view-d1512411.html.

② 佚名．开店有风险　莫要盲目跟风．阿里巴巴生意经　［OL］.http://baike.china.alibaba.com/doc/view-d1512411.html.

③ 徐静，廖婧文，刘沛思，樊峰会．中小企业平均寿命仅2.9年［N］．广州日报，2008-7-24.

哪行赚钱就做哪行，必须根据自身企业和本身的实力和管理能力另辟蹊径，这样将中小企业做强做大的概率将大大增加。

与其选择市场热点，不如寻找市场空白点

据媒体报道，在当前就业压力下，越来越多的大学毕业生、下岗人员、返乡农民工将目光投向自主创业。研究也发现，越来越多的年轻人想投身创业大潮，以为只要创业就一定能赚大钱。

然而，在中小企业经营的过程中，一些中小企业老板在选择投资项目时总是习惯地依葫芦画瓢，一窝蜂地挤向同一个热门行业。就比如《家族企业长盛不衰的秘诀》培训课上的那个学员所言："别人做什么，我也做什么，别人做什么挣钱，我也做什么挣钱。"

由于盲目跟风，哪行赚钱就做哪行，最后导致企业经营困难。这的确是一个不争的事实。殊不知，市场是变幻莫测的，中小企业老板要想抓住消费者的眼球，就必须要有与别人不一样的地方，不能一味地盲目跟风。

事实证明，要想将创业企业做强做大，与其选择市场热点，不如寻找市场空白点。

这一观点得到了浙江义乌商人陈健华的赞同。陈健华认为，在商贸经营中，一定要在特色商品上做文章。有特色的商品才是人们关注的焦点，才能迅速占领市场，在海外经商，更是如此。如果你一味地跟在别人后面，不去创新，不去思考，那么你的顾客会一个个走掉，最终你也会尝到失败的苦果。①

在众多浙商中，陈健华就是一个利用市场空白点创业成功的商人。在

① 佚名．创业开店不可盲目跟风，做生意要稳打稳扎［OL］．91加盟网．http://www.91jm.com/news/DTMNBRV65911.htm.

去美国创业之前，陈健华曾经在深圳锦绣中华苏州一条街上的博士轩商场经营真丝服装、珍珠玉器、宜兴紫砂等商品，都是别人很少做的品种。

在1997年，陈健华开辟美国市场，其经营的产品是红木筷、仿寿山石、仿檀香扇等。刚开业，这些商品便被美国消费者抢购一空。

如今，陈健华在美国经营的商品主要是江西的竹根雕、河南的健身球、苏州的双面绣、福建的木筷、义乌的树脂像等。这些有特色的商品填补了美国市场的空白，生意相当好。[①]

令人遗憾的是，在很多场合下，一些中小企业老板总是乐意跟风。研究发现，许多中小企业老板在项目投资之初对投资的项目并没任何客观依据，只是看到或听到某人在什么项目上赚到钱了，就心血来潮般地投资起那个项目来。投资之后才发现整个行业市场不像当初所看到、听到的一样，项目虽好，可是竞争对手多如牛毛，产品质量和价格在市场上都没有优势，持续下去就意味着更多的亏损，放弃成为最佳选择。

对此，洛阳师范学院商学院院长刘玉来说，如今，许多人把创业想得太简单了，在没有调查清楚市场状况的情况下就开始行动，最后造成经营时困难重重。[②]

因此，业内专家告诫中小企业老板，不管投资多少，项目投资的目的首先是为了赚钱，所以要想成为一个成功的老板，一是要选准项目，切忌盲目跟风，要尽量选择投资少、回报稳定的项目，在经营上锐意进取、永不懈怠，这样才能创造出令人赞叹的成绩。

正如陈健华所说："我们对工艺品的定位异于其他产品，我不会去盲目地跟风，追求时尚。我经商的目的，一方面是为赚钱，另一方面则旨在

① 佚名．创业开店不可盲目跟风，做生意要稳打稳扎［OL］．91加盟网．http://www.91jm.com/news/DTMNBRV65911.htm.

② 戈晓芳，李静莉．当初扎堆养土鸡如今无奈愁销路　自主创业莫盲目跟风［N］．洛阳日报，2012-2-27.

百姓生活品质的提高，使它成为一种时尚生活的象征。”那么，中小企业老板怎样才能选对项目？方法有如下几个（见表 2-1）。

表 2-1　　选对项目的方法

（1）寻找一个好项目	什么样的项目才是好项目？国务院发展研究中心资源与环境政策研究所副所长李佐军在“襄阳名家大讲坛”上授课时提出了好项目的三个标准：一、获得相关政策鼓励；二、低碳环保；三、得到消费者认可。符合上述标准的产业包括文化产业、绿色制造业、现代农业、信息产业等[①]
（2）不能盲目跟风，与其选择市场热点，不如寻找市场空白点	针对此问题，洛阳师范学院商学院院长刘玉来告诫诸多中小企业老板，特别是诸多刚创业的创业者，在创业时千万不能盲目跟风，与其选择市场热点，不如寻找市场空白点。创业者在创业前需做好各项准备工作，开展相应的市场调查，了解本地市场的需求和发展趋势，理性分析，结合自身实际选择创业项目[②]
（3）加入专业合作社等联盟组织，同时，利用网络等媒体提高知名度，拓宽销售渠道	刘玉来特别建议那些首次创业的创业者，可以通过加入专业合作社等联盟组织，或加盟一些大企业的分属公司，为他们提供订单式生产，规避生产经营过程中因销售渠道不畅所带来的经营风险。同时，创业者可以利用网络等媒体提高知名度，拓宽销售渠道[③]

第二节　贪大求全死得快：“一味地扩大营运规模”

企业扩张的战略决策是一项极其复杂的工作，因此具有较高的风险性。在企业规模扩张中，企业的内外部条件发挥着重要作用。对企业来说，发现外部环境中的成长机会固然是实现规模扩张的关键，但也要与自己的内部实力相匹配才能实现扩张目标，否则，企业盲目进行扩张，忽视其带来

①宋凌，武雅婷，肖斌．北京专家来襄传授“创业经”选对项目很重要［N］．襄阳晚报，2012-12-17.
②戈晓芳，李静莉．当初扎堆养土鸡如今无奈愁销路 自主创业莫盲目跟风［N］．洛阳日报，2012-2-27.
③戈晓芳，李静莉．当初扎堆养土鸡如今无奈愁销路 自主创业莫盲目跟风［N］．洛阳日报，2012-2-27.

的风险，是非常危险的。

——华中科技大学管理学院教授 何明华

盲目扩大规模就会导致业绩恶化

规模制胜是很多欧美国家偏好的一种战略模式。不可否认，规模战略在某一个阶段对于企业的发展是有利的，但是如果滥用这一战略，那么你的企业可能就距离倒闭不远了。

2008年，金融危机发生后，扩大内需消费成为拉动中国经济的一驾马车。面对中国十几亿人口的市场，一些中小企业纷纷扩大规模，抢占这一潜力巨大的市场。过去某些品牌企业曾犯过的错误，现在的一些中小企业老板正在重蹈覆辙。

在这些中小企业老板看来，十几亿人口的市场是可以大展宏图的，因此也不问市场，不做足够的调查，就买地买设备，大规模扩充产能。殊不知，这样做可能会使得企业发展面临隐患，甚至有可能使产品市场陷入疲软。

从企业内部来说，盲目扩大规模，企业生产容易陷入追求数量而忽视质量的误区，低水平重复建设，效率低下。而且，基础不稳固的高速度发展是无法持久的，如果企业扩大规模超出了自身的管控能力，肯定会出大娄子。这样的企业表面上规模很大，实际资产却很差，面临着种种潜在风险。①

潍坊亚星化学股份有限公司（简称亚星化学），曾经具有生产氯化聚乙烯世界第一的规模。然而，规模并没有能够给亚星化学乘数效应。相反，

① 佚名．门窗幕墙企业切忌盲目扩大规模［OL］．中国门都网．http://www.chinamendu.com/InformationShow/4907.

其主营业务却连续多年亏损。为了挽救亚星化学的命运，大股东不得不转让手中半数亚星化学的股权引进新股东。

2012年9月3日，亚星化学宣布：公司将引入新的大股东。亚星集团与山东盐业集团签署《股份转让协议》。大股东亚星集团将其持有上市公司35%股权中的17.5%(5523万股）以每股5.12元，总价款约2.83亿元的价格转让给山东省国资委独资企业山东省盐业集团。转让完成后，亚星集团与山东盐业集团并列成为公司大股东。这背后是亚星化学巨大的财务黑洞与亚星集团疯狂的资金占用。

根据亚星化学公开的报表显示，在2011年年底，亚星化学流动资产相对流动负债的缺口高达9.4亿元。2012年6月末，这一数额上升至11.5亿元。此前，在2012年6月18日，证监会对亚星化学与亚星集团逾13亿元的直接非经营性资金往来以及15亿元的间接性经营往来未入账等行为做出处罚决定。①

在其显露败相前，亚星化学可是行业内当之无愧的规模霸主。

亚星化学在2001年上市时，就拥有年产氯化聚乙烯（CPE）2.5万吨、聚氯乙烯（PVC）2.5万吨、烧碱5万吨的产能。而在这些产能中，亚星化学生产氯化聚乙烯的规模已经位居亚洲第一、世界第二。

在市场占有率上，亚星化学拥有中国市场40%以上的占有率，排名第一；拥有国际市场18%以上的占有率，排名第二。

当亚星化学上市后，募集资金逾7亿元。这就给亚星化学扩大规模提供了充足的资金。2003年，亚星化学年产5万吨氯化聚乙烯项目竣工后，亚星化学年产氯化聚乙烯的产能就突破了7万吨，由此登上了世界第一规模的宝座。

从此，在规模扩张的这条路上，亚星化学依然一直地疾驰而行。至

① 朱剑平，王春．亚星化学山东海龙陨落 大股东“抽血”不断［N］．上海证券报，2012-9-25.

2005年，亚星化学年产氯化聚乙烯的产能达到11万吨。到了2008年，亚星化学年产氯化聚乙烯的产能更是增至17万吨，傲视全球。

然而，规模的极具扩张却没有给亚星化学带来效益的增厚，相反，还影响了亚星化学的年利润，甚至是利润逐年下滑，当初的盈利预测全然成了“水中月、镜中花”。

在2003年启动扩大规模，氯化聚乙烯产能成为世界第一时，亚星化学的净利润达到5270万元。然而，2003年的利润却恰恰是亚星化学盈利的顶峰。在此后的2004年至2011年的8年间，亚星化学的销售收入由9.9亿元增至21.1亿元，而净利润则从3969万元一路下滑至2009年的亏损1.16亿元；2010年虽盈利1919万元，其中却有1.12亿元的政府补助；2011年，公司再报5433万元亏损。

与之相应的是，公司氯化聚乙烯毛利率2002年为23.7%，2003年下滑至19.14%，至2010年“沦落”到区区0.53%。而造成氯化聚乙烯毛利率下降的，正是公司的无序扩张。最能说明问题的是，2011年，由于公司老厂区搬迁，产量下降，国内氯化聚乙烯供应降低，其毛利率一下反弹至12.39%。①

盲目扩大规模就等于是饮鸩止渴

当中小企业发展到一定的规模，要想把企业做强做大，就必须从企业的实际情况出发，稳步发展，绝不能盲目扩大规模。如果中小企业老板盲目地扩大规模，必然会犯很多错误，而这些错误会导致中小企业遭遇重大经营困难，面临重重危机，无疑是饮鸩止渴。

在很多论坛上，一些创业者都表示要将创业企业做大做强。似乎只有

① 朱剑平，王春．亚星化学山东海龙陨落 大股东“抽血”不断［N］．上海证券报，2012-9-25.

将规模做大了，才可能做强。其实，这样的观点是有失偏颇的。

在日本，创办于公元578年，现存世界上最古老的家族企业——金刚组，只不过是一家规模不大的建筑公司，主营寺庙建设，却拥有1435年的历史；粟津温泉饭店同样历经千年，其规模只有100套房间，能容纳450人入住。

从上述日本两家规模很小的家族企业可以看出，扩大规模不是做大做强的唯一手段。可以说，如果盲目追求规模，不仅不能做大做强，相反还会使得企业遭遇经营困难。对此，业内专家表示，规模效益并非是单纯地增加规模就能增加效益，其本质是由规模的扩大带来成本的下降、产品竞争力的提升、毛利率的维持或者提升。

就氯化聚乙烯而言，亚星化学虽占据了全球市场的主要份额却没有定价权，一是该行业进入门槛不高，二是该产品价格如超出一定水平，就会被别的产品替代。如果产品竞争力不强，盲目扩张必然带来行业内企业的非理性拼杀，最终是规模越大受害越深。[①]

其实，像亚星化学这样启动规模扩张引擎的企业不在少数。纵观中国的企业谱就不难发现，许多企业在初创阶段发展都非常迅速，而且也都非常稳健，但是，一旦企业发展到了一定规模之后，企业老板就常常开始被冲昏了头脑。

这种情况下，企业老板的表现如下：不听股东、中层经理等人的荐言；自以为是；好大喜功；盲目冒进……直到最后亲手把自己辛辛苦苦打拼起来的企业给埋葬掉。

北京华夏圣文管理咨询公司还特此为中国的初创企业做过一个调查，得出的结论非常让人惊诧，那就是有93.25%的创业者在取得第一桶金之后，会快速启动5 ~ 10个不关联的比以前更大的项目，以此来推动初创企业的发展，最终导致现金链断裂，使初创企业面临全面崩溃的结局，从而成

① 朱剑平，王春．亚星化学山东海龙陨落 大股东“抽血”不断［N］．上海证券报，2012-9-25.

为媒体遗憾的对象。

在这里，要告诫企业老板的是，当企业发展到一定规模之后，企业老板必须要克服浮躁和急功近利的心态，否则即便取得一时利润，企业也不可能走得太远。

可能读者会问，既然盲目扩大规模会将企业导致倒闭，作为企业老板，如何才能避免盲目扩大规模呢？方法有如下几个（见表 2-2）。

表 2-2　避免盲目扩大规模的方法

（1）慎重上马新的投资项目	当企业发展到一定规模后，企业老板在投资项目时，必须慎重，不能盲目跟风模仿，而要根据企业实际情况，稳步扩展企业规模
（2）调研必须充分，尽可能掌握足够多的信息	当企业发展到一定规模后，企业老板在投资项目时，必须充分调研，尽可能掌握足够多的信息。在此基础之上，对新项目的投资回报、投资风险等进行正确评估，确保投资成功概率
（3）资金充裕，财务结构安排恰当	事实证明，再好的新项目一旦没有充足的资金支持，也只能是无源之水、无本之木。因此，企业老板上马新投资项目会同时对资金规模和资金结构产生新的需求。所以，当企业发展到一定规模后，在投资项目时，需要准备充裕的资金和安排恰当的财务结构

第三节　盲目多元化：宁可错过 100 个项目，也绝不放过一个机会

那时候，头脑发热，做过十几个行业，全失败了。比如，当时做的脑黄金、巨能钙、治心脏病的药，我们的老本行——软件、计算机硬件。当时传销还不算违法，还成立了一个传销部开始研究传销。（传销）队伍刚培养好，

国家（开始）说传销违法了，最后那批人就解散了。

——巨人集团创始人　史玉柱

盲目多元化就犹如哄抢骨头的野狗

在20世纪90年代的中国大陆，多元化成为诸多创业者绕不过的话题。在这个机会多如牛毛的时代，似乎只要多元化就能成功。

不可否认的是，跑马圈地的结果是使得越来越多的创业者陷入了被动之中。在这场轰轰烈烈的多元化实践运动之中，史玉柱就是多元化的其中一个受害者。

为此，史玉柱就曾公开反对多元化说：“但凡是鼓吹自己多元化的，三年就会经营困难；不过五年，就会完蛋。民营企业面临的最大问题，不在于你有没有发现机会的能力，而在于你能不能抗拒各种机会的诱惑。”

史玉柱反对多元化的理由很简单，就是自己在多元化中栽过大跟斗。1994年8月，在国外软件大举进军中国，抢走了汉卡的市场份额，侵占了巨人集团其他软件产品的生存空间之后，急于从IT困境中突围的史玉柱把目光转向了保健品，斥资1.2亿元开发全新产品——脑黄金。①

资料显示， 在1994年10月至1995年2月这短短4个月的时间里，在供货不足的情况下，脑黄金的销售回款竟然突破1.8亿元。

此刻，史玉柱从中看到了“暴力营销”的巨大作用。1995年5月18日，巨人集团将“暴力营销”做到了极致，在中国大陆地区上百家报纸同时刊发整版广告。

当脑黄金取得开门红之后，巨人集团还推出保健品、电脑和药品三大系列30个新品。在30个新品中，又以保健品为主，推出包括减肥、健脑、

① 佚名．史玉柱[OL]．百度百科．http://baike.baidu.com/view/16308.htm.

醒目、强肾、开胃等功能的保健品 12 个品种。

广告发挥了巨大的作用。在短短 15 天之内，经销商的订货量竟然就突破了 15 亿元。在当时的三株、太阳神等保健品还在对农村做刷墙体广告的时候，“既有贼心又有贼胆”的史玉柱采用铺天盖地、无孔不入、狂轰滥炸式的广告策略，让一款全新的保健品在 12 亿中国人中家喻户晓。当年，史玉柱和他的脑黄金一起，成为妇孺皆知的明星。[①] 不到半年，巨人集团的子公司就从 38 家发展到了 228 家。[②]

在取得阶段性成果之后，1996 年年初，史玉柱发起了“巨不肥会战”，以“请人民作证”的口号再次在全国掀起了保健品热销的狂潮。

此刻的史玉柱跟其他多元化的创业者一样，必然面临扩张后的管理不善。资料显示，由于史玉柱盲目地扩张，不仅导致巨人集团管理不善，同时还导致脑黄金市场迅速萎缩。

在史玉柱如此疯狂的多元化战略中，遭遇惨败也只是时间早晚的问题。史玉柱失败后，就曾经这样描述当时的疯狂劲头：“那时候，头脑发热，做过十几个行业，全失败了。比如，当时做的脑黄金、巨能钙、治心脏病的药，我们的老本行——软件、计算机硬件。当时传销还不算违法，还成立了一个传销部开始研究传销。（传销）队伍刚培养好，国家（开始）说传销违法了，最后那批人就解散了。当时甚至还成立了（一）个服装部门。”

在 1997 年之前，在史玉柱盲目多元化的过程中，步步高电子公司创始人段永平就曾经给予史玉柱不要盲目多元化的忠告：“做企业就好像高台跳水，动作越少越安全。”

然而，由于史玉柱少年得志，此刻的脑黄金又名噪一时，再加上史玉柱正处在多元化的冒进环境之中，自然也就没有过多地琢磨段永平的告诫。

① 佚名．史玉柱 [OL]．百度百科．http://baike.baidu.com/view/16308.htm.
② 杨连柱．史玉柱如是说 [M]. 北京：中国经济出版社，2008.

在中国，搞多元化成功的企业没几家，失败的企业倒是不胜枚举。遭遇失败之后，史玉柱明白了段永平当初的忠告：“在中国，多元化的企业除了复星之外，成功的没几个，搞多元化百分之百失败。中国企业家10年前的最大挑战在于占据机遇、把握机遇。随着这10年来经济法制的进一步规范，使得各行业进入白热化的竞争，所以现在企业家的最大挑战在于是否能够拒绝诱惑。以前各行业竞争不激烈，你什么也不懂，但只要你进去别人没进去，你就很容易赚到钱。现在竞争激烈了，专业化是非常必要的，但是我们许多民营企业还是沿用过去的思维。即便现在我也有这种认识，但有几次我也没忍住，把投资报告提交给（决策）委员会，都被枪毙了。专业化不仅对中国企业适用，全球行业的发展趋势肯定也是走专业化道路。”

史玉柱曾经的失败，在很大程度上都是“多元化”惹的祸。对于当时违背经济规律的做法，史玉柱认为是所谓的“多元化经验”。

史玉柱回忆说：“比如巨人汉卡，（当时）巨人汉卡确实做得不错，做得很好，销售额也很大，利润也很可观，在同行业里面已经算是佼佼者了。但是很快我们就以为自己做什么都行，所以我们就去盖了房子，搞了药，又搞了保健品。保健品脑黄金还是成功的，但是脑黄金一成功，我们一下子搞了12个保健品。然后软件又搞了很多，又搞了服装。”

在20世纪90年代的中国大陆地区，倒下的不仅仅是史玉柱所创建的巨人集团。同时期倒下的还有另外一个保健品企业——太阳神。

1987年年底，“黄江保健品厂”在广东东莞黄江镇正式挂牌营业，这就是太阳神的前身。

谈到太阳神，就不得不提怀汉新。在20世纪80年代末期的广东省，在一片淘金热中，怀汉新就是这样一个时代的弄潮儿。

1988年年初，在全民经商的号召下，果敢的怀汉新毅然辞去公职而下海了。下海经商的怀汉新当时只不过是生物健技术的持有人。

在怀汉新看来，生物健技术是有着巨大的市场潜力的，于是就大胆地投入“生物健技术”。1988年8月，“太阳神”正式宣布全面启用整套CIS设计用于营销推广，将“黄江保健品厂”的厂名、商品名和商标统一变更为“太阳神”。其后“太眼神”迅速崛起，红遍大江南北，名震白山黑水，当年就实现销售收入750万元，比预期整整高出10倍以上，到1990年销售额达到2.4亿元的高位，到1992年“太阳神”就成为资产总值高达7亿元的企业集团。自此无人能否认“太阳神”在中国保健饮料行业“江湖老大”的地位，其市场份额最高的时候曾经达到63%，这绝对是一个前无古人后无来者的纪录。[①]

起初，“太阳神”的企业发展战略一直是“以纵向发展为主，以横向发展为辅”，即保健品发展为主，多元化发展为辅。但从1993年开始，太阳神向多元化大举进军，一改纵向发展与横向发展齐头并进的战略，一年内上马了包括石油、房地产、化妆品、电脑、酒店等在内的20多个项目，在新疆、云南、广东和山东相继组建成立了“经济发展总公司”，进行大规模的收购和投资。[②]

在1992年到1993年这短短的两年时间里，“太阳神”把大部分销售收入资金转移到这20多个项目的资金高达3.4亿元。尽管注资3.4亿元，但是这些项目却没有一个成为新的“太阳神”，投下的3.4亿元投资就这样血本无归了。

资料显示，1987年，制药工程师出身的怀汉新凭着自己研发的“生物健”项目和5万元的微薄资金开始了“太阳神”的光芒之旅，当时肯定无

① 佚名．怀汉新［OL］．百度百科．http://baike.baidu.com/view/1262086.htm.

② 佚名．论企业多元化战略［OL］．MBA智库文档．http://doc.mbalib.com/view/3072d536f238a2a261528a87d12255ca.html.

人能想到“太阳”后来会在东莞黄江镇这一地图上找不到的偏僻之地再次冉冉升起。[①]

在“太阳神”完成早期积累步入持续发展时，“太阳神”的管理层一致认为，什么领域利润高就进入什么领域，致使太阳神落入了多元化扩张的陷阱。到1997年，太阳神已经全年亏损1.59亿元。它在香港的股价由前一年的每股2.2元港币惨跌到9分港币。[②]

从“太阳神”的快速崛起和面临危机来看，其是由于以怀汉新为首的管理层没能抵住诱惑，进行多元化扩张而迅速倒塌的。

在上述案例中，不管是珠海巨人的多元化失败，还是“太阳神”的多元化失败，以及在中国大陆地区20世纪90年代以来一些企业进行过多元化扩张并最终失败，所得到的教训都在警示着中国大陆地区的创业者，在创业过程中，一旦盲目多元化扩张，必然遭遇巨大危机，甚至惨遭失败。

在一些场合下，史玉柱告诫创业者说：“中国民营企业面临最大的挑战不是发现机会的能力，而是领导者的知识面、团队的精力、企业的财力问题。现在各领域的竞争都是白热化，企业只有集中精力，形成核心竞争力才能立足，否则就会一夜间完蛋。”

为了让投资决策更加理性化，在企业项目投资时，史玉柱把企业“国王”的位置一分为三：①所有者；②经营者；③决策者。

这就是说，作为巨人创始人的史玉柱在投资项目时，必须经过领导层讨论通过之后方能生效。在上海健特，总裁是原来珠海巨人集团的常务副总裁，其他四位副总裁也都是原珠海巨人集团的副总裁，公司高级管理者有2/3是原珠海巨人集团的。而史玉柱担任的只是决策顾问。尽管员工们

① 佚名．怀汉新［OL］．百度百科．http://baike.baidu.com/view/1262086.htm.

② 佚名．论企业多元化战略［OL］．MBA智库文档．http://doc.mbalib.com/view/3072d536f238a2a261528a87d12255ca.html.

私底下还叫他“老板”，但是作为“决策顾问”的他却并未行使老板的绝对权威。在新公司体系内部，设立了由七个人组成的决策委员会，投票决定提名的项目。经决策委员激烈争论，最后由办公会议决定。

那么，在公司建立一个决策委员会，是否会影响决策的效率呢？答案是肯定的。史玉柱说：“速度肯定要受到影响，但对现在的中国民营企业家来说，最大的挑战不在于他能不能发现机遇和把握机遇，而是他能不能抵挡诱惑，这跟10年前的环境不一样了，所以很多人还没有弄明白。中国现在的机会太多了，不用去找机会，机会都会找上门。”

史玉柱还坦言：“最近几年出问题的企业家都有一个共同的特点，就是没能经得起诱惑，战线拉得太长，最终才导致问题的出现。而且摊子铺得过大，手中的现金就不足以支撑这些项目，他肯定会做一些非常规的事情，而在中国的法律体系下，非常规的事情常常就是非法的事情。”

而今的史玉柱在经历盲目多元化的失败之后，根据自己的教训，提醒创业者不要盲目多元化，因为盲目多元化的结局只能是失败。

反观史玉柱所建的决策委员会投资机制，不可否认，正是这种机制，数年来一直在给史玉柱发热的头脑泼冷水。在吴征退出新浪的时候，希望找一个人来接手。有人问史玉柱买不买，给出的价格十分吸引人。虽然事实证明，若当时出手的话，他就会净赚数十亿元。但决策委员会觉得风险过大而没有同意购买，最后他选择了放弃。当然，史玉柱也不怄气，因为决策委员会的许多决策也为他挡住了不少风险。

企业战略必须“聚焦聚焦再聚焦”

对于创业者而言，企业就如同处于一个充满激烈竞争的原始丛林之中，而初创企业就像羚羊、野狼般弱小，面对着狮子、老虎般强壮的大企业，如何从中谋求生存空间？答案就是“适者生存”。在“适者生存”的策略中，专注成为初创企业得以生存和发展的一个重要推动力。

客观地讲，“多元化扩张，还是专业化突破”？这是横亘在很多创业者面前，特别是初创企业做到一定规模后不得不面临的一个最为头痛、最具争议的问题。

从这个争议中就不难看出，多元化的成功概率比较低。相关数据显示，通过对412家企业样本进行分析，从回报率来说，专业化经营的方式远优于多元化的经营方式。

而且并不是所有的企业都可以复制GE的多元化辉煌。在中国企业的多元化道路上，倒下了太多的企业巨头。

从联想FM365的倒闭，到海尔生物制药的无功而返、实达沦为ST股、奥克斯汽车停产、德隆系的垮台，甚至有学者断言：“包括海尔在内，中国现在还没有一家企业搞多元化是成功的。”

对此，史玉柱在多个场合下告诫诸多创业者，只有专注化才能减少失败概率。因为失败的企业都有一个共同特点，就是没能抵挡住诱惑，战线拉得过长，以致最后出了问题。

事实证明，对于创业者而言，要想把初创企业顺利地做强做大，在项目投资时，必须充分地保持自己理性的投资意识，在似乎是机会的诱惑中能够摈弃自己的诸多贪念，做到在项目投资时绝对不盲目冒进。

在面对新的机遇时，特别是在认准了某个潜力巨大的项目后，创业者必须冷静面对，客观地评估其风险，一定要经得起外部诸多机会的诱惑，绝对不能见到什么项目好就投资什么项目。

针对这个困扰创业者的问题，史玉柱用了7个字来概括——“聚焦聚焦再聚焦”。众所周知，史玉柱因为盲目多元化而失败了。在20世纪90年代，在这个到处都充满机会的华夏大地上，史玉柱也在这改革开放的春风中捕捉到诸多商业机会，此刻巨人汉卡的发展也是一路畅通无阻，销售纪录屡屡刷新。

春风得意的史玉柱在充满陷阱的机会里忘记了风险，而巨人大跃进式的发展更加使他认为“人有多大胆，地有多大产”。

此刻的史玉柱已经开始头脑发热，巨人多元化就开始跑马圈地了。在这场轰轰烈烈的多元化大跃进中，史玉柱开始染指服装、保健品、地产等十多个行业。

然而，史玉柱没有想到的是，他曾经高调所建的巨人大厦竟然成为巨人多元化失败的导火索。

为了修建巨人大厦，巨人集团不得不从其他业务中截流资金来填补这个超出预算的项目，毕竟巨人大厦需要太多的现金流，结果使得巨人集团现金流断裂，就这样被巨人大厦给拖垮了，负债两亿多元。

失败后的史玉柱，不得不总结自己的此次失败。据说他还曾找到三株创始人吴炳新寻找其失败根源。

史玉柱得到的指点是，集中全部精力做一款产品，成功后再做第二款。之后的史玉柱，在事业中始终坚持着这一策略，绝不冒进。做脑白金的时候，就只有一款脑白金；脑白金成功后，再做黄金搭档；黄金搭档成功后再做《征途》；《征途》也成功了，现在又集中精力做《巨人》。①

史玉柱评价自己在多元化失败之后变得很胆小，他为自己定下了三条铁律，其中一条就是绝不盲目冒进，草率进行多元化经营。现在他的事业聚焦在网游上，他也以“下半辈子只干网游”的决心再次履行着他的聚焦战略。

克服非理性的贪欲，切忌冒进，史玉柱以自己失败与成功的双重经验，给其他企业家做出了榜样。史玉柱的绝不冒进、草率进行多元化经营的铁

① 佚名．我们从史玉柱身上学到什么？［OL］．腾讯网．http://news.qq.com/a/20071122/001822.htm.

律，和“聚焦聚焦再聚焦”的七字秘诀，也是其他企业家需要学习的地方。①

第四节　房客变房东：盲目进入房地产市场

几年前，几乎所有的大中小型企业都进入房地产，如今这些企业面临资金链紧张以及房价低迷的双重打击，纷纷转让股份以求自保。该交易所悄然增设“房地产资源整合业务部”，专为房地产资源优化组合提供平台服务，主要以项目公司股权转让或投资合作方式进行运作。

——浙江产权交易所董事长　颜春友

盲目进入房地产，企业本身发展面临缺血

在如今房地产火爆的时刻，越来越多的企业老板涉足房地产，都在分享房地产这个盛宴带来的喜悦。

然而，在这场轰轰烈烈的房地产运动中，一些中小企业却饿殍遍野。2011 年 8 月 25 日，中国房地产业协会副会长朱中一在“2011 中国商业地产高峰论坛”上表示：“当前房地产企业要更多关注商业地产，但是不要盲目进入这一领域。”

在朱中一看来，当前的商业地产既面临发展的机遇，同时也蕴含很多不确定因素。朱中一认为，房地产企业进入商业地产，必须认识到其不确定性因素较多。不确定性因素主要有如下几个方面：

第一，从企业层面而言，商业地产的门槛要比住宅地产高，包括对人

① 佚名．我们从史玉柱身上学到什么？［OL］．腾讯网．http://news.qq.com/a/20071122/001822.htm.

才、资金等多方面的要求。而且，商业地产的开发、运营、物业管理等方面，都和住宅地产有很大的不同。

第二，从政策层面而言，目前国家还没有对商业地产出台系统的、指导性的文件。

第三，未来商业地产和住宅地产的发展，还存在怎样做到“总量基本平衡、结构基本合理”的问题。就目前的情况来看，住宅地产投资占整个房地产投资的70%。同时，商业地产的发展与当地的经济水平发展、相关产业的发展、普通老百姓的消费能力等因素息息相关，不同地区的商业地产的布局和结构都值得房企认真研究。①

既然房地产具有诸多不确定性，那么企业老板为什么还要去投资房地产呢？究其原因就是房地产能够带来高额利润的回报。

从最近几年的媒体报道中可以得知，长三角地区的企业就是这样的一批比较典型的房地产投资追逐者。事实上，在这场房地产运动中，整个长三角地区的企业都没能置身事外，稍微有一定规模的制造业企业都在试图涉足这个高利润的房地产行业。对此，上海证券报记者吴芳兰称这些企业为“绑在房地产战车上的制造业”。

据浙江省工商局公布的数据显示：2003年，浙江省工商局公布的“2002年度浙江百强非公（民营）企业”名单上，排名前10位的企业中，有7家都把房地产作为重要的发展产业。到了2006年，房地产投资进入一个高峰，长三角16个城市以占全国1%的土地和6%的人口，投下了占全国的1/5强资金——4076亿元。据中国地产投资网2006年的统计，宁波十大商业品牌的前三甲雅戈尔、罗蒙、杉杉名下均有房地产成员，余姚、慈溪一带以制造业起家涉足地产的企业更是数目众多，据不完全统计在40

① 陈莹莹．朱中一：房企不要盲目进入商业地产［N］．中国证券报，2011-12-14.

家左右。[①]

如此多的企业进入房地产，特别是房地产业务的暴利让越来越多的中小企业垂涎三尺，不顾一切地投资。浙江绍兴一家纺织企业负责人胡立新说，他在2003年随大溜进入房地产。

对此，浙江一位经济学专家这样评价近年来的长三角制造业发展轨迹。“几年前，进入房地产是很多制造业企业的优先选择，因为纺织业的利润为2%，家电的利润为2%，外贸企业的利润为8%，但是房地产开发的利润率高峰时达30%～40%，谁都会动心。”

但是，随着金融危机、次贷危机，以及中国消费者购买力的下降，再加上中小企业的实力比较薄弱，面对惨烈的金融危机，跟风进入房地产的企业大都面临资金链断裂，大规模面临困境。

毋庸置疑，商人的逐利思维没有什么不对，但中小创业企业要想做强做大，创业者必须能够抵制更多的机会和诱惑，在这个寒冷的金融危机中更是如此。有人说投资房产比投资制造业更能赚钱，特别是在2004年至2008年，绝大部分企业都纷纷进入，就像美国当年的淘金热一样，其结果可想而知。

南望集团曾是浙江省软件企业十强之一，但却在金融危机的2008年深陷资金链困局，资金链突然断裂。

来自公开的资料显示，南望集团的主营业务是生产远程图像监控设备，其设备已经占据全国电力系统1/3的市场。

跟其他企业一样，当发展到一定规模，南望集团就走上多元化发展道路。而对于资金链断裂的问题，一位早期法人股东说出了真相，南望集团的问题除了重庆的水电站，还有北京海淀区的星火大厦和杭州一块土地，

① 吴芳兰．长三角制造业投资房产重创 浙90%房企将出局［N］．上海证券报，2008-7-10.

这三个项目都是占用资金过多，迟迟没有回报。

从这位早期法人股东看来，房地产是使南望集团资金链断裂的最后一根稻草。

可以说，南望集团并非唯一一个进入房地产的企业。尽管一些企业进入房地产行业而遭受损失，但是地产依然是诸多企业投资的不二之选。如报喜鸟、庄吉、法派等品牌服装企业，以及温州最大的鞋业巨头奥康、红蜻蜓都纷纷涉足其中。温州本土知名经济学者马津龙估计大约70%的企业都涉足房产投资，由于房产几年来一直是卖方市场，这些企业收益都非常可观。①

在马津龙看来，房地产收益一直被看好。但一些研究者非常担忧制造企业进入房地产的后果，《泉州晚报》记者郑巧伟、邱凌蓝在《盲目进入房地产企业发展面临缺血》一文中指出："现阶段我市民营企业每年利润超亿元的少之又少，而投资房地产是需要拥有雄厚资金的，如果一个企业将每年的大部分资金都投入到房地产中，那么本行业的发展将受到资金不足的影响，特别是我市的制造业。目前我市的制造业在技术、设备等方面都和其他省市还存在着距离，更不用说和国外上档次的企业相比，一旦这些行业把资金投入到房地产中，那么行业的技术、设备更新的速度就会受到很大影响，泉州制造业将在竞争中处于劣势，只能一味地生产一些加工密集型的产品。"

这样的担忧是有远见的。泉州这样的问题也是中国普遍存在的一个问题。越来越多的民营资本争相流入房地产行业，势必就会影响实业经济的发展。

① 岳淼．"中国制造"的真实困境［J］．环球企业家，2008-5-23.

理性回归实业才能真正解决问题

不可否认的是，尽管房地产有较大的利润空间，但是随着近年来房价的不断高升，有的房价格已经高出购买者的实际购买力。在这样的背景下还盲目地投资房地产，其风险无疑是不断地加大的。一旦资金被房地产套牢，那么企业原本赚到的资金就变成一堆固定的“混凝土”，企业的资金链也将断裂，企业将重新面对生存问题，这类案例在我国曾频频发生过。

各行业纷纷进入房地产业，在某种程度上造成了房地产市场火爆的现象。这种现象很多时候是一种假象。部分房地产开发企业担心，这样的假象会影响消费者对房地产市场的正确判断，从而加剧房地产泡沫的形成。[①]

对此，浙江产权交易所董事长颜春友在接受媒体采访时谈道：“几年前，几乎所有的大中小型企业都进入房地产，如今这些企业面临资金链紧张以及房价低迷的双重打击，纷纷转让股份以求自保。该交易所悄然增设‘房地产资源整合业务部’，专为房地产资源优化组合提供平台服务，主要以项目公司股权转让或投资合作方式进行运作。”

从颜春友的话中不难看出，这意味着绑在房地产“战车”上的长三角制造业已经开始谋求“明哲保身”。

颜春友在预测大批房地产企业将被洗掉时建议说：“很多从事制造业的企业要回归主业，如果再拖，可能拖垮主业，因此会考虑剥离房地产项目或者公司。”

颜春友的建议具有一定的建设性。这主要是由于一些外来型房产企业

①郑巧伟，邱凌蓝．盲目进入房地产企业发展面临缺血［N］．泉州晚报，2005-1-7.

来自生产型或者流通类企业，现在这些企业的主营业务在人民币升值等因素影响下，生产效益下降，并导致流动性资金减少，其辅营的房产开发又面临比较大的资金投入，这类公司牵一发而动全身，容易面临资金链断裂的风险。①

对此，颜春友重点谈道："高峰时期，浙江省出现了2400多家房地产企业，如今90%的房地产企业将面临淘汰，能留下10%，也就是240家已经非常不容易了，并且还将持续地整合。"

在这里，我们再来看看陈光发表在《理财周报》一篇名为"雅戈尔急救资金链：分析师称'涉足地产是错误'"的报道。

该报道称，减持套现背后，现金流压力成为雅戈尔无法回避的软肋。按照公司的战略分类，拉动公司业务发展的三驾马车中，服装主业为公司提供现金流，房地产业则提供大额利润，金融投资则作为种子业务锦上添花。但随着近期国际金融风暴的影响扩大，公司服装出口业务受到很大影响。②

该报道还称，楼市的低迷也使公司现金流回收低于预期，但房地产投资却依然继续。"公司短期借款占总资产的比重达到21.3%，长期借款和短期借款总额占资产比重为29.16%。这说明公司的现金流出现不小的问题，这次减持中信股权，应该不排除有套现扩充现金流的用意。"③

确实，金融危机下的企业困境，痛苦的理性回归是必然的。对此，颜春友在接受《上海证券报》的采访时谈到了自己的看法："现在资金是个大问题，在房地产暴利时期，因为整体形势好，自然能带来资金流。现在，资金的巨大压力，迫使部分企业选择离开。很多从事制造业的企业要回归主业，如果再拖，可能拖垮主业，因此会考虑剥离房地产项目或者公司。"

① 吴芳兰．长三角制造业投资房产重创 浙90%房企将出局［N］．上海证券报，2008-7-10.
② 陈光．雅戈尔急救资金链：分析师称"涉足地产是错误"［N］．理财周报，2008-11-24.
③ 陈光．雅戈尔急救资金链：分析师称"涉足地产是错误"［N］．理财周报，2008-11-24.

从颜春友的话中不难理解，一些企业老板如果因为高额利润回报就盲目进入房地产行业，那么一大批房地产企业将被洗掉。监管部门对上海房地产企业贷款情况及其资金状况进行了抽样调查。调查结果显示，上海房地产开发企业总体资金来源减少，资金趋紧，负债率上升，部分过度扩张的企业面临资金链断裂危机，但目前尚未成为普遍现象；如果政策面继续趋紧，房地产企业资金链可能断裂，银行贷款面临的风险不容乐观。上述调查报告出炉后不久，央行、银监会于8月联合发布《关于金融促进节约集约用地的通知》，再度重申严格商业性房地产信贷管理。[①]

无独有偶，上海市城市经济学会高级经济师顾海波也认为，目前银根继续收紧，使得市场观望氛围蔓延，一些资金紧张的开发商通过降价等方式来缩短销售周期，以求迅速回笼资金，这也使得更多的外来型房地产企业面临更加紧张的资金压力。[②]

顾海波在接受《上海证券报》的采访时说："企业都向房地产发展，形成千军万马挤独木桥的现象是极其不正常的，其实，目前住房总量已经饱和，缺口是解决中低收入人群的住房问题，而不是投机品。目前面临再度转型，是一个痛苦的过程。"

顾海波还认为，几年间，房价上涨了5倍左右，企业都去投房地产，肯定是不正常的，现在是一个理性回归，房价回调，而开发上原来干什么就还回去干什么。这还有利于真正优质房地产企业的成长，对他们来说是一个好机会。顾海波强调，将制造业绑在房地产"战车"上本来就是一个特殊时期的不正常现象，房地产企业的剥离是制造业的"回归"与"自我的重新发现"。[③]

① 监管部门调查上海房企钱荒［N］．重庆晨报，2008-9-11.
② 吴芳兰．长三角制造业投资房产重创 浙90%房企将出局［N］．上海证券报，2008-7-10.
③ 吴芳兰．长三角制造业投资房产重创 浙90%房企将出局［N］．上海证券报，2008-7-10.

第五节 过度的增长欲："战略缺乏规划，想到什么就做什么"

透过"三分天下"设想的表象，我们可以看出，这一战略的实现，起点在于掌握荆益二州。即便有了荆益二州，其实力依然不足以挑战曹操。所以，《隆中对》的全部战略构想都建立在联吴的基础上。而在某种意义上，蜀吴联合，在多数情况下是蜀的一厢情愿。

——"《隆中对》的战略失误"

"走到哪算哪，遇到什么就干什么"毫无战略可言

中国改革开放后的30多年，也是中国经济处于极速发展阶段的30多年，机会随处都是。在一个机会型市场内，面对13亿人的大市场做什么都赚钱时，专注似乎就显得多余了。即中国民营企业创始人热衷于"战略缺乏规划，想到什么就做什么"的一个重要因素，就是中国民营企业在它的精细化管理之外，还存在大量的潜力巨大的商业机会。特别是从20世纪80年代改革开放开始后，中国制度转型期的经济秩序和行业结构调整都为民营企业腾出了大量的利益空间，只要创业者敢想敢干，把拥有的某种特殊资源，比如关系、渠道、资本、垄断优势等转化为商业价值，就算是进入一个完全陌生的行业，创业者也可能会获取丰厚的利润。

在这样遍地是机会的背景下，完善的战略规划就如同一张白纸一样，毫无任何意义。然而，尽管商业机会众多，越来越多的中小企业不是成长

缓慢，就是寿命短。这个问题一直困扰着众多的中小企业老板。不过，越来越多的中小企业老板逐渐认识到，战略管理制度的缺失是制约中小企业持续发展的重要因素。

诸葛亮的《隆中对》的确是一篇脍炙人口的佳作，在很多商学院的EMBA上，一些教授常常把诸葛亮的《隆中对》作为古代战略分析的典范的战略案例来分析。这一战略赢得了历史上的高度赞扬。在诸葛亮未出茅庐而将天下三分时，体现出诸葛亮过人的战略眼光。然而，《隆中对》的战略也存在诸多不确定性。

从创业者刘备的角度来看，透过"三分天下"设想的表象，我们可以看出，这一战略的实现，起点在于掌握荆益二州。即便有了荆益二州，其实力依然不足以挑战曹操。所以，《隆中对》的全部战略构想都建立在联吴的基础上。而在某种意义上，蜀吴联合，在多数情况下是蜀的一厢情愿。①

当联吴还具有很大的不确定性时，"三分天下"的设想就把它当作一个确定前提来看待，这是后来蜀国战略失败的重要原因之一。而吴蜀联合的力量不对等，吴国君臣那种"吃了亏"的感觉，又使这种联合孕育着裂痕。后来刘备不听劝阻同吴国翻脸，不完全是为关羽复仇，很有可能是对吴国咄咄逼人的压力的一种反弹。失去荆州后，蜀国的战略已经受到致命打击。对刘备这种人来说，事业前景的断送，远比兄弟之情更容易导致孤注一掷行为。②

可以看出，作为一个创业者，刘备因为缺乏一个完善的战略规划，最后抑郁而终，而接班人刘禅也"乐不思蜀"被囚禁。因此，《隆中对》的战略也警示中国企业老板，如果"战略缺乏规划，想到什么就做什么"，

①《隆中对》的战略失误［J］. 管理学家，2009-7-31.
②《隆中对》的战略失误［J］. 管理学家，2009-7-31.

那么你的企业就距离倒闭不远了。

提起周作亮，那可是当年湖北响当当、叱咤风云的人物。他曾被评为或授予全国最佳农民企业家、全国劳动模范、全国自强模范、全国优秀乡镇企业家、全国农村十大新闻人物等称号，并担任第八届全国人民代表大会代表，兼任中国乡镇企业协会副会长、湖北省厂长（经理）会常务理事、湖北省企业家协会常备理事、湖北省残疾人联合会副主席。

从这一长串的头衔可以看出，周作亮有过辉煌的过去。这些辉煌的开始得从 1979 年夏天开始谈起。

1979 年的夏天，湖北省武汉市闷热无比，39 岁的农民周作亮用扁担——一根竹竿挑着简单的行李憧憬地站在湖北省武汉红旗服装厂大门外。

此刻，周作亮的人生目标就是要成为武汉红旗服装厂的一名服装工人，周作亮坚韧的性格感动了红旗厂总技术师林逸民，破例收下了这个特殊的学徒。

三个月后，周作亮在幸福村的一间小库房里挂起了“幸福服装厂”的牌子。

第一年，7 个人、7 台缝纫机创下了 2 万元的产值，盈利 5000 元。

此后的十余年间，周作亮凭着他对服装的天赋和对服装市场的感悟，其能力得到了淋漓尽致的发挥。

比如，周作亮敢于举债从美国和日本引进当时中国较为先进的 14 条服装生产线，其生产的衬衫、西服两大主导产品开始打入国际市场。

1989 年，国际市场环境极度恶化，衬衫、西服等产品订单大幅度减少。在这样不利的形势下，周作亮凭借自己对服装市场的了解，先后在深圳特区、香港成立了永福制衣有限公司和永福贸易公司，仅在 1989 年就拿到了 8000 万元的外贸订单。

由于周作亮的处变不惊和把握时机，幸福服装厂也在高速成长中。1991年，周作亮将幸福村和幸福服装厂村企合一，成立了幸福集团公司，并出任幸福集团董事长兼总经理。

1992—1993年，在周作亮的领导下，幸福集团公司又较早地开始了股份制改造。公司股份制改造激活了幸福集团。

如果周作亮一直走服装的路子，他手中的那把“金剪刀”含金量也许会越来越高。但村企合一后，周作亮首先提出建设一座“现代化的中国幸福村”的目标，先后投资3000万元，建成了一片“渠成格、田成方、路成线、树成行”的观光农田开发区和200栋村民别墅。一个现代化的中国幸福村在江汉平原就此诞生了。不可否认，这些奇迹的创造，既得益于改革开放的机遇，也是周作亮勇气、胆识和能力的证明。

1993年，周作亮的各种荣誉如雪花般纷飞而至。与此同时，周作亮偶然获悉铝材走俏，经营铝材可以获取丰厚的利润，于是当即决定兴建铝材厂，并且仅用8个月的时间就投资1.1亿元建成了日产10吨的铝材加工厂。

当铝材加工厂建成后，周作亮不得不从外采购所需的铝锭、铝棒。为了更好地与铝材加工厂配套，周作亮决定再建一个电解铝厂。但是，再建一个电解铝厂面临的最大难题是幸福村电力供应不足。

为了能解决电解铝厂的用电问题，周作亮不顾电力部门的强烈反对，在小火电已经列为限制发展项目的情况下，仍然坚持修建了三台5万千瓦小机组，年发电能力达到15亿千瓦时的火电站。

此时，让周作亮犯愁的是，电解铝厂自用电仅为6亿千瓦时。如果仅仅是电解铝厂，那么三台小机组中就必然有两台闲置。

毋庸置疑，修建了电厂，当然还得修建变电站与之匹配。于是修建变电站就成了必然的“周氏选择”。这样做不仅可以解决电解铝厂的用电问题，而且还可以解决剩余电力的对外输出和联网问题。

但是当发电厂修建后，要发电就需要大量的煤炭，而幸福村的交通并不便利，既不通船又不通火车。

周作亮为了解决火电厂发电的用煤问题，还专门成立了一个运煤的庞大车队。但周作亮没有想到的是，像幸福村这样简易的乡村公路根本无法通过载重60吨的重型卡车。

为了解决载重60吨的重型卡车的通行问题，周作亮决定修一条长40公里耗资7000万元的二级公路。

当发电产生灰粉无法处理时，周作亮计划兴办一个水泥厂……周作亮甚至提出要让汉江改道，把铁路修到张金村。

就这样，周作亮不顾多方反对，执意兴建了电厂、铝厂、变电站等总投资15亿元的“三大工程”。尽管 “三大工程”于1997年陆续建成投产，但由于投资巨大且回报期长，此时幸福集团的年产值仅有五六亿元。

为了弥补资金周转不足问题，周作亮不得不考虑其他的融资渠道。他让幸福城市信用社（1992年由幸福集团控股组建的湖北潜江市幸福城市信用社）除在潜江市本地高息揽储外，还购买了位于武汉市汉正街市场约1000平方米的房产，并以此作为据点，由担任周作亮决策顾问的周训和经营的大江城市信用社牵线搭桥，在武汉吸收一年期存款达9.4亿元，涉及储户7万多人，其承诺的最高年利率为20%。

然而，由于在修建电厂、铝厂、变电站中投资巨大，而幸福城市信用社一直处于严重的流动性危机中，最终酿成了巨大的公众存款支付风险。

这期间周作亮心中的企业战略就是“逢山开道、遇河搭桥”，就是走到哪算哪，遇到什么就干什么。这种没有战略的经营，盲目的发展把幸福集团一步一步引向衰败的边缘，最终把幸福企业引入深渊也不可逆转地把周作亮引上“大而全，小而全，缺啥补啥”的封闭式发展的不归之路。

有报道说，1999年9月，周作亮无奈地将自己一手创建的湖北幸福集团的大部分股份转让给湖北国投，湖北国投成为这家上市公司的第一大股东。

与此同时，从小服装厂创业开始到曾经拥有一家上市公司的周作亮，不得不黯然把自己的办公室搬到已经停建的四层办公大楼后面的一排简易的平房里。不久前，他还在有着长长的门廊、铺着鲜艳绿色地毯的套间内办公。[①] 转眼之间，两鬓斑白的周作亮似乎一下退回到了 1979 年 7 个人 7 台缝纫机的创业年代。

从上述案例不难看出，铝材厂打开了周作亮心底的魔盒，而一系列的巨额投入最终导致幸福集团严重的“资金饥渴症”，并把旗下的幸福城市信用社逼进了死胡同。

周作亮的这一做法已是 15 年前的事情了，但是在今天依然警示中国的企业，谁拥有战略，谁就赢得未来。如果周作亮有完善的战略，而不是“逢山开道、遇河搭桥”，那么今天的周作亮就可能与柳传志、任正非他们相提并论了。

可以说，周作亮在扩张时，毫无战略可言，其危机也在预料之中，这就必须引起中国企业老板的高度重视。因为在这个竞争激烈的时代，哪一个企业拥有科学正确的战略，那么这个企业就能拥有未来的市场。

中小企业有真正意义发展战略的微乎其微

北京华夏圣文管路咨询公司在中国企业界做过一次“关于企业家战略问题”的调查，结果显示，90% 以上的中国企业家认为：“制定战略规划

① 佚名．湖北幸福集团 幸福终结［OL］．百度文库．http://wenku.baidu.com/view/f8f7ade80975f46527d3e162.html.

是最为困难、最占时间、最为重要的一件事情。”

遗憾的是，尽管中国企业老板都知道制定战略规划对于企业发展的重要性，但是很多企业老板却依然缺乏战略思维。

对此，中国国有资产监督管理委员会经济研究中心主任王忠明在“首届中国企业发展论坛”上，就曾逐户走访过国资委监管全部189家中央企业中的140多家企业，他在进入企业调查后发现，在这140多家企业中，有真正意义上发展战略的企业微乎其微。

既然战略如此重要，那么到底什么是战略呢？在中国，战略一词历史久远，最早应用于军事，具体是指战争的“谋略”。

如今，战略的含义演变为泛指统领性的、全局性的、左右胜败的谋略、方案和对策。在企业经营中，企业战略具体表现为企业根据环境的变化、本身的资源和实力选择适合的经营领域和产品，形成自己的核心竞争力，并通过差异化在竞争中取胜。随着世界经济全球化和一体化进程的加快和随之而来的国际竞争的加剧，对企业战略的要求越来越高。

对此，王忠明认为：“成熟的企业发展战略要经过企业的成败沉浮和相当长时间的调整发展后才能形成，是在市场经济条件下发自内心的，甚至处于对未来的恐惧中产生的战略冲动。”因此，一个企业老板，不仅仅只是一个经营者，更应该是一个战略家。

研究发现，企业没有战略的根本原因在于，企业老板没有战略规划，或者缺乏战略规划意识。在实际的经营中，战略规划的有效性包括2个方面（见表2-3）。

表2-3　　战略规划有效性的2个方面

一方面	战略正确与否，正确的战略应当做到组织资源和环境的良好匹配
另一方面	战略是否适合于该组织的管理过程，也就是和组织活动匹配与否

从表 2-3 可以看出，战略规划的目标应当是明确的，不应是二义的。对于企业老板而言，在制定科学的战略规划时，必须清楚“我在哪里”、“我将往何方”、“我如何去”、“如何走好”的“战略四部曲”。

这“战略四部曲”要求企业老板制定的战略规划通俗、明确，还可执行。中国许多企业老板由于缺乏“战略四部曲思路”，导致战略规划内容的不足，或者其过程残缺。

之所以会出现这样的问题，主要是因为这部分企业老板通常都有丰富的工作技能经验，所以他们的战略大多数都聚焦在“如何去”的问题上，对其他方面不甚清楚。这部分企业老板不知道的是，他们这种偏重战术而不重战略的思维，不仅使得制定的战略毫无亮点，而且定向思维会导致其他可能存在的优秀战略也得不到企业其他人的采纳。

作为企业老板必须明白，确立与实现任何一个企业战略目标都必须依据本企业的实际情况，绝对不能背离企业所处的竞争环境背景。因此，企业老板在确立和实现企业战略目标时，必须把握 2 个关键的内容（见表 2-4）。

表 2-4　在确立和实现企业战略目标时必须把握的 2 个关键内容

内容一	对环境信息的充分掌握
内容二	用正确的方法和思路来整合有关信息并得出相应的论断、决策和行动方法，以利于企业战略目标的达成

当然，制定战略，必须加强对长期问题的研究。在很多企业中，长期问题非常多，有发展方向问题、渠道发展问题、赢利模式问题、发展步骤问题、品牌建设问题、信誉建设问题、文化建设问题、人才开发问题、创新问题等。如果这些长期问题在制定战略时不加以考虑，那么这样的战略是解决不了这些问题的，也就毫无意义可言。因此，企业老板在制定战略

规划时必须考虑9个企业长期问题（见表2-5）。

表2-5　　制定战略必须考虑的9个企业长期问题

（1）	发展方向问题
（2）	渠道发展问题
（3）	赢利模式问题
（4）	发展步骤问题
（5）	品牌建设问题
（6）	信誉建设问题
（7）	企业文化建设问题
（8）	人才开发问题
（9）	创新问题

第六节　决策就是拍脑袋：“我说行就行，不行也行”

中国企业之所以很多短命，还有一个最根本的原因，那就是决策者心态浮躁、目光短视，缺少对企业长远的战略构想和通盘设计。

——北京华夏圣文管理公司资深培训师　汪洋

决策就是拍脑袋潜藏巨大风险

在《家族企业长盛不衰的秘诀》培训课上，一位中层经理抱怨说：“在我们公司，我舅舅，也就是我们老板常常在一些重大决策上从不和我们这些高层经理商量，而且上千万元的投资都是通过拍脑袋的方式作出决策。这样在金融危机的今天，使得我们的经营困难重重。”

在中国企业中，老板常常都会犯这个拍脑袋决策的错误，究其原因就是，过去30年中，中国经济处于极速发展阶段，机会随处都是，在一个机会型市场内，面对13亿人的大市场做什么都赚钱时，科学、系统地做出某些重大决策似乎就显得有点多余。

这部分老板不知道，在企业经营中，重大决策主要针对的是企业未来的发展方向，关乎着企业长期的、全局的和动态的市场竞争。这就决定了老板作出的决策都必须是基于企业特定资源积累核心竞争能力的。

然而，这样的决策往往只有成熟企业才能具备，而一些中小企业老板在做出某些决策时，往往都是依靠自己的实战经验“拍脑袋决策”。

这种“拍脑袋决策”的事情几乎每天都在发生，只不过大都没有被媒体和研究者揭示而已。

作为为中国经济做出重要贡献的中小企业，其数量非常庞大。根据国家工商总局统计数据显示，截至2010年6月底，全国工商登记注册企业数为1089.8万户，其中中小企业达1078.9万户。值得我们关注的是，这些中小企业的平均寿命仅为2.9年。

是什么原因导致了中小企业在短短3年之内踏上死亡之路呢？其实，大部分中小企业不是死于企业的赢利模式，不是产品没有适销对路，也不是产品不具备成本竞争力，而是死于老板的心浮气躁，决策随意，具体表现在做出重大决策时，往往是老板拍脑袋决定，没有经过深思熟虑。巨人就是一个典型的例子。

谈到巨人，一定会想起巨人大厦。谈到巨人大厦，很多读者会不约而同地认为，珠海巨人集团的危机，就是在于巨人大厦的层层加码上。

表面上看起来引发巨人集团危机的原因与巨人大厦的层层加码有着重大关系。巨人大厦从最初设计的18层，到38层，再到后来的54层、64层，直到最后的70层，导致巨人集团资金链断裂，从而陷入重重危机。

为什么巨人大厦会从最初设计的18层一直加码到70层呢?

其实，在巨人集团背后隐藏着一个更加深层次的企业管控制度问题。巨人大厦从18层逐渐加码到70层的决策，与高层老板强势息息相关。

不可否认的是，就是从18层到70层这一系列头脑发热的决策，改写了巨人集团的企业历史。

在巨人大厦楼层的加高过程中，曾多次遭到多名高级干部的质疑，而且还向史玉柱提出过反面意见。

然而，在此之前，巨人集团从未形成过尊重“异议人士”观点、民主协商、集思广益的企业管控制度。

所以，在巨人大厦楼层加高的决策过程中，当不同意见，特别是反对意见提出来之后，自然不会引起巨人集团高层的重视。

这主要缘于巨人集团的执行文化——董事长或者总经理的决策都必须严格执行。在这样的执行文化下，不同意见，特别是反对意见也就不可能改变增加大厦楼层的决策。当巨人大厦的楼层一层一层地往上加，直到增加至70层时，最后一根稻草最终压垮了巨人集团这匹骆驼。

当巨人集团遭遇重大危机后，史玉柱接受《南方周末》记者的采访时曾这样说：“现在想起来，制约我决策的机制是不存在的。这种高度集中的决策机制，尤其集中到一两个人身上，在创业初期充分体现了决策的高效率，但当巨人规模越来越大、个人的综合素质还不全面时，缺乏一种集体决策的机制，特别是干预一个人的错误决策乏力，那么，企业的运行就相当危险。”

究竟是什么原因驱使巨人大厦从最初设计的18层加到最后的70层

呢？

史玉柱在接受媒体采访时坦言说：“……从64层加到70层，是我一个人一夜之间做出的决定，我只打了个电话给香港的设计所，问加高会不会对大厦基础有影响，对方说影响不大，我就拍板了。”

反观巨人集团的案例，在一个夜晚、一个电话、一个公司总经理，一个关系企业生死存亡的重大决策就这样随意地产生了。当然，正是这样的教训，才促使史玉柱东山再起。

这样的决策方式，是许多中小企业老板最普遍的、典型的决策手段。很多中小企业老板在经营管理中，特别是在决策中往往都持有“唯我独尊、刚愎自用”的心态。

当面临某个重大机遇时，一部分老板常常采用“民主”的决策方式，把这样的决策拿到公司高层中讨论。但其实在开会讨论之前，这些老板在脑子里面就已经有了一个大体的框架。

他们开会讨论的目的，主要是要把自己已经做出的决策让高层经理们接受而已。在高层会议上，如果高层经理们提出不同意见，甚至是相反的意见。面对这样的态势，尽管老板们有点不愉快，甚至对此产生厌恶感，但是这都是老板们早就有所预料的。接下来，老板们就开始说服提反对意见的高层经理，而不是考虑自己的主张是否存在问题。

“拍脑袋决策”已经不再适用

不可否认的是，在企业经营中，任何一个老板都不可能保证自己做出的每一个决策都是正确的。这也是不现实的，就如在战场上，任何一个将军都不敢保证自己能百分之百地打胜仗一样。

素有现代管理之父之称的彼得·德鲁克 (Peter F. Drucker) 认为，决策就是判断，是在各种可行方案之间进行选择。

哈佛商学院认为，决策对于企业的作用非常巨大，可以说，企业成败主要取决于决策和管理两大因素，其中决策因素占 80%、管理因素占 20%。

从哈佛商学院的观点来看，决定企业成败的绝大多数因素还是在决策上。从这个意义上说，企业老板的决策关乎着企业的做强做大，更关乎着企业的生死。

当老板在做出某个决策时，意义非常小可。小而言之，决策决定某一项目的成败；大而言之，决策有可能事关企业的兴衰进退。

据报道，在 2008 年的金融危机中，中国大陆地区仅仅在上半年就有 6.7 万家规模以上的中小企业倒闭。是什么原因导致了这些中小企业倒闭的呢？可能有的读者认为是在原材料价格上涨、劳动力成本提高、加工贸易政策大幅收紧、出口退税率不断下调、人民币持续升值等诸多因素影响下倒闭的；可能也有读者认为，是企业缺乏可持续性战略而导致的倒闭；可能也有读者认为是国外贸易保护严重，出口型企业拿不到订单，或者国外购买力贫乏导致的倒闭。

其实，在金融危机中，诸多中小企业的死亡非常正常，前几年在没有出现“原材料价格猛涨、人民币升值、用工成本激增、银行贷款难、民间借贷利率飙升”的情况下，企业倒闭的现象同样发生，而且并不比现在少。

事实上，尽管目前的宏观调控对部分企业有一些影响，但是这些都不是致命的。企业倒闭的原因虽然有很多种，终究只有一个因素是相同的，那就是企业的经营管理，只要企业的核心竞争力比较强，再大的外界因素都不能让企业遭受灭顶之灾。

不可否认，在金融危机的影响下，宏观经济环境趋紧是导致中小企业倒闭的一个因素，特别是长三角地区企业出现“异常倒闭”现象的一个重要原因，但是经过我们几年的研究分析，企业倒闭最核心的原因还是“拍脑袋决策”。反观那些倒闭的中小企业，这些企业在金融危机之前大部分都大规模盲目投资过，这是这次倒闭潮的罪魁祸首。在宁波慈溪，被人称为“完全靠低价来做市场的冰箱制造行业”就是其中的一个典型代表。

位于东海之滨的浙江慈溪，不仅历史悠久——春秋时属越，秦代设县，古称“句章”，至唐开元二十六年（738 年）始称慈溪，县治在今之慈城，而且交通便利，区位和交通优势十分明显——东离宁波 60 公里，北距上海 148 公里，西至杭州 138 公里，是长江三角洲经济圈南翼环杭州湾地区上海、杭州、宁波三大都市经济金三角的中心。

如此优越的条件无疑给这样的土壤提供了发达的商业条件。在 21 世纪初，慈溪就被誉为中国大陆地区三大家电制造基地。

在 2008 年金融危机爆发前，特别是 2000 年至 2007 年，中国企业借着中国经济发展的东风可以说是如鱼得水。具有敏锐市场洞察力的浙江慈溪企业老板绝不会放弃这样的市场机会，从 2005 年开始，很多慈溪企业老板就开始投资建厂生产冰箱。

然而，这样的转变说起来非常简单。在慈溪企业老板的意识中，“只顾着投身去赚钱”就可以，他们不会过多地考虑企业的发展前景。2007 年，一老板在饭桌上谈着谈着就拍板，他要进军冰箱产业。

据媒体报道，这个老板原来是养兔子的。

连养兔子的老板都要生产冰箱，最让人担心的是，这些投身到冰箱行业的企业老板中许多都是“门外汉”，从来没有涉足家电产业。那么他们为什么要都投身冰箱制造行业中呢？据媒体披露，这些老板认为，冰箱制造是当时最赚钱的行业。

从宁波慈溪市经济发展局曾经公开的数据显示可以印证媒体的观点，

慈溪冰箱2007年的产量突破了500万台，截至 2007年年底，慈溪从事冰箱生产的企业约有50家，设备投资超过1亿元。2007年，还有10余家企业老板有涉入该领域的意向。

在慈溪，有媒体曾用“异军突起”来形容当时许多企业投资冰箱行业的勇敢与冲动，然而，这股冲动在2008年画上了休止符。在2008年的金融危机中，接到订单的冰箱生产企业就已经不超过10家了。

连养兔子的企业老板都敢去上冰箱生产线，从上述这个案例中我们看出，一个低则百万元高则千万元乃至上亿元的投资项目，老板在饭桌上谈着谈着就拍板了。这样重大转型的决策仅靠拍脑袋就能做出，听起来非常不可思议。然而，这样的拍脑袋决策每天都在进行着，并不会因为我们的不可思议就不存在。正是许多老板在决策时往往都是拍脑袋，才导致珠三角、长三角中小企业倒闭频现。

当然，拍脑袋做出这样的决策，并不只是在冰箱行业，主要问题还是老板的决策方式。在面对重大机遇时，科学决策是企业稳定发展的一个重要保证。

什么是科学决策呢？所谓科学决策是指决策者凭借科学思维，在充分调查研究的基础上，把握趋势，利用科学手段和科学技术对重大问题做出决定，并提出目标、方法、策略等所进行的决策。这就要求企业老板在科学决策时，必须具有以下三个特征（见表2-6）。

表2-6　科学决策的特征

（1）程序性	决策程序性主要是指企业老板在科学决策时，绝不能头脑发热，信口开河，更不能独断专行，简单拍板，随意决策，必须按照一定的程序，充分依靠企业领导班子及其所有员工的集体智慧，从而有效地运用决策工具和方法来选择最佳的方案

续 表

（2）择优性	决策择优性主要是指企业老板在科学决策时，能在多个方案的对比中寻求获取较大效益的最佳的方案，可以说择优是决策的核心
（3）指导性	决策指导性主要是指企业老板在科学决策时，特别是在管理活动中，决策一经作出，就必须付诸实施，对整个管理活动、系统内的每一个人都具有约束作用

从表2-6可以看出，作为企业老板，不管是面对机遇还是危机时，都要尽可能集思广益，以此作为科学决策的基础，对不同看法，通过交锋、论证提出可供选择的方案。

第七节　过分迷信高科技：越是高科技的产品越能赚钱

越是高科技的产品越能赚钱，于是不顾企业自身实际情况，凡是和高科技沾上边的项目都跟着投钱，盲目将产业升级。

——“商界大忌一百错”

当今许多科技型企业为什么搞不出名堂

在很多场合下，一些企业老板过于迷信高科技。在这些企业老板看来，越是高科技的产品越能赚钱，于是不顾企业自身实际情况，凡是和高科技沾上边的项目都跟着投钱，盲目将产业“升级”，结果付出了惨重的代价。

对此，香港中文大学讲座教授郎咸平在谈及夕阳产业时坦言：“任何一个城市的纺织工业，如果盲目地产业升级，搞资本化、科技化、电子化，你有可能越被迅速淘汰。在北方某市，一旦搞资本化、科技化、电子化，投入大量的资金做改造，生产的产品和原来一样，大量资本投入之后，必然产生折旧费用。原本还是一个有微薄利润，有利可图的企业，一旦改造之后，反而亏损连连。”

郎咸平的这番言论给那些迷信高科技的企业老板泼了一瓢冷水。在郎咸平看来，迷信高科技不一定能带来效益，相反还会造成亏损。

在创业的过程中，企业老板选择高科技作为创业方向也是一个正确的决策。从某种程度上说，高科技是企业老板成功创业的一个重要突破口，也是创业企业创新的一个重要手段，甚至可能成为企业老板创业成败的关键。但是，在这里需要提醒企业老板的是，如果过分相信科技的能量而忽略产品的市场因素，往往会导致企业猝死。

青年企业家罗伟才年轻有为，在竞争激烈的餐饮业，如同一匹黑马脱颖而出。在首都北京，罗伟才经营着四家餐馆；在古都南京，罗伟才经营着两家歌舞厅；在沿海广东省，罗伟才还经营着几家夜总会。

客观地说，以罗伟才目前三十多岁的年龄和不过五六年的创业经历，取得这样的业绩也算是经营有方了。

然而，罗伟才却并不满足。他坦言，自己是一个干大事业的企业家，经营餐饮和歌舞厅不是自己的兴趣，他要图谋更大的发展，这样才能追求更高的发展目标。

罗伟才对经营餐饮和歌舞厅缺乏兴趣主要有两点原因。

第一，罗伟才下海之前曾经是个在政府机关工作的机关干部，看不起自己发家的这个行业。刚下海时罗伟才一心想搞高科技，但由于高科技需要大量的资金和技术投入，没有几个月，他就赔了几十万元。

失败后的罗伟才觉得高科技过于玄妙，“民以食为天”，还是搞饮食更容易把握，于是就改行开餐馆。

让罗伟才没有想到的是，经营餐饮这条路居然走通了。尽管如此，罗伟才却总觉得别扭，特别是心理不太平衡。在罗伟才看来，餐饮业算不上真正的实业，同时也很难登大雅之堂。这就使得罗伟才产生了在餐饮业以外涉足新行业的念头。

第二，经常光顾罗伟才经营的餐馆的顾客很多都是政府官员和方方面面神通广大的人士。当得知罗伟才不甘心经营餐饮行业时，这些人就动员他干一番大事业，有些官员还承诺可以帮忙找项目和搞贷款。这样的资源就使得罗伟才放开手脚涉足高科技。

不久，罗伟才通过关系贷到了 2000 万元贷款，并雄心勃勃地把这 2000 万元一下子都投进了高科技产业，结果最后不仅高科技没做成，反而连好不容易做起来的餐饮业也给赔了进去。

高科技存在诸多不确定，使得很多创业企业失败。反观上述案例，罗伟才的失败主要原因还是在于：第一，罗伟才过分迷信高科技能给企业带来巨额利润；第二，罗伟才觉得经营高科技才有面子，开餐馆没有什么技术含量；第三，罗伟才没有正确地坚持自己有绝对优势的投资项目，而改投自己没有足够把握的项目，从而把整个集团都给赔了进去。

其实，罗伟才的做法非常具有代表性，在中国上千万个企业老板中，迷信高科技的创业者举不胜举。

在深圳，不管是老板，还是员工，对巨龙科技的评价都是，巨龙科技已经站在了世界生化产品的最前沿。

这主要是缘于巨龙科技开发了一款产品，名叫血清快速分析膜。该产品是巨龙科技先期投入600万元与南京一所大学共同开发的高科技产品。

使用血清快速分析膜这种产品可以快速便捷地测试血清样本数据。在当时，拥有血清快速分析膜这种产品成熟技术的国家仅仅只有美国，而在美国，这个产品的价格要比深圳巨龙科技产品的预期价格高出四倍。

对于深圳巨龙科技而言，血清快速分析膜在中国大陆地区拥有垄断性的技术和潜在的巨大蓝海市场，这让深圳巨龙科技的老板和员工充满了无比美好的憧憬。在他们看来，只要等南京某大学最后研发获得成功后，深圳巨龙科技的销售人员就可以拿着该产品到中国大区地区所有的医院里换取巨额的销售收入。

当产品的研发进入最后的测试阶段时，深圳巨龙科技为了加快血清快速分析膜产品的开发进度，再一次注入了400万元资金。

在研发资金到位的情况下，血清快速分析膜的产品研发很快就取得了突破性进展。在实验室的数百次实验中，这种石墨与高分子材料契合的分析膜的性能让深圳巨龙科技的老板相当满意。

这样的好消息传到深圳巨龙科技后，老板马上制订战略计划，盘算如何在最短的时间内将中国大陆地区的市场铺开。此刻，深圳巨龙科技在血清快速分析膜这个产品上的投资已经超过了1000万元。

当血清快速分析膜产品研发完成，一直待命的深圳巨龙科技销售人员满怀信心地在中国大陆地区把血清快速分析膜这个产品交给医院试用时，得到的反馈信息是，中国大陆地区所有的医院都对深圳巨龙科技的血清快速分析膜产品颇感兴趣。

然而，让深圳巨龙科技老板没有想到的是，血清快速分析膜产品的试用结果非常不理想。因为多数医院不具备实验室的完备条件，而巨龙的产品实效期短，对存放环境要求很高，稍有变化，高分子膜发生变异，分析数据会与真实结果产生较大的出入。医院对产品的兴趣锐减，市场亮起红灯。销售人员纷纷铩羽而归，在领完当月的工资后被告知，巨龙科技即日关门。[①]

在中国创业史上，像巨龙公司这样轰然倒塌的企业不在少数。为什么会出现这样的情况呢？究其原因还是公司高层迷恋高科技，结果使得创业企业因为高科技产品的不成熟和不完善，最终导致了资金链的断裂而倒闭。

事实上，巨龙公司的产品选择本身并无过错，只是在过分相信技术的同时，忽略了市场因素，毕竟实验阶段的成功并不代表产品的根本成熟，一个在理论上几近完美的产品在市场上彻底崩溃。这个项目的合作，对于大学而言，或许可以获得有价值的东西，而对于巨龙来说，一千多万元的投入却以产品的完败而告终。[②]

在创业中，我们必须肯定高科技在创业中的巨大作用，因为在高科技领域，产品研发的成败关系到创业企业的生死存亡。

反观上述案例中的巨龙公司，就是因为过分相信技术，却忽略了高科技产品的市场接受程度，最终失败。高科技产品在实验阶段的研发成功，并不代表其就能够马上投放市场。即使高科技产品的技术已经非常完善，也必须在较完备的环境下才能达到，就像巨龙公司一样，其产品在实验室里的数百次实验中表现不凡，但因为多数医院不具备实验室的完备条件，试用结果非常不理想，一个在理论上几近完美的产品在市场上被彻底击溃。

越是高科技的产品越能赚钱显然是一个悖论

越是高科技的产品越能赚钱，这显然是一个悖论。资料显示，近几年来，

① 于斐．当今许多科技型企业为什么搞不出名堂［OL］．博锐管理在线．http://www.boraid.com/article/html/203/203044.asp.

② 于斐．当今许多科技型企业为什么搞不出名堂［OL］．博锐管理在线．http://www.boraid.com/article/html/203/203044.asp.

一些企业老板迷信高科技，而投入较大的高科技项目血本无归的案例比比皆是，有的还被媒体大篇幅报道。比如武汉光谷、软件产业园。

在中国大陆地区，一些企业老板拥有高科技情结。在这些企业老板的意识中，任何项目一旦打上高科技的旗号就可以畅行无阻。

这样的观点是非常错误的。对于任何一个高科技项目而言，特别是研发一项高科技技术，不仅需要投入不可预知的研发费用，而且该高科技项目的市场前景还是一个未知数。在很多时候，企业老板对研究成果的市场预测往往是以实验假设，而不是以现实市场为出发点的。就算是以发明著称的美国贝尔实验室，也不能确保它所研发的每一项技术都能获得高额回报，也经常有项目被淘汰，而且其淘汰率还非常高。

研究发现，由于一些消费者在购买商品时，也盲目地迷信高科技，这就给企业老板迷信高科技埋下了祸根。因此，作为企业老板，在选择项目时，一定要了解市场的动态变化，掌握市场的发展脉络，因为只有市场才能真正给企业带来收益，否则，如果一味满足于自身技术的优势，而没有产业化，你的产品技术最多只是一堆没有市场价值的库存，远远变现不了在市场中流通的商品。[①]

事实证明，在近几年中，许许多多的技术、专利被大量闲置，这就意味着大量的技术、专利并没转化成生产力，更不要说转换成真金白银的企业利润了。

在这里，需要告诫企业老板的是，在选择项目时，其技术有市场前景，并不等于就能带来利润。对于任何一个老板而言，所选择的高科技项目必须要能真正地转化为市场价值，而仅仅沾沾自喜于所谓的潜在市场是没有

① 于斐．当今许多科技型企业为什么搞不出名堂［OL］．博锐管理在线．http://www.boraid.com/article/html/203/203044.asp.

任何意义的。当然，要想把高科技项目变现成现实市场需求，就必须实实在在地去引导、去刺激有效需求而不是潜在需求，否则，企业就生存不下去，更不要说立足了。

只要能够科学、合理地对待高科技项目，投资高科技项目的经营思路还是值得倡导的。在中国企业老板中，高科技创业成功的人数也非常多。但是，企业老板必须要摈弃过分迷恋高科技的创业思维。

在很多地方，某些政府官员为了政绩需要，打造了许多高科技园区，被媒体炒得沸沸扬扬。在这种形势下，企业老板必须理智地对待，因为这样的高科技园区，除了极少数有影响力的公司外，根本就没有能够成功的软件公司。

如果企业老板过于迷恋高科技，一头扎进庞大的高科技项目，那么往往血本无归，关门大吉也就在情理之中了。

在20世纪八九十年代，邓小平同志提出了“科学技术是第一生产力”。正是这句划时代的重要论断，将现代科学技术广泛渗透到我国的各种经济活动中。

从邓小平的论断中不难看出，企业老板要想做强做大，就必须有自己的核心技术，这是企业老板创业成功的一个重要因素。

事实上，对于任何一个企业老板来说，都渴望自己的企业成为一家拥有核心技术的高科技公司，因为拥有这样的高科技公司不仅可以赢得中外市场，而且还可以在中国经济发展中分得一杯羹。

大部分企业老板都认为，创业企业要想做强，就必须选择高科技项目。作为企业老板来讲，必须时刻关注某些国家科研单位及高校专家教授研究出来的高科技成果。如果能把这些高科技成果转化为商业价值，那么这个市场是巨大的，同时也能直接影响创业企业的生存、发展和壮大。尽管高科技项目非常重要，但是对于企业老板来说，绝对不能迷信，因为高科技项目非常重要跟迷信高科技项目对于企业老板而言这是两件不同的事情，理由有以下两个（见表 2-7）。

表 2-7　　高科技项目非常重要跟迷信高科技项目的区别

（1）科学合理地对待高科技项目	企业老板相信高科技，利用高科技作为提高企业效益、增加产量、提高质量的重要手段。也就是说企业对科学家研究出来的科研理论和科研成果持相信的态度，但不认为其是万能的，必须结合企业的实际，结合到企业的生产实际中去，结合到市场经济效益发展中去，经过实践检验，确实能给企业带来最大的效益，生产出来的高科技产品确实能给社会带来巨大的收益，才予以开发、使用①
（2）迷信高科技	企业对科学家研究出来的科研理论和科研成果持完全相信的态度，认为其是万能的，不经实践检验，不做市场调查，不做市场风险分析，就依样画葫芦，大量开发生产，投放市场，结果害人害己②

从以上两点可以看出，对于企业老板来说，必须正确对待高科技，因为企业老板必须清楚，高科技只不过是创业企业发展、壮大、创新的重要手段，不能过分地相信高科技的能量和忽略产品的市场因素。在高科技这个领域里，产品研发的成败，关系到企业的生死存亡，同时也是导致企业“短命”的关键原因。③

第八节　“企业形势一片大好”：缺乏危机意识

世事的起伏本来就是波浪式的，人们要是能够乘着高潮勇往直前，一定可以功成名就；要是不能把握时机，就要终生蹉跎，一事无成。我们现

①王荣华．闯三关［OL］．小说阅读网．http://www.readnovel.com/partlist/21325.html?COLLCC=1015039985&.

②王荣华．闯三关［OL］．小说阅读网．http://www.readnovel.com/partlist/21325.html?COLLCC=1015039985&.

③王荣华．闯三关［OL］．小说阅读网．http://www.readnovel.com/partlist/21325.html?COLLCC=1015039985&.

在正在涨潮的海上漂浮，倘若不能顺水行舟，我们的事业就会一败涂地。

——英国最著名作家　威廉·莎士比亚（William Shakespeare）

危机灾难对公司的损害足以使其倒闭 300 次

事实证明，一个国家如果没有危机意识，这个国家迟早会出问题；一个企业老板如果没有危机意识，他的企业迟早会垮掉。面对未来不可预测的诸多不确定性，一旦没有危机意识，遭受挫折也就在所难免。因此，企业老板要树立危机意识，在心理上及行动上有所准备，以随时应对突如其来的变化。

在经营实践中碰到的所有的事，企业老板都要有“万一……怎么办”的危机意识，居安思危，未雨绸缪，预做准备。企业老板本身的经验、学识、能力，尤其是对要涉足行业的了解情况，将对企业老板项目投资成功起重要的作用。在熟悉的行业中做项目投资，市场熟、产品熟、人际关系也熟，就能“驾轻就熟”。因此，企业老板要注意自身知识的积累以及对自身项目投资能力的培养。

然而，遗憾的是，在对中国数百家企业的研究过程中发现，企业老板们认为“企业形势一片大好”，严重缺乏危机意识的问题，使得越来越多的企业陷入危机的旋涡中。

事实上，对于任何一个企业老板而言，树立危机管理意识十分必要。因为“危机管理”不仅是一门专门的管理科学，而且要求企业老板在危机管理中立足于应对公司突发的危机事件，有针对性地应对公司危机事件中不利于公司发展的那部分，有效地应对突发的危机灾难事变，将危机灾难化险为夷，从而将危机灾难对公司的损害尽可能地降至最低点。

写到这里，让笔者非常痛心的是很多中国企业老板，特别是中小企业老板从来不重视企业危机的处理。当企业遭遇危机时，中国企业老板大多数总是想着如何遮掩过去，这样的结果也就可想而知。

正是因为这样的危机处理思维，才导致了三株、秦池、南京冠生园、红桃K等耀眼的中国企业昙花一现。这些企业的老板不重视危机事件的应对，终于使一个本可以基业常青的企业快速地消失在了消费者的视野里。

这到底是谁的错？我们在研究这些案例时，总是在不断地问这个问题。当然，这肯定是企业老板的错，因为许多中国企业的老板都漠视危机，直白地说就是在面对危机时，总是用大事化小、小事化了的“中国式危机处理思维”来应对。

然而，他们却不知道，这样的应对危机的方法不仅不会缓解危机的蔓延，而且会使得本来完全可以控制的危机态势越来越严重，最终导致整个企业的全面崩溃。

在中国第一代企业家中，有一个企业家不得不提，就是三株药业集团董事长吴炳新。

在保健品行业，没有人可以否认吴炳新的大佬地位，甚至有媒体评论说吴炳新是一个不折不扣、名副其实的“教父级”人物。

这样的评价我觉得还是非常合适的，不仅因为吴炳新曾经带领三株在很短的时间内演绎了中国保健品行业最辉煌的“神话”，而且他还开创了一个全新的营销模式。

来自三株的统计资料看，到1996年年底，农村市场的销售额已经占到了三株总销售额的60%，这是一个了不起的营销业绩。1992年以30万元起家，1995年销售收入便达到23.5亿元。1996年，迅即走向峰巅，销售收入超过80亿元。

然而没有一个人会想到，高速发展中的三株企业却因为一位家住湖南省常德汉寿县的退休老船工陈伯顺而戛然止步了。三株的月销售额从最高时的7亿元急速下滑至1000余万元，15万人的营销队伍当年就裁掉了15万人，从此三株药业集团进入了休眠期。

1996年6月3日，身患冠心病、肺部感染、心衰Ⅱ级、肥大脊柱炎、低钾血症等多种疾病（二审法院已查明）的77岁老人陈伯顺，经医生推荐服用三株口服液，于是花428元购买了10瓶三株口服液。

然而，正是这10瓶三株口服液引起了媒体的关注。据陈伯顺家人介绍，陈伯顺患有老年性尿频症，但是在服用了两瓶三株口服液后尿液减少，不过饭量却增多了不少。一旦停用三株口服液，陈伯顺的旧病就又会复发。当陈伯顺服用了三瓶到四瓶三株口服液后，出现了全身红肿、瘙痒的症状。当服完第八瓶三株口服液时，陈伯顺全身溃烂，流脓流水。

陈伯顺在病情严重的情况下，于1996年6月23日被家人送到汉寿县医院就诊，而医院诊断其为“三株药物高蛋白过敏症”。

其后，陈伯顺的病情不断反复，于1996年9月3日死亡。陈伯顺死后，其妻子、儿女将三株口服液告到了常德中级人民法院。

1998年3月31日，常德中级人民法院做出一审判决，判决结果是支持陈伯顺家人的诉讼请求，要求三株口服液向死者陈伯顺家属赔偿29.8万元。

当三株口服液一审判决败诉后，数十家媒体在头版头条高密度地报道了三株口服液毒死陈伯顺的新闻，有的新闻标题甚至是“八瓶三株口服液喝死一条老汉”。就是这一轮爆炸性新闻，对于已经处在风雨飘摇中的三株公司无疑是毁灭性一击。

其实，三株口服液在“常德事件”之前，已经遭遇过“广东事件”与“成都事件”，但吴炳新没太注意，本应引起足够重视的危机事件也没当回事。

尽管二审三株口服液胜诉，改判了一审的判决，但“常德事件”之后，三株的销售额一落千丈。

……

就这样一家年销售额曾经高达80亿元（迄今中国尚无一家食品饮料或保健品企业超过这一纪录）、累计上缴利税18亿元、拥有16万名员工的庞大“帝国”就这样轰然倒塌，渐渐地退出了历史舞台。

反观上述案例，在中国企业群雄榜上，三株也是一个绕不过去的名字，但是却因一次严重的“形象危机”葬送了前程。

面对危机事件，三株是如何应对的呢？现在，我们来回顾分析一下三株的危机。1996年6月，身患冠心病、肺部感染、心衰Ⅱ级、肥大脊柱炎、低钾血症等多种疾病（二审法院已查明）的77岁老人陈伯顺，经医生推荐服用三株口服液。后来陈伯顺皮肤出现病状，诊治无效于1996年9月死亡。

1996年12月，陈伯顺家人向常德中级人民法院起诉三株公司。

一年零三个月后，也就是在1998年3月，常德中级人民法院一审判决三株公司败诉，三株口服液向死者陈伯顺家属赔偿29.8万元，并没收三株1000万元的销售利润。

其后，三株公司不认可常德中级人民法院一审判决，于是向湖南省高级人民法院提出上诉。然而，三株公司不清楚，就算是上诉，也得需要时间，而在三株公司向湖南省高级人民法院上诉期间，数十家媒体长篇累牍地连续报道该事件，不仅三株的产品形象、企业形象、品牌形象遭到沉重打击，而且使得工厂停产、销售瘫痪。

1999年，湖南省高级人民法院做出终审判决，由于陈伯顺在服用三株口服液之前就患有冠心病、肺部感染、心衰Ⅱ级、肥大脊柱炎、低钾血症等多种疾病的原因，最终判定三株公司胜诉。相比年销售额曾经高达80

亿元的盛况，此刻三株公司的胜诉已经意义不大了。可以说，数十亿元资产损失，15 万人下岗，赢了官司，丢了市场。

其实，三株公司在事发当时，曾经积极主动找死者家属协商过，但协商未果。从协商未果的结局来看，正是由于三株多次丧失了危机管理的时效性，使得其月销售额从数亿元一下子跌到仅仅 1000 余万元，这样的代价太大了。

当我们回过头来看，作为危机事件还没有发酵的三株公司而言，在当时协商时，可以说，就算是赔偿 500 万元也不会比而后的损失大。因此，在企业危机爆发的时候，如果短时间内不能确定谁是谁非，倒不如暂时先退一步，以免矛盾激化。

居安思危，警觉到明天可能出现的不利因素

可以肯定地说，对于企业而言，危机就像死亡和纳税一样不可避免。这就要求老板时时刻刻得为企业一旦爆发危机而做好计划，这样才能更好地应对突发的危机事件。

《财富》杂志记者在对世界 500 强企业的 CEO 进行调查后发现，92% 的 CEO 认为商业危机不可避免，不足 40% 的说他们有应对各种危机的计划，然而有 94.5% 的 CEO 确信，当危机来临时他们能应付自如。

从世界 500 强企业 CEO 对待危机的态度足以看出，他们应对危机的能力往往较强。企业老板不仅需要强化危机管理意识，而且还必须重视危机的防范方法。今天商场上的领军企业，谁也不敢保证明天还是领军企业。这就要求企业老板必须保持 24 小时谨慎的危机感，就像比尔·盖茨紧迫的危机感——“微软离破产永远只有 18 个月”。

再如任正非在 10 多年前就撰文《华为的冬天》，他清醒地意识到：“华

为的危机，以及萎缩、破产是一定会来到的。”

不管是比尔·盖茨，还是任正非，他们都能清醒地认识到危机的存在。正是这样的思维，微软和华为才能成为伟大的公司。因此，危机不可怕，可怕的是错误地估计危机形势，令危机事态进一步恶化。

就像美国第37位总统理查德·米尔豪斯·尼克松（Richard Milhous Nixon）总统对“水门事件”极力掩盖引发的危机，要大于事件本身所造成的危机。这警示着现在的企业老板，不仅要尊重危机管理的规律，而且还要具备居安思危的意识。

居安思危是企业老板预防危机的一个关键因素。人们常说“逆水行舟，不进则退”，企业经营也是如此。特别是那些竞争力差，容易受市场和外部冲击的企业，稍有不慎，就有可能破产倒闭。

这就要求企业老板能够居安思危，千万不可沉醉于自己的“十几个人七八条枪”的局面，要警示自己，作为市场竞争中的一部分，随时都有被别的公司、企业蚕食鲸吞的可能。

对此，杰克·韦尔奇在他的自传中这样描述危机：“今天的胜者，不一定是明天的赢家。聪明的企业老板应该时刻警惕危机，居安思危，警觉到明天可能出现的不利因素。对于此刻就能充分准备以应对竞争的任何工作，都要立刻去做，不要犹豫，须知延搁片刻工夫，就可能造成莫大的遗憾。”

面对如此残酷的竞争，任何一位企业老板都应该有危机感，有忧患意识。彼得·德鲁克说：“商场上可能有积极进取的常胜赢家，却没有故步自封、恃才傲物的常胜赢家。胸无忧患，掉以轻心，只能是栽跟头无疑。”

第三章　我是老板，一切都是我说了算

很多中国企业中，竞争力低下的一个原因就是企业老板自以为是，骄傲自大。有的老板因为企业发展顺利，故易骄傲得意，自命不凡。

——联想创始人　柳传志

第一节　项目投资凭神灵："项目投资前焚香求神拜佛，全凭运气"

对于一个公司而言，运气也很重要，而阿里巴巴能够成功，绝对不是因为勤奋，也不是因为聪明，而是遇到了一个好的市场时机。

——阿里巴巴创始人　马云

一年企业靠运气，十年企业靠经营，百年企业靠文化

在很多场合下，一些企业老板总是习惯地把"运气"作为企业成功的原因。如果作为企业老板的你也持同样的观点，那么你的企业就距离倒闭不远了。因为任何一个百年企业都必须是建立在完善的管理和传承上的。

研究发现，要想打造一个百年企业，光靠"运气"是不够的。在企业的经营和岁月更替中，战争、匪患、金融危机等诸多因素犹如幽灵一般席卷着企业。因此，有经营大佬在接受媒体时坦言："运气只不过是企业老板的寄托而已。"

在这位经营大佬看来，"一年企业靠运气，十年企业靠经营，百年企业靠文化"。可以说，企业老板的经营管理水平才是决定企业百年的关键。

20世纪90年代末期，改革开放的春风吹到云贵高原。被誉为由黔入川的咽喉、黔北重镇的遵义沐浴在这春风当中，贫困的人民都想改变窘困的生活，纷纷开始创业。

在这波创业热潮中，李凯就是其中之一。李凯家中还有一个哥哥和一个妹妹，他初中毕业后未能考上高中，而贫困的家庭也不可能让他继续学习，于是他加入了中国创业的大潮。

20世纪90年代的中国，遍地都是商机，尽管李凯并不是创业的好手，但是在中国需求极度旺盛的情况下，刚创业的李凯就挖到了好几桶金，而且这几桶金的分量都非常重。

刚施展拳脚就赢得上天眷顾的李凯已经不再似刚创业时的稚嫩和羞涩，不仅信心倍增，踌躇满志，而且还认为自己运气不错，经营什么项目都会赚钱。

2002年6月中旬，李凯在一次出差途中，无意间看见当地居民正在安装铝合金门窗。于是李凯大胆地开启了一个新型铝合金门窗项目，毫不犹豫地投入了大量资金。

然而，让李凯困惑的是，尽管新型铝合金门窗具有良好的密封、保温、隔热、隔音的性能，但是在当地却没有人愿意购买，这主要是因为在当地仍然习惯用木质的窗户。

当大量的新型铝合金门窗堆积在库房时，不仅挤压了李凯日常运营的资金，而且还使得新开的新型铝合金门窗项目面临困局。

李凯投资方向的错误使其备受打击，销售收入也遭遇大幅减少。当初的几次好运气就让李凯得意忘形，认为自己无所不能，但是幸运却不能永随。

面对堆积如山的铝合金门窗，李凯着实跌了一个大跟头。

所谓“好运连连，一帆风顺”，只不过是一些企业老板在经营中的一种美好愿望而已，在现实经营中几乎是不可能的事情。

在本案例中，此次投资失败给了李凯一个沉重的教训。可以说，凭借运气做项目投资的李凯，不是每次都有好运气的。完全凭借运气来做项目投资，失败只不过是早晚的问题而已。

投资是一门科学，不是仅凭运气就能投资成功

李凯的失败警示每一个企业老板，投资是一门科学，不是仅凭运气就能投资成功。企业老板要想投资成功，就必须尊重其内在的规律，否则遭遇失败只不过是时间早晚的问题，只能算是咎由自取。

尽管这样的道理很多企业老板都明白，但是遗憾的是，在中国，仍然有一部分企业老板依然还在做着让中外教授和学者匪夷所思的事，在每次做出重大投资决策时都会去庙里占卜，美其名曰“投资靠运气”。

当然，当笔者见到这样的企业老板时也百思不得其解，经过采访，笔者终于明白其中的道理，那就是这样的企业老板根本不懂得如何科学、合理地投资项目。这部分企业老板所经营管理的企业在做出任何决策时，都是凭着所谓的“运气”在行事，其投资结果可想而知。

很少有知名企业家会把运气作为项目投资成功的条件之一。纵观国内外的成功企业家，无论是国外的企业家，如苹果创始人史蒂夫·乔布斯、微软公司创始人比尔·盖茨、雅虎创始人杨致远与大卫·费洛、亚马逊书店创始人杰夫·贝佐斯、谷歌创始人拉里·佩奇与谢尔盖·布林，还是国内的知名企业家，如阿里巴巴创始人马云、华为创始人任正非、联想创始人柳传志、新东方创始人俞敏洪，他们的成功都是建立在知识、能力、机遇的基础之上的。

对此，马云在接受媒体采访时强调：“对于一个公司而言，运气也很重要，而阿里巴巴能够成功，绝对不是因为勤奋，也不是因为聪明，而是遇到了一个好的市场时机。”

从马云的话中不难理解，运气是不能决定项目投资成败的，决定成败的是企业老板个人的能力及其团队的综合因素。马云说：“阿里巴巴的成功不是马云一个人干的，而是几千人在 8 年的时间中做出了很多贡献。”

运气到底重要不重要？当然很重要。如果一直埋头苦干，陷身于琐务之中，可能数年奔波，而无一事可成。但运气是否就 80% 地决定了成功的必然呢，这肯定是一种误导。就像天使投资人雷军在“2011 黑马中国总决赛”上表示，“我真的认为任何一个创业成功绝对不低于 85% 是运气，所以对于成功者来说还是要保持持续的努力，对于失败者来说其实也不用怨天尤人，因为有些东西真的是上天注定的。”

雷军在现场透露，自己关于“创业成功 85% 靠运气”的说法曾经引起业内人士的哗然，但自己是一个坚持相信命运的人。

当然，我们并不否认雷军的成功，但是作为创业者来讲，雷军的观点只是局限于他个人而已，并不适用于所有创业者。

在这里，笔者提醒企业老板，绝对不能光凭运气进行项目投资，在商场上根本就没有运气这一说法，企业老板只有掌握了正确的方法，企业才会持续、健康地发展下去。所以，如果企业老板不按照科学、理性的方法投资，其所做的投资项目将面临巨大风险。

李凯的失败警示企业老板，如果当初制定合理、科学的投资方案，那么今天的李凯就不用面对着堆积如山的铝合金门窗了，可能已经成为黔北傲雄一方的企业霸主，但是这只不过是一种不可能的假设。事实上，对于企业老板来说，不同投资者需要有不同的投资策略，在李凯的意识中，运气总会眷顾才是其失败的根源。

既然全凭运气投资的危害非常大，这就要求企业老板重视决策的作用。可能有读者会问，作为企业老板，怎么避免在决策时目光短浅，决策随意，动不动就全凭运气决策呢？为了科学地进行决策，业内专家建议企业老板按照以下 6 个步骤进行（见表 3-1）。

表 3-1 科学决策的 6 个步骤

（1）确定决策目标	确定决策目标是企业老板在决策时的出发点。当然，决策目标的确定不是随意而为，企业老板在作出决策时必须搞清楚该项决策能解决企业的具体问题。这就决定了企业老板制定的决策目标必须具体、明确，尽可能量化
（2）收集相关决策信息	在作出决策之前，收集信息是不可或缺的一个步骤。当制定决策目标后，企业老板就必须集中时间和精力广泛地收集相关的、数量庞大的、影响决策目标的各种信息资料，从而将这些相关信息作为决策参考的根据
（3）提出备选方案	在作出决策时，企业老板必须满足科学决策的特征——择优性。这就要求企业老板针对决策目标做出若干可行的备选方案。作为企业老板必须清楚，提出可行的备选方案是科学决策的一个重要环节，同时也是作出科学决策的重要保证。什么是可行的备选方案呢？可行的备选方案主要指方案存在合理性、技术上的先进性、市场上的适用性及其资金上的可用性。对此，需要提醒企业老板的是，在作出备选决策方案时，每个备选方案都要依据企业自身的客观条件，才能更加有效地使得企业有限的人力、物力和财力资源都能得到合理的配置和利用
（4）通过定量分析对备选方案做出初步评价	当企业老板作出若干可行的备选方案后，就必须先把这些可行备选方案的可计量资料分别归类，系统排列，然后根据决策目标选择适当的专门方法，比如建立数学模型对各方案的现金流量进行计算、比较和分析，再根据经济效益的大小及其对企业未来发展有利的利弊，从而对这些可行备选方案做出初步的判断和评价，再依据这个评价建议选择最佳方案
（5）考虑其他因素的影响，确定最优方案	确定一个最适合企业发展的决策，必须考虑其他因素的影响。也就是说根据定量分析的初步评价，再更加全面地考虑各种非计量因素对这些可行备选方案的影响，从而把定量分析的初步评价和定性分析的结果相互结合起来，科学合理地权衡利弊得失，再根据这些可行备选方案提供的经济效益和对企业未来发展有利的利弊进行综合判断，最后选择出最优的决策方案
（6）评估决策的执行和信息反馈	企业老板在决策时，必须充分考虑决策的执行性，而且必须具备指导性，这也是检验企业老板过去所作出的决策是否正确的客观依据。因此，当经过一列程序筛选出的最优方案在付诸实施以后，还需对决策的执行情况进行跟踪评估，从而更加有效地发现决策中存在的诸多问题，再根据出现的问题的信息反馈，及时纠正决策中的问题，以保证决策目标的最终实现

第二节　管理＝集权：“我是老板，一切都是我说了算”

自以为是，老子天下第一，“钦差大臣”满天飞。这就是我们队伍中若干同志的作风。这种作风，拿来律己，则害了自己；拿来教人，则害了别人；拿来指导革命，则害了革命。总之，这种反科学的反马克思列宁主义的主观主义方法，是共产党的大敌，是工人阶级的大敌，是人民的大敌，是民族的大敌，是党性不纯的一种表现。大敌当前，我们有打倒它的必要。只有打倒了主观主义，马克思列宁主义的真理才会抬头，党性才会巩固，革命才会胜利。我们应当说，没有科学的态度，即没有马克思列宁主义的理论和实践统一的态度，就叫作没有党性，或叫作党性不完全。

——《改造我们的学习》

“管理＝集权”主要集中在创业初期

私营企业，绝大部分都是企业老板集权的公司，尽管有些企业在部门和人员架构方面都制定得非常完善，但是实际上操控企业的最终管理者依然还是老板。

不可否认的是，民营企业的体制和机制不健全常常遭受人们的诟病，但是在创业初期，正是因为体制机制不健全所带来的灵活性才促成了许多民营企业的高速发展。但是一些民营企业发展到一定规模后，这些企业的老板依然采用“管理＝集权”的管理方式，在这些老板看来，“我是企业的老板，一切都是我说了算”。

这样的管理模式也给许多民营企业带来了风险。研究发现，在许多民营企业中，一些高层和中层经理与外企最大的不同在于，除了要尽心操劳部门的日常事务外，更重要的是要揣测老板的心思。

一些民营企业老板认为，只要高层和中层的经理听从老板的指挥，那么他们的行为就不会有太多的偏差；如果他们不听从老板指挥，那么他们无疑就要被老板边缘化和不放心化了。因为老板是私营企业最高集权者，加上企业是老板的一切，必然对高层和中层经理不完全放心，一切都是老板说了算就不足为怪了。

徐进是长发电子科技公司的一名高级程序员，长发公司上下都公认徐进是一个才华横溢的人，只是他的才能没有被充分发挥出来。

但在实际的工作中，徐进的工作却屡屡业绩平平，每次都只是把工作做得刚好合格，很少有超额完成的情况，并且从未加过班，当然也就很少拿到最高额的奖金。

即便是这样，长发公司里也无人怀疑徐进的工作才能，并且大都认为，如果徐进能够全身心地投入工作，肯定会比现在干得更好。

而徐进却从不理会这些，每天依旧乐得轻松自在。终于有一天，徐进被请到了老板王总的办公室里。

“徐进，我认为你的工作完全可以比现在干得更出色！”老板开门见山，而且语气非常和缓地说道。

“老板，我觉得我按照您的要求完成任务就足够了，并且我认为我现在做得已经很出色了。”徐进似乎早有准备，不紧不慢地回答。

“你本来能够做得更好，为什么不？你这种态度不仅耽误了公司，也迟早会毁了你自己！你别以为你是个人才我就怕你跳槽，你跳槽后，我马上招聘人，我是老板我怕谁，只要我出足够高的工资，我还怕招不到人吗？”

三天之后，徐进被老板辞退了，而且没有拿到一分钱的补偿。

一个星期后，徐进被一家跨国企业录用，负责与长发公司的谈判。当长发公司的老板看见徐进时，以为徐进走错了地方，还善意提醒他说：“小徐，你走错房间了。”

徐进的回答让长发公司的老板不知所措：“王总，我没走错房间，我是A集团公司的谈判代表，全权处理与长发公司的合作。”

在这场谈判中，自知理亏的王总再三向徐进道歉，结果也于事无补了。由于失去了A集团公司的订单，长发公司亏损加大，经营举步维艰。

长发公司的老板王总并不是唯一一个认为“我是老板，一切都是我说了算”的老板。在上述案例中，该老板王总具有中国大多数企业老板的典型特点——骄傲、自大、自满。换言之，这类企业老板具有浓厚的封建色彩的“集权”意识——“老子天下第一”的领导思维，即“我是老板，一切都是我说了算”。如果企业老板用“老子天下第一”的领导思维，也就是我们常说的“我是老板，一切都是我说了算”来管理企业，这种管理思想不仅不利于企业的长远发展，而且还违背了“领导就是服务”的人性化管理企业的科学规律。

在中国很多企业中，企业经营者往往以“我是老板”自居，甚至以“老子天下第一”的领导思维来经营企业，在实际的企业管理中更是如此。

那么何谓“老子天下第一”呢？具体是指某些企业老板自以为是“天下第一”，此类型的企业老板往往会倨傲自负，认为谁也比不上自己。最典型的特征就是在日常管理中，将“我是老板，一切都是我说了算”当作信条。

其实，关于“老子天下第一”的论述由来已久。在《改造我们的学习》一文中，毛泽东就谈道：“自以为是，老子天下第一，‘钦差大臣’满天飞。这就是我们队伍中若干同志的作风。这种作风，拿来律己，则害了自己；拿来救人，则害了别人；拿来指导革命，则害了革命。总之，这种反科学的反马克思列宁主义的主观主义方法，是共产党的大敌，是工人阶级的大敌，是人民的大敌，是民族的大敌，是党性不纯的一种表现。大敌当前，我们有打倒它的必要。只有打倒了主观主义，马克思列宁主义的真理才会抬头，党性才会巩固，革命才会胜利。我们应当说，没有科学的态度，即没有马克思列宁主义的理论和实践统一的态度，就叫作没有党性，或叫作党性不完全。”

从毛泽东的这篇文章中不难看出，“老子天下第一”的领导思维在实际管理中无疑损害了企业老板自身的影响力。因此，要想让企业基业永续，就必须做一个尊重员工、激励员工的领导者，而且还应是一个谦虚、让人尊敬的上司。

“管理＝集权”归根结底还是缺乏制度保障

研究发现，“我是老板，一切都是我说了算”，这种“管理＝集权”的模式归根结底还是缺乏制度保障。

中国的私营企业在发展的初级阶段，不管是财务管理、人力资源管理，还是决策管理，都表现出企业内容单一的管理模式，具体表现在老板个人专权和家族控制的特色上，80%以上的资产集中于创业者身上，董事长兼总经理是普遍现象。企业的资金筹集、使用由老板说了算。权力集中的家族式的经营，使财务管理也高度集中。不少小型私营企业的财务管理活动仅限于财务控制，即财务部门通过控制财务收支和分析检查财务指标完成情况来监督企业本身的经营活动，降低产品成本，增加企业盈利，协助业主实施财务监控。①

事实上，一些企业老板在实际的管理中采取“我是老板，一切都是我说了算”的管理模式，不仅会影响员工充分发挥自己的工作才能，而且还会制约企业的生存和发展。

很多企业在进入成熟成长期后，面对的市场竞争更加激烈，只有解决了“我是老板，一切都是我说了算”的这个问题之后，才能保证企业的生存和发展。

在《家族企业长盛不衰的秘诀》培训课上，一位学员问道：“周老师，既然解决中小家族企业创始人‘我是老板，一切都是我说了算’的问题如此重要，那么如何才能解决中小家族企业老板‘我是老板，一切都是我说了算’的问题呢？”

要解决中小家族企业老板“我是老板，一切都是我说了算”的问题就必须用制度来保证。

在联想集团公司，柳传志反复强调，联想是一个执行力非常强的公司。柳传志举例说：“联想开会绝不允许迟到。我们规定，会议不管大小，迟到的必须罚站1分钟，那个姿势是像默哀一样的，很难受。从1989年到现在，这么多年，来这么多人，制度就是制度，必须贯彻。一开始还有人并不太当回事，后来，如果开会有人迟到，主持人没罚他站的话，那主持人到我这里来罚站1分钟。”

从柳传志的罚站可以看出，只有坚持用制度的强制力，才能解决掉企业老板固有的“我是老板，一切都是我说了算”的问题。

然而，虽然许多企业老板已经认识到企业进行制度化管理的重要性，但是许多企业制度却形同虚设，就像上述案例中的长发公司王总一样，其

① 佚名．私营企业要采取有效措施提高企业财务管理水平［OL］．中国劳动咨询网．http://www.51labour.com/html/69/69168_2.html.

制度管理保留在口头阶段。对此，资深管理专家认为，进行制度化管理的方法有以下 8 个（见表 3-2）。

表 3-2　企业进行制度化管理的 8 个方法

（1）不能让企业制度凌驾于国家的法律法规之上	在制定制度时，企业老板必须依据国家的相关法律法规，从而制定符合自身实际的制度，绝不能让制度凌驾于国家的法律法规之上，否则这些制度都将无效，反而会给企业惹上麻烦
（2）制定完善的公司规章制度	制定一个完善的公司规章制度，用来指导和制约其他制度的制定和管理，一旦其他制度与公司规章制度冲突，立即宣布其他制度无效
（3）明确各个制度的效力	在制定制度时，必须明确各个制度的效力，比如某一个制度的生效和废止时间；该制度对某一范围内的员工有效等
（4）制定相应的程序制度	在制定制度的同时，还必须制定相应的程序制度
（5）设置专门部门负责制度管理	在制定制度时，必须设置专门部门来负责企业制度管理工作。比如，在制定某一企业制度时，由专门负责人协调各个部门制度的制定；汇编企业的各种制度；发现新旧制度发生冲突，甚至矛盾时要及时宣布废止旧制度，确保新制度的执行
（6）明确企业的制定制度和“执行制度主体”	在制定制度时，必须明确企业的制定制度和“执行制度主体”。这就明确了什么部门有权制定制度，制定企业的哪些制度，及其制度由何人来执行与监督
（7）管理层要重视企业的制度化建设和管理，并且要带头执行	如果企业老板和管理层不重视，不带头执行，企业的制度化建设和管理也只是形同虚设。因此，这就要求，企业老板和管理层重视企业的制度化建设和管理，并带头执行，从而形成上行下效的效果。就像柳传志迟到罚站 1 分钟一样，正是这样的带头执行，联想才成为一家伟大的公司
（8）制度制定完毕要进行培训	当制度制定完毕后，必须对员工进行培训，从而让员工先“知法”。通常情况下，企业老板可以建立员工手册，手册中可以将企业的制度收编进去。这样也可以确保新进员工能很快适应企业，进入工作状态

从表 3-2 中不难看出，只有完善的制度化建设和管理才能彻底解决企

业老板“我是老板，一切都是我说了算”的问题。

第三节 重“术”轻“道”：企业制度形同虚设

由于监督防范机制的缺乏，很多中小企业的管理制度几乎形同虚设。因此，这种制度只是起到了口号与形式的作用。如果某一制度条文已经成为空壳，执行起来毫无效率，则只会产生负面作用，损害制度的权威性和企业的公信力。

——《中国企业家》杂志总编辑 牛文文

制度形同虚设源于传统的情理法

在很多论坛上，一些企业家或者企业老板都在强调制度的重要性。制度的设定对于任何一个企业而言固然是重要的，但是事实上，更加重要的是，企业从上到下都去严格执行制度，假如不去执行企业制度，让制度形同虚设，不仅使企业制度本身失去了制定的初衷，还使制度失去了严肃性，甚至更为严重的是，这样的企业离倒闭就不远了。

在《中国家族企业的危机》培训课上，一个学员非常困惑地向我提出了这样一个问题：“由于企业内部管理层之间人员关系过于熟悉，几乎是无话不谈，甚至在日常工作中只要说得过去就行了，互相之间的监督也不会过于认真。然而，这样的情况导致的最直接也是最严重的后果就是企业制度被形同虚设，甚至经常出现管理层或者员工在上班时间修剪手指甲的事情。作为行政部总监，我该怎么办？”

其实，这个学员的困惑是中国企业普遍存在的问题，这主要源于中国这个人情社会下，不管大事还是小事，都偏爱讲情理法。

当然，这样的弊端更容易使得制度形同虚设。研究发现，在很多企业中，一些企业家或者老板在自己主管的企业，根本不把制度当一回事情，他们甚至认为，企业是他们的，他们的话就是制度，而把制度当作可有可无的东西。

深圳P培训公司邀请我去讲《家族企业长盛不衰的秘诀》。当我进驻P培训公司，我就发现P培训公司制定了一整套严格规范的管理制度，规定如下：

第一，上班迟到一次罚款50元，并扣发当日工资；

第二，在公司上班期间，所有员工必须佩戴P培训公司工作牌，凡不佩戴者给予通报批评，并扣发当日工资；

第三，一个月连续迟到三次者开除；

……

当P培训公司颁布这一整套管理制度后，由行政部按制度规定执行凡有不戴工作牌和上班迟到的员工。

当制度颁布一周后，P培训公司采购部经理上班迟到两分钟，同时又没有戴P培训公司的工作牌，行政部经理要按制度规定对采购部经理进行处罚。

采购部经理却拒绝缴纳罚款，并坦言说："我今天迟到两分钟，主要是因为昨晚为公司加班到凌晨两点，不应该被处罚；同时，工作牌没有戴是因为刚刚到办公室就忙着继续处理昨晚没有做完的采购方案，所以也不该被处罚。"

于是行政部经理和采购部经理就争执了起来。行政部经理表示："P

培训公司中目前并未有‘头天晚上加班第二天早上就可以迟到’的正式规定，况且，其他部门很多员工也经常夜晚加班，第二天早上并未迟到；再则，制度上没有规定如果早上由于工作太多而忘了戴工作牌可以免予处罚，因为公司每个部门早上的工作都很忙。”

采购部经理听完行政部经理的解释之后，陈述了对这种观点的不同意见，并表示要罢工一天，并当即与采购部另五位采购员离开P培训公司。

在P培训公司，采购部直属总经理分管。总经理出差回来后，行政部经理第一时间向总经理汇报采购部经理迟到和没有佩戴工作牌的事情，并坚持让总经理对采购部经理按照制度规定进行处罚。

一刻钟后，采购部经理到总经理办公室向总经理汇报了其迟到和没有佩戴工作牌的事情，并指出自己行为的合理性和公司制度的不合理性。

当天下午下班前，行政部经理再次到总经理办公室询问采购部经理迟到和没有佩戴工作牌事情的处理意见时，总经理的意见如下：

第一，采购部经理为了公司发展加班到凌晨两点，主要是为了制订更加合理的采购方案。采购部经理正在与几个重要供应商谈判签约事宜，如果现在就按制度严格执行，万一把采购部经理惹急了提出辞职就无人能够代替他的工作，必然会影响正常的采购业务。

第二，采购部经理迟到和没有佩戴工作牌的事情留待以后处理，以避免激化矛盾。

第三，今晚7点，在粤港大酒楼宴请采购部经理与行政部经理，目的是化解采购部经理与行政部经理的误会。

第四，由于采购部经理能力很强，但个性也很强，容易与人发生冲突，容易出现情绪化，因此必须照顾有个性的员工。

第五，行政部经理在处理采购部经理迟到和没有佩戴工作牌的事情上也过于简单，对于某些特殊人物不能够像对待普通员工们那样。

……

几个月过去后，总经理压根也没有处罚采购部经理的意思。此事也就不了了之，没有任何结论。

然而，行政部经理的工作可就不好办了，当再按制度规定对违规员工进行处罚时，行政部经理听到员工们说得最多的话就是“你就只敢处罚我，你有本事去处罚采购部经理”。

员工的话搞得行政部经理非常尴尬，有时被问得哑口无言。从此以后，P培训公司考勤制度的执行力度大为下降，上班迟到、不佩戴工作牌的事情经常发生。结果就使得P培训公司管理混乱不堪。

由于一些企业，特别是中小企业在发展初期企业制度制定得不完善，或者就不执行，才会出现上述案例中的问题。

反观上述案例，这种企业管理现象在很多企业中都普遍存在。作为P培训公司的总经理，不管是采购总监，还是自己迟到都必须严肃处理，按照公司的规章制度进行处罚，但是也必须要照顾好采购经理，毕竟他是加班到深夜才迟到的。

上述案例中出现的问题，说明该企业还处于一个高速发展的创业阶段。研究发现，在这一阶段，企业往往没有制定严苛的制度，同时也没有必要制定如此多的条条框框。此时摆在该企业面前最主要的任务是怎样将企业做强做大，让企业能够站住脚。在这样的背景下，企业制度仅仅是为了规范发展而已。

当然，当企业发展到一定规模，如果企业仍然依靠口头式管理，而没有制定相应的制度或者不严格执行制度肯定是不行，会导致令出多门，员工不知道该如何干，干到何种程度，执行力自然跟不上，工作效率就不行，竞争力无疑就下滑，倒闭也不过是迟早的问题。

制度管理没有下不为例

研究发现，尽管很多企业有制度，但是却形同虚设，而且这样的问题已经开始大面积地向更多的中小企业蔓延。这就使得较多企业尽管有制度，但是却执行不下去。

在一些企业中，当员工迟到时，企业老板总是说："下不为例。"正是这个"下不为例"使得制度形同虚设。因此，在很多企业，特别是中小企业的日常管理中，作为经营者，就必须严格执行企业的各项规章制度，绝对不搞"下不为例"。

在上述案例中，P培训公司总经理的做法有一定的代表性，因为在中国诸多企业中，一切都是由老板说了算的事情随处可见。

我在给一些企业做内训时经常看见企业老板根本就不按照制度执行。比如，在W公司，分别在生产计划会、营销计划会和采购计划会议上通过了相关生产、营销、采购的决策文件，W公司老板也在这几份文件上签了字，文件也通过正常渠道下达给相关部门和人员执行。

然而，不到一周时间，W公司老板就十万火急地分别把生产总监、营销总监、采购总监召回，让他们按照老板自已制定的新方案执行，可老板制定的制度与会议方案完全相反。

研究发现，很多企业老板都喜欢在公司战略决策之外另搞一套，而且又只有少数心腹知道，大部分部门经理都不清楚老板的战略意图。

事实证明，要想不折不扣地执行公司的规章制度，企业老板就必须在进行企业内部制度化、规范化建设过程中以身作则，给所有企业员工起到一个良好的表率作用。

这才是真正地根治制度形同虚设病的良方妙药。否则，不可能真正地执行公司规章制度，就像P培训公司一样，由于管理混乱、无章可循，在P培训公司总经理的亲自带领下，人事部终于制定了健全的规章制度。

比如，上班迟到一次罚款50元，并扣发当日工资。P培训公司人事部经理期望用制度来规范员工的行为，然而，让他没有想到的是，当规章制度刚制定出来，并开始真正执行时，就碰到采购部经理的不执行，更要命的是，总经理却没有坚持当初下令制定制度的初衷和要求，而是偏向采购部经理，最终导致了规章制度没法执行。因此，作为企业老板，要想改变制度形同虚设的局面，就必须克服三大障碍（见表3-3）。

表3-3　　避免制度形同虚设的三大障碍

（1）中国传统文化中的人治倾向	由于中国传统文化中的人治倾向，特别是有些企业老板受中国传统文化的影响较深，因而在实际的管理中往往会实行人治而非“法治”
（2）把必要的制度全部取消	在很多企业中，有些企业老板往往喜欢采用不合适自身企业的西化管理模式——盲目模仿西方某些企业的“人性化管理”和“以人为本”，而把必要的企业规章制度全部取消
（3）制度缺少可操作性	有些企业老板在制定制度时，由于过于匆忙，没有充分考虑制度的可操作性，结果导致所制定的制度不具体、不全面、不可行

第四节　“对谁都不放心”：大小事情都事必躬亲

如果我休假4周，没接到公司来的电话，就证明我成功了，说明员工接受了责任并开始决策，反之我失败了。

——时任欧洲 SAS 航空公司总裁　杨·卡尔松（Yang Karlsson）

事必躬亲累死自己，却搞乱企业

《韩非子·八经》中说：“下君尽己之能，中君尽人之力，上君尽人之智。”韩非子这段话的意思是：昏庸的君主只懂得刚愎自用地用一人的能力治理国家，比如隋炀帝；普通君主用众人的气力治理国家，比如李渊；贤明的君主则用众人的智力治理国家，比如唐太宗李世民。

的确，只有那些懂得利用群众智慧的君主才是真正的贤明君主。其实这个道理也适用于企业管理中，尽己之能不如尽人之力，尽人之力又不如尽人之智，高明的领导者不仅善聚众力，更善集众智。

然而，在很多公开课上，我经常能听到一些中小企业老板自诩：“我是企业的主心骨，离开了我，我那个企业就不能正常运转。”

每当听到老板这样的言辞，我都会善意地提醒这些中小企业的老板，这将给企业增加诸多不确定的风险，而且这个信号极其危险。

不可否认的是，在创业初期，一些创业者因为事必躬亲得到了直线型、扁平化管理的好处。但是随着初创企业规模的不断扩大，此刻创业者依然事无巨细、事必躬亲，无疑将累死在工作岗位上了。

在美国 200 多年短暂的建国历史中，有一家与美国历史差不多的长寿公司一直基业常青，这个公司就是杜邦公司。杜邦家族公司的发展，经历了一条清晰的经营体制变革路径：单人决策—集团式经营—多分部体制—“三马车式体制”。

19 世纪，杜邦公司跟大多数家族公司一样，采取个人决策式经营。杜邦公司的所有主要决策和许多细微决策都要由总裁亲自制定。

在家族企业的创业时期，个人决策式的经营保证了家族企业的生存和发展。这主要是因为杜邦公司的规模较小，直到1902年合资时，杜邦公司的评估价值是2400万美元。

当杜邦公司发展到了一定的规模之后，杜邦公司第三代继承人尤金·杜邦接班时，原有的个人决策式经营就凸显出了问题。

由于尤金·杜邦试图承袭其伯父亨利·杜邦的经营作风，采取绝对的控制，在掌管杜邦公司之后，坚持实行一种“恺撒式”的经营管理模式，“一根针穿到底”，绝对控制管理权力，所以公司的所有主要决策和许多细微决策都要由他独自制定；所有支票都得由他亲自开具；所有契约也都得由他签订；他亲自拆信复函；一个人决定利润分配；亲自周游全国，监督公司的好几百家经销商；在每次会议上，总是他发问，别人回答。尤金的绝对式管理，使杜邦公司组织结构完全失去弹性，很难适应市场变化，在强大的竞争市场面前，公司连遭致命的打击，濒临倒闭边缘。[①]

与此同时，尤金·杜邦本人也陷入公司错综复杂的矛盾之中。1902年，尤金·杜邦去世，他的合伙者也都心力交瘁，两位副董事长和秘书兼财务长也相继累死。

在杜邦公司这个案例中，让尤金·杜邦累死的显然不是那些看似灭顶之灾的挑战，反而是一些微不足道的鸡毛蒜皮的小事。追其根由，就在于企业老板不善于授权。这也足以说明，合理授权对于管理者实现企业目标至关重要。

杜邦公司的这个案例提醒企业老板必须善于授权，毕竟企业老板不可

① 余胜海．企业老板要学会放权［OL］．金融界．http://finance.jrj.com.cn/biz/2011/10/28163211433615.shtml.

能在各方面都是行家里手，万一决策失误，带来的可能是惨痛的失败。因此，学会授权，让自己从繁杂的事务中脱身出来，着眼于整体的战略发展，才是企业老板们应该做的。

不敢放权的核心原因还是人的问题

对于企业老板而言，要想将企业做强做大，就必须敢于放权并善于放权。这不仅是一个伟大领导者能力的表现，同时也是将企业做强做大的前提条件。

然而，遗憾的是，中国大陆地区，许许多多的企业老板，特别是一些中小企业老板总是不肯放权，事无巨细，大事小事都事必躬亲，员工们也只是唯命是从，中小企业的文化也沦为“一把手”文化——“我是老板，我说了算”。

综前所述，一部分企业在创业时期，创业者往往都是事必躬亲、全责全能。由于对初创企业的快速决策，在一定程度上保证了初创企业的快速发展。但是，一旦企业发展到了一定的规模，创业者就必须要逐步退出一些事务性工作，授权给其他贤能之士，建立团队管理和现代企业制度。否则，如果创业者长期事必躬亲，而又眼中无贤臣，这样的话，你的企业也就离倒闭不远了。

研究发现，一些企业的创业者不敢放权，其核心原因还是人的问题，关键点是授权人对受权人的信任和受权人本身的能力。中层提到放权，本质是要用钱，要有调用资源的权利。而高层领导只有在确信员工的能力可以用好、用对这些资源之后，才能做到真正的充分放权。否则即使有了授权也是空文一张，最终的决策权还是在高层手中。[①]

① 余胜海．企业老板要学会放权［OL］．金融界．http://finance.jrj.com.cn/biz/2011/10/28163211433615.shtml.

在很多企业家论坛上，一些企业家公然反对事必躬亲。可能读者也很疑惑，为什么要反对呢？这主要是因为一些初创企业发展到一定的规模后，如果企业老板再事必躬亲的话，不仅会阻碍初创企业的发展，还会打击初创企业管理者的责任心和工作激情。

不可否认，事必躬亲这种做法比较适用于初创企业，一旦初创企业达到一定规模，这样的管理模式就会阻碍初创企业的发展。因此，作为企业老板，如果要想把初创企业做强做大，甚至是基业常青和永续经营，就必须懂得授权。要想做大、做强，企业老板就必须是一个懂得授权、愿意授权并且掌握授权艺术的人，特别是对各级管理者，尤其是高级管理者授权。

试想一下，企业老板如果每天都陷入事务性工作当中，凡事事必躬亲，亲力亲为，那么可能就没有时间来思考企业的发展战略，更何况诸多管理信息往往都不对称，提升企业的业绩无疑就是一句空话。

在欧美等西方国家中，在企业管理方面就非常强调授权管理，并且把授权管理和培养人才联系起来，视为对企业管理者综合考核的一项重要内容。对此，时任欧洲 SAS 航空公司总裁杨·卡尔松（Yang Karlsson）在接受媒体采访时就说过：“如果我休假 4 周，没接到公司来的电话，就证明我成功了，说明员工接受了责任并开始决策，反之我失败了。”

从杨·卡尔松的观点可以看出，欧美等西方国家企业管理者对授权管理的认识还是非常透彻的。不可否认，这种管理思想让很多公司特别注重后续人才的培养，而后续人才培养的主要手段之一就是授权。

在欧美等西方国家很多企业的平稳发展进程中，很少出现因为董事长或 CEO 的去世或者离职而引发企业动荡的现象。比如，苹果创始人史蒂夫·乔布斯去世后，苹果公司在新任首席执行官蒂姆·库克 (Tim Cook) 的带领下，继续创造了苹果的辉煌业绩，并将苹果公司带入最受人尊敬的公司。

而在中国，在《家族企业长盛不衰的秘诀》培训课上，一个家族企业老板说："周老师，我是企业的船长，不怕您笑话，如果有一天我出了意外，我们企业的几千个员工就吃不上饭了，我的压力很大。"

不过，这位家族企业老板在讲这番话时，估计是在阐述自己个人的能力，而丝毫没有意识到潜藏在深层次的危机。这可能就是中国大部分家族企业"短命"的一个根源所在。

对于任何一个企业老板而言，授权都不是简单地把任务分派给员工的管理要求，其中还具有很多管理艺术的成分。

这就要求企业老板在授权时必须懂得授权的艺术。在企业管理实践中，企业老板对授权尺度的把握必须得是准确到位，因为这关乎授权的成败。如果领导者授权不当，那么结果往往会适得其反。

要想将企业做强做大，企业老板就必须学会授权管理。因为企业管理的最高境界是"闲者为上，能者为中，工者为下，智者为侧"。

然而，很多中国企业老板不愿意授权，这就必须加强企业老板的授权意识，从而让企业老板意识到授权对企业发展的重要性。

可能读者会问，作为企业老板如何才能真正地做到授权呢？方法有以下几个（见表 3-4）。

表 3-4　　真正地做到授权的 4 个方法

（1）全方位了解员工	在授权前，企业老板通过与员工进行的有效沟通交流，从而更好地了解被授权者的知识结构，工作技能特点，优劣势。依据对员工的了解，再授权给他
（2）让员工感到自己非常重要	企业老板要尽可能做到每一项授权工作都能让员工感到自己非常重要。这样的授权才能真正地调动员工的工作积极性和激情，从而按照企业老板授权的意图把工作任务执行到位
（3）明确授权目标和责任的范围	在授权之前，企业老板必须明确授权的目标和责任的范围，不仅让被授权者完成预期的结果和目标，还要让员工必须清楚自己的责任

续 表

（4）给被授权者适当的自主权	在给被授权者授权时，企业老板一定要给被授权者适当的自主权。比如，在项目进行中支配资金的额度、报告预期的进度及报告的时间等

第五节 “刑不上大夫”：制度是员工的制度，老板却例外

广东中山某企业在导入管理制度的时候，老板总认为自己是企业的所有者，没有必要受制度的约束。但要使制度成为员工行为的自觉，身为老板的就必然是“第一受害者”，要打破企业的习惯，首先就要打破老板的习惯。

——《如何消灭企业潜规则——改变老板的习惯和观念》

制度就是老板手上牵的狗，想咬谁就咬谁

据相关资料显示，中国内地每年新生 15 万家家族企业，同时每年死亡 10 万家，有 60% 的家族企业在 5 年内破产，85% 在 10 年内死亡，其平均寿命只有 2.9 年。尽管据 2011 年 12 月全国工商联对外发布了我国首份《中国家族企业发展报告》显示，我国家族企业经营年限平均为 8.8 年，但是与欧美家族企业 40 年的经营年限相比，还是相差甚远。

可能读者会问，为什么很多中国企业，特别是家族企业往往总是昙花一现？为什么改革开放初期的中国 500 强企业现在所剩无几？为什么浙江上千亿元的游资总是远离实业？难道中国企业就真的无药可救了吗？

当我们研究后发现，中国企业是能做强做大的，只是由于中国有部分

企业经营者投机性强，没有把现代企业制度建设当一回事。

在《中外家族企业成功之道》培训课程中，许多企业家非常赞同笔者的观点，他们认为，中国企业和西方国家的企业还是有很大的差距，其中较为突出的就是西方国家的企业老板严格遵守和执行制度，而在中国大陆地区的很多企业，制度就是老板手上牵的一只狗，想咬谁就咬谁。

在很多中国企业，一些民营企业家往往是“成功于偶然、失败于必然”。这个必然往往是建立在投机基础之上的，他们通常都不会按企业决策执行，或者认为制度应该是属下、身边的人，而不是自己去严格执行。

当然，这样做的后果就是随处可见的诸多执行不到位现象。对此，希望集团总裁刘永行曾写专文强调：“不到位，是中国许多单位工作的‘病根子’。员工要更有竞争力，企业要更有竞争力，就必须在‘到位’两个字上下足工夫，否则很有可能会得不偿失。”

在刘永行看来，在到位上下工夫，一个可行的示范作用就是老板带头执行企业的制度。不可否认，随着中国改革开放的深入，中国企业的公司治理制度也趋向完善，但是，我们研究了数百家企业后发现，很多中国企业并不缺乏管理制度，但存在着执行不到位的问题。其原因恐怕并不全在于员工不愿执行到位，也不在于员工完全不会做，更多的原因在于企业的管理者，因为在实际的管理当中，只有企业老板才能破坏企业的管理。

在实际的企业管理中，许多管理规则恰恰就是被企业老板自己破坏的。对此，有人曾形象地比喻说，对于有些企业老板来说，制度是手上牵的一只狗，想咬谁就咬谁，唯独不咬自己。

在很多的中国企业中，企业老板控制着很大的权力。既然权力在手，就要好好地把握和运用。企业老板要改变一个决定，或者做出超出规则、违背程序、冲破流程的事情往往是非常容易的。因此，企业管理的规则不易被执行往往是企业老板自己造成的。

严于律己与曹操“割发代首”

对于企业老板而言，要想基业常青和永续经营，就必须带头遵守制度，尽可能地减少特权。

这就要求企业老板必须改变长时间以来形成的“刑不上大夫”——制度是员工的制度的思维。其核心就是改变企业老板的习惯和观念。

然而，非常遗憾的是，在企业制度执行中，企业老板总是认为“刑不上大夫”，制度应该是属下、身边的人，而不是自己去严格执行。

比如，广东中山某企业在导入管理制度的时候，老板总认为自己是企业的所有者，没有必要受制度的约束。但要使制度成为员工行为的自觉，身为老板的就必然是“第一受害者”，要打破企业的习惯，首先就要打破老板的习惯。①

企业老板都深知不抓制度执行、制度就没有效果，不抓制度落实，就等于没有制度，而提高各项规章制度的执行效率，还必须依靠企业老板的以身作则和表率。

企业老板以身作则地严格执行公司的规章和制度，才是企业坚持严格执行制度的关键。对违反制度规定的，不管是采购部经理，还是一线销售员，企业老板如果不进行及时处理，甚至姑息迁就，就会导致问题屡禁不止，小问题酿成大问题，可谓“千里之堤，溃于蚁穴”。这样就会使得公司制度形同虚设，直接影响企业的发展与存亡。

其实，企业老板以身作则这个道理不是在今天才有，在中国古代也多次被运用，而且效果还非常不错。比如曹操“割发代首”的做法就激起了

① 刘岷．如何消灭企业潜规则［J］．中国新时代，2005（7）．

曹军军威大振。

在小说《三国演义》中，曹操被说成一个大奸雄。其实，这不过是文学作品中的演绎而已。历史上真实的曹操可是三国时期伟大的政治家和军事家，不管是军事才能，还是文学造诣，曹操都是三国时期最为卓绝的一位。

正是因为曹操的出色，许多故事才传颂到今天，其中有一则割发代首的故事更能警示今天的企业老板。

东汉末年时期，由于连年混战，就使得中原地区的百姓民不聊生，怨声载道。然而，作为一支重要力量的创业者曹操非常清楚，要想赢得民心，就必须真正地为老百姓着想。

在曹操的军营中，不仅非常重视军队的纪律，同时还三令五申地要求所有军队必须遵章守纪。特别是还针对有一些曹军士兵在行军作战中没有保护好老百姓利益的问题，曹操专门制定了严格而具体的法令，如一旦发现战马踏坏了老百姓的庄稼，就会被处以斩首。

如曹操预想的那样，这些纪律一经颁布，深受老百姓的欢迎。但意外难免，在一次行军中，由于曹操的战马受到惊吓，在飞奔过程中踏坏了一些庄稼。

当监察官员看到踏坏了庄稼的罪魁祸首是曹操的战马时，却为定罪犯了难。然而，此刻的曹操，没有为自己开脱，而是坚决执行制度。他一面抽打战马；一面抽出战刀就要自裁。

曹操身边的侍卫不得不赶紧拦住曹操的自裁行为，众僚属也赶紧进言相劝曹操，大意是说丞相曹操是国家的顶梁柱，为了国家的利益曹操也不能被处以斩首。

而且踏坏庄稼主要还是因为战马受到惊吓，这是情有可原的。即使按照纪律制裁也应该宽大处理等。

尽管众僚属纷纷劝说，曹操却丝毫未动，对众僚属说，纪律刚刚颁布，如果因曹操就不坚决执行，那么今后别人也就没有办法执行了，还是坚持要自杀。

在这犯难时，众僚属就建议曹操说，处以斩首的方式可不可以变通处理，比如“割发代首”。就这样，曹操同意用战刀割下一把头发，以示警戒。

曹操“割发代首”的这个故事在今天依然能警示企业老板，作为老板，必须以身作则，坚决执行制度，否则，制度只为员工制定，自然就不能起到多大作用。

有人可能认为曹操割发代首过于作秀。但其实，在中国古代，割发是一种非常重的惩罚。古人奉行孝道，强调身体发肤由父母所赐，本人是不能轻易毁伤的，否则就是不孝。因此，曹操这一“割发代首”之举，起到了震慑全军、令行禁止的效果。我们暂且不管曹操这出戏是真是假，对于最高统帅的他能做到这一点，这种遵纪守法的精神就值得学习。

可能读者会问，既然“刑不上大夫”的危害如此之大，作为企业老板，如何避免“刑不上大夫”呢？方法有如下几个（见表3-5）。

表3-5　避免“刑不上大夫”的方法

（1）放弃一切特权	不管是企业老板，还是企业的高层经理人员，都必须放弃一切特权，因为只有放弃一切特权，作为一名普通的员工，在遵守制度时，才可能真正地执行
（2）企业老板带头遵守	一旦企业老板触犯企业制度，必须遵守。比如曹操“割发代首”，柳传志罚站等
（3）在执行制度的同时，必须讲究技巧	企业制度是死的，在处罚违反制度者时，必须讲究技巧，适当地给予一定的人文关怀，这样既体现制度的权威性，又体现企业的人文精神

第四章　百本管理图书治天下

在给企业做内训的过程中，我发现很多企业老板都在自己办公室里购置了上百本的管理类图书，甚至有的老板还购置了我多本图书。客观地讲，企业老板研究国内外成功的管理经验是非常可取的，但是，遗憾的是，一些企业老板只不过是为了赶时髦，装装门面而已。

——《命门：中国家族企业死亡真相调查（升级版）》

第一节 有文无化：满嘴管理学词汇，其实只知隐形规则主导企业管理

企业要改变潜规则，核心就是改变老板的习惯和观念。一个合乎企业长远发展的管理规则不是一个单方面约束的规则，更多的是一个契约化的管理细则。

——《如何消灭企业潜规则——改变老板的习惯和观念》

清洁工就能让财务总监下课

在与很多企业老板接触的过程中，我发现有的企业老板非常赶时髦，在跟他们交谈时，总是能说起最热、最流行的管理词汇，甚至还在各种大会小会上提及。

但遗憾的是，这类老板尽管满嘴管理学词汇，其实只知隐形规则主导企业管理。

中山大学教授曾伟一直从事中小企业的研究。在研究中，曾伟发现一个现象——一个清洁工就能让财务总监下课。

可能读者会问，为什么身为管理层的财务总监却被一个清洁工扫地出门了呢？曾伟教授是这样解释的，“在企业里一般是存在着对内和对外两个规则，对中小企业而言一般不依靠层级进行管理，更具体地表现在对内的忠诚度管理上。因此我们可以看到：谁对老板忠诚，谁就有可能在老板

的办公室里纵谈企业的人事变革。这就是潜规则的力量。”①

在很多中国企业中，隐形规则主导企业管理的问题举不胜举。

在实际管理中，如果企业老板仅仅是为了脸面、为了权威、为了一己私利、为了自己的心理平衡，这样的管理模式是不会把企业做强做大的。因此，企业要改变潜规则，核心就是改变老板的习惯和观念。一个合乎企业长远发展的管理规则不是一个单方面约束的规则，更多的是一个契约化的管理细则。②

然而，在中国现在这个转型时期，很多民营企业老板和高级职业经理人由于自身素质和缺乏领导能力，常常“指鹿为马”，而且企业所有员工都必须听从企业老板的调遣，企业的一切运作都要按照老板自己的主观意志进行，而成熟的企业管理制度和规则在此刻都不存在，就连已经明确制定出的制度规章也被企业老板们所否定。

这样就会使得公司内的全体员工凡是不直接关系自己切身利益的事情，无论谁是谁非、谁对谁错，一律不去过问，以免惹祸上身。一个企业老板，特别是那些董事长和总经理，就算是当今世界盖世英才、诸葛亮转世，只要他的公司没有明确的游戏规则，一切事情都要由他一个人来决定，那么，人们在这个企业中看到的仍然是封建王朝式的臣子争宠、嫔妃争斗的种种丑态，最后，企业的命运还是会像封建王朝一样走向灭亡。

2005年10月，我和几位同事受深圳一家民营企业——Q科技有限公司之邀做咨询。当我们团队进驻Q科技有限公司三天后，就发现Q科技有限公司存在着重大问题。

在Q科技有限公司，所有公司重大决策，也包括公司日常工作安排都

① 刘岷．如何消灭企业潜规则［J］．中国新时代，2005（7）．
② 刘岷．如何消灭企业潜规则［J］．中国新时代，2005（7）．

是由老板（董事长兼总经理）刘鹤理和副总经理管科在总经理办公室内做出的。

尽管Q科技有限公司的决策和日常的工作安排看上去很完美，但是部门经理往往难解其意，很难将决策和日常安排彻底地贯彻执行下去。

于是，我们团队向Q科技有限公司老板刘鹤理建议，要求Q科技有限公司每周召开一次公司周例会。

召开周例会的主要目的是，老板刘鹤理制订的所有工作主张和计划在该例会上公开与各部门经理沟通，让部门经理了解刘鹤理制订工作主张和计划的战略意图，再让部门经理们去执行，从而更好地提高工作主张和计划的执行效率。当我们团队讲明了召开周例会的好处，老板刘鹤理才勉强同意了。

让我们感到吃惊的是，周例会才开了五次就被老板刘鹤理给取消了，而且也没有给部门经理做出任何解释。

根据我们后来的走访发现，刘鹤理取消例会的原因是，他认为Q科技有限公司所有的决策都要在例会上与部门经理讨论太过于烦琐，甚至在做出很多决策时，刘鹤理自己也拿不出更加充分有利的依据来支持该决策，当然也就很难解除各部门经理们对决策的质疑。于是，刘鹤理决定取消例会，所有决策还是按照自己的思路做出决定，安排下去让大家先执行再说。

在上述案例中，Q科技有限公司老板刘鹤理总是偏好在其公司内部采用一种灰色的、非理性的个人游戏规则来管理企业，从而作出关乎公司生存和发展的重大决策。

那么刘鹤理为什么会采用这样说不清道不明，无法用常规逻辑道理来解释的处理方式呢？因为刘鹤理心里非常清楚，如果把决策拿到例会上来公开讨论，特别是面对各部门经理的种种质疑，会挑战刘鹤理作为老板的绝对权威，所以他就取消了例会，回到了暗箱操作的过去，这样老板的权威又开始显现出来。

Q科技有限公司要想做强做大，就必须改变刘鹤理的隐性规则，否则将面临重大危机。

隐形规则比国家法律和公司制度更具致命性

不可否认，在上述案例中，Q科技有限公司只是中国企业中的一个代表。在中国很大一部分的民营企业中，特别是中小民营企业中，这样的隐性规则往往主导着企业的决策和管理，企业老板也通常缺乏一套最基本的是非黑白判断标准。

比如，S家族企业，该企业有员工300多人。为了更好地制度化管理，该企业规定，员工迟到、旷工要扣一天工资的两倍及本月奖金。这项规定公布不久，该企业老板（总裁兼总经理）助理杨晓彤就旷工一天，如果按制度规定，杨晓彤应予以处罚。

当人力资源总监把处罚报告给老板时，老板却说："算了吧，杨晓彤是我的助理，而且也跟我打拼多年了。处罚了杨晓彤，我的面子也挂不住啊。"

再比如，P公司，大学机械专业毕业的霍东，技术能力非常强，提出了一个与上司意见不同的技术方案，由于该技术方案更加科学合理，深得生产线干部的欢迎。然而，这就让上司很难堪，觉得面子全无，而后找了一个理由将其辞退了。霍东将情况反映给老板，但老板却支持其上司辞退霍东的意见。

由于此类事情在很多企业都发生过，而且还非常频繁，很多员工也开始见怪不怪，久而久之也就习以为常。

在中国诸多企业中都存在着这样一种隐形的文化现象，这种现象既不是公家法律，也不是公司制度，却比国家法律和公司制度更具致命性。

可能有读者会问，那么作为企业老板，如何才能避免隐性文化主导企业决策和管理呢？方法有如下几个（见表4-1）。

表4-1　避免隐性文化主导企业决策和管理的3个方法

（1）以身作则，坚持维护公司规则	作为企业老板必须以身作则，坚持维护公司规则。相反，如果企业老板公然违反相关制度制定，部门经理和一线员工就可能对领导者不遵守公司制度的行为进行仿效，或者放弃对自我行为的内在管控。在部门经理和一线员工看来，制度是给全体公司所有人制定的，制度的制定者尚且如此，部门经理和一线员工就有了仿效的理由
（2）包括企业老板在内，公司所有人一视同仁	在很多公司中可以看到，企业大部分员工因为违反了公司制度而遭到了处罚，但是企业老板不遵守公司制度却能免于处罚，这让所有员工觉得不公平。在这种情况下，家族企业老板及公司制度在员工中的权威会急剧下降
（3）绝对不能将常规性问题非常规化	在公司制度完善的情况下，企业老板企图绕过某些公司规则体系去例外处理一些问题。处理这些问题本可以采用公司现有规则体系来解决，但是企业老板将常规性问题非常规化，这样的做法实际上就行使了不必要的特权，企业老板就人为地将自己与特权联系起来

第二节　有攻无关：需要什么就送什么

三鹿危机事件提醒企业老板在生产经营活动中要天天敲响警钟，要有应对突发事件的能力，并以坦诚的态度面对危机。

——中国广告协会学术委员会主任、厦门大学教授　陈培爱

试图隐瞒真相是解决不了企业危机的

很多企业老板缺乏危机管理意识，在企业危机发生后，第一反应就是需要什么就送什么，从来不积极主动地应对危机，甚至有的老板为了隐瞒真相，用重金来收买媒体记者，其目的就是减少负面的新闻曝光。

当然，这些企业老板的做法是错误的，因为一旦企业爆发危机事件，企业老板的正确应对态度应该是尽可能诚实地说出整个事件的真相。媒体一旦发现企业老板在危机应对中撒谎，那么不仅会让危机企业雪上加霜，而且还会激化危机事件的升级，使得危机企业为撒谎付出惨重的代价。

1918 年，广东商人冼冠生到上海经商，创办了上海冠生园食品公司。由于其出色的经营能力，在 1925 年前后，上海冠生园就分别在天津、汉口、杭州、南京、重庆、昆明、贵阳、成都开设冠生园分店，而且还在在武汉、重庆投资设厂。

中华人民共和国成立后，特别是在 1956 年，新中国社会主义改造完成，政府与冠生园公司进行公私合营，冼氏控股的冠生园股份有限公司就解体了，而各地使用“冠生园”字号的企业数以百计，各自为政，互不隶属。

20 世纪 80 年代，中国政府实行改革开放，在与其他企业的市场竞争中，南京冠生园因大幅亏损而面临倒闭（“南京冠生园”的前身是原上海冠生园公司南京分店）。

1993 年，为了激活市场竞争力，南京冠生园引进台资，合资组建了南京冠生园有限责任公司——中国大陆地区以名牌和原有实物资产折占 40% 的股权，而中国台商则实际出资 700 万元占 60% 的股权。中国台湾省商人吴震中担任总经理和其他要职，南京冠生园原核心管理人员均被内退。在这样的背景下，南京冠生园的经营活动完全被台商吴震中控制了。

1993年，即合资后的第二年，南京冠生园转亏为盈，每年营业增长，连年获利，在吴震中的经营下发展为南京市政府核定的240家大中型企业之一。南京冠生园的发展也从此走上了快车道，在近90个大中城市及全部直辖市都有销售网络，成为真正的全国性食品品牌。

1993年以后，为了节约成本，南京冠生园就开始着手回收没有销售完的月饼来年再用。这自然引起了不少南京冠生园老职工的强烈反对，但在台商吴震中的高压式管理下，对不服从这项命令的员工以下岗处置。

在1993年南京冠生园合资以前，南京冠生园老厂共有466名职工。而在合资后，吴震中就以各种理由为名开除了90名员工，另外还有154名员工拒签新的劳动合同。

被吴震中威胁的南京冠生园员工尽管不同意其做法，但是也能私下表达些不同意见。而吴震中以为辞退员工就可以封锁回收月饼的消息。

但这条消息还是在2000年中秋节前传播了出去。一些被南京冠生园公司辞退的员工向南京某广播频道反映，南京冠生园回收上年的月饼来年再使用。该广播电台主持人前去南京冠生园公司采访，却遭到吴震中的指责和威胁。吴震中声称，可以随时让该主持人下岗。

吴震中的威胁并没有奏效，而之后又有多路记者进行了暗访，从2000年8月开始，多路记者对南京冠生园回收月饼再加工的整个过程进行了断断续续一年时间的拍摄。2000年10月24日，剥出的月饼馅翻炒入库；2001年7月2日，保存一年的馅料出库；2001年7月18日，旧馅加工的新月饼销往各地。

央视于2001年9月播出了“南京冠生园月饼”的报道。

2001年9月3日，南京知名食品企业冠生园被中央电视台揭露大量使用霉变及退回馅料生产月饼。该事件被曝光后，震惊了华夏大地。南京冠生园公司也因此而接连受到多家媒体与消费者的批评。

面对即将掀起的产品危机，南京冠生园却做出了让人不可思议的反应。台商吴震中矢口否认近10年的做法：“我们从来没有用回收来的月饼馅再炒制成新馅，只是用过去年没用完的馅。”

2001年9月10日，南京冠生园发表致广大消费者的公开信，声称媒体的报道“不但歪曲而且完全失实”。

而后，吴震中还公开指责中央电视台的报道蓄意歪曲事实、别有用心，并在没有确切证据的情况下振振有词地宣称“使用陈馅做月饼是行业普遍的做法”。这种背离事实、推辞责任的言辞，激起一片哗然。

一时间，媒体公众的猛烈谴责、同行企业的严厉批评、消费者的投诉控告、经销商的退货浪潮……令事态开始严重恶化，也导致了南京冠生园最终葬身商海。

在南京冠生园这个危机案例中，当大量使用霉变及退回馅料生产月饼危机事件爆发后，台商吴震中缺乏应有的危机管理的意识。

在事实已经很清楚的情况下，吴震中既没有坦承错误、承认陈馅月饼的事实，也没有主动与媒体和公众进行善意沟通、赢得主动，把危机制止在萌芽阶段，而是坚决否认，甚至公开谴责将其曝光的中央电视台。

回顾南京冠生园的危机事件就很清楚地知道，当“月饼馅”危机事件曝光后，南京冠生园第一回应危机的办法，就是在相关媒体上发表公开声明——“南京冠生园公司绝没有使用发霉或退回馅料生产的月饼……冠生园人坚信中国是法治国家，执法部门会依法对这一事件作出公正结论。对蓄意歪曲事实、毁损我公司声誉的部门和个人，我公司将依法保留诉讼的权利。”

南京冠生园在“月饼馅”危机公关中的表现，不仅违背了危机处理的原则，而且缺乏应对危机意识，结果使得南京冠生园公司的所有产品都遭到消费者的唾弃。

事实上，当南京冠生园“月饼馅”危机爆发后，台商吴震中是完全可以避免危机态势蔓延的，遗憾的是，南京冠生园公司却错过了机会，而是用中国企业常用的危机处理方法，坚决否认其产品质量问题的同时，还自作聪明地企图将事件焦点转移到同行和消费者身上，最终惹来更大的麻烦。2000 年 8 月，央视记者采访了南京冠生园公司总经理吴震中，内容如下：

吴震中：全国范围这是一种普遍现象。月饼是季节性很强的产品，每个厂家都想抢月饼市场。这个市场很难估量，没有一个厂家做几个卖几个，都用陈馅做新馅。

记者：您觉得合不合法，合不合情？

吴震中：我本身也不是做食品的，但这几年我对食品慢慢了解了。政府在卫生防疫法里没有一个明确的规定说这个可以做那个不能做，但从消费者意识来讲，厂家不能公开地这样讲。

吴震中在接受央视记者采访时，竟然声称陈馅月饼是行业的普遍现象。他的这种解释不仅激起了月饼生产企业的强烈不满，而且更加激化了南京冠生园与消费者之间的矛盾，也就是此地无银三百两了。

适时地公开真相，增加危机事件的透明度

当危机事件爆发后，企业老板在任何时刻都必须正确面对危机事件，及时地向媒体披露相关事实的真相。

这样做不仅能赢得消费者的理解和尊重，而且还可以尽可能地避免危机事件的蔓延，减少危机事件对企业的损害。因此，这就要求企业一旦出

现危机事件，企业老板必须及时地召开新闻发布会，一方面表达对消费者的道歉，另一方面公布危机事件解决方案，如停止产品销售、召回等措施。

企业老板必须明白，危机事件中不管对错与否，都必须适时地公开真相，增加危机事件的透明度。因为在危机事件中，消费者一般很难认可遮遮掩掩和躲避事实的企业。

那么作为企业老板，在企业遭遇危机事件时，如何正确地处理危机事件呢？方法有以下几个（见表4-2）。

表4-2　企业老板危机处理的4个方法

（1）	当危机事件爆发后，企业老板应尽可能地避免危机事态的进一步扩大和蔓延，必须积极主动地采取停售、问题产品下架、召回等办法，从而避免危机事件的升级
（2）	当危机事件爆发后，企业老板必须组织一切人力物力对危机事件进行调查，尽快查明危机事件问题的症结所在，从而有针对性地及时纠正错误，杜绝产品和服务出现新的差错，真正为消费者负责
（3）	当危机事件爆发后，企业老板必须尊重消费者的知情权。一旦查明企业确有差错，企业老板必须开诚布公，承认产品或者服务存在问题，主动地承担责任
（4）	企业老板适时地向社会和公众说明危机事件的真相，然而有针对性地宣传企业品牌，从而将危机事件对企业信任的伤害降到最低

第三节　百本管理图书治天下：经管图书满天飞，用无效激励手段激励员工

企业在对员工采取激励手段时，最尴尬的结果就是：花了钱，反而换来了人心离散。

——北京华夏圣文管理咨询公司资深培训师　汪洋

用无效激励手段激励员工还不如不激励

在给企业做内训的过程中，我发现很多企业老板都在自己办公室里购置了上百本的管理类图书，甚至有的老板还购置了我多本图书。

客观地讲，企业老板研究国内外成功的管理经验是非常可取的，但是，遗憾的是，一些企业老板只不过是为了赶时髦，装装门面而已。

比如A企业，其老板邀请我去做内训，我发现他盲目地用无效激励手段激励员工，反而使得员工们怨声载道。

A企业老板无奈地问我说："周老师，为了激励员工，我可是花了不少钱来购买图书，研究了一些激励方法，觉得不错。但在激励员工时，现在所有员工都在反对我实施的激励措施，您说我冤不冤。早知这样，我还不如不激励他们。"

其实，A企业老板的抱怨是有一些道理的。不过，问题还是出在A企业老板身上。研究发现，由于很多中小企业的发展规模过快，往往导致企业管理跟不上，这就制约了中小企业做强做大。而在所有管理问题中，员工激励问题往往最为严重，不仅让企业老板感到棘手，同时这个问题还关系企业的发展、壮大，甚至关系企业的生死存亡。

宏声公司是广东省中山市一家大型民营校办企业。该公司的主要业务就是生产一种为其他电器配套的机电部件。

20世纪90年代初期，由于校办企业的经营权和所有权常常发生矛盾，在1994年到1997年这四年时间内，宏声公司的市场占有率停滞不前。

1998年年初，宏声公司实施了企业改制，曾经的校办企业变成了一家民营企业。此后，宏声公司凭借技术实力和灵活的机制，取得了良好的效益，产品占据着中山市较大的市场份额。宏声公司的产品不仅为多家大型电器公司配套，而且还有相当数量的出口，一时成了中山市的纳税大户。

虽然市场规模和份额不断增加，但是宏声公司的管理却没有跟上。宏声公司内部管理上出现一系列问题也就在情理之中。

在宏声公司，员工的工作条件和薪酬都优于其他企业，但其管理人员、核心技术人员，乃至熟练工人都在被竞争者挖墙脚。而留下的在岗员工也大都缺乏工作责任心。宏声公司生产的产品不合格率大幅度攀升，严重地影响了宏声公司的发展乃至生存。

可能读者会问，为什么会出现这样的问题呢？我们从下面这个具体事例就能窥见宏声公司在人力资源管理和员工激励方面存在的问题：

宏声公司在改制时，仍然保留了员工原国家事业单位编制，这就使宏声公司的员工有了三种不同身份，即工人、在编职工和特聘员工。

对于这三种身份，宏声公司总经理马忠是这样解释的——工人是通过人才市场招聘的外来务工人员；在编职工主要是技术骨干和管理人员，他们中一部分是改制前的职工，一部分是改制后聘用的，与工人的区别是与宏声公司正式签订过劳动合同；而特聘员工则是宏声公司向社会聘用的高级人才，有专职的，也有兼职的。

1998年6月，宏声公司取得了阶段性成果，在给员工们发放奖金时，由于工人和在编职工的奖金是公开发放的，所以没有什么争议。

然而争议还是出现了，总经理马忠打算更好地激发特聘员工的工作积极性，于是就暗中发放红包，红包的数额是在编职工的2～3倍。

马忠的做法大大挫伤了所有员工，特别是特聘员工的工作积极性。对于工人和在编职工而言，他们感到宏声公司没有把他们当作“自己人”，特聘员工的红包不公开，至少比他们拿的多得多。而更多的特聘员工则误认为在编职工肯定暗中也得到了红包，所得数额一定比特聘员工更多，自己的辛苦付出没有得到公司的认可。宏声公司多花的钱不但没有换来员工的凝聚力，反而买来了离心力。

事实证明，企业激励机制的不完善，容易导致企业人才的严重流失。反观上述案例，宏声公司在编制上就人为地将员工分为三类，再加上采取了暗地里给特聘员工发红包，激化了公司所有员工与公司的矛盾，其直接后果是组织效率的下降和人员的流失，从而制约了企业的长期稳定与发展。

中小型民营企业存在的 4 个激励问题

研究发现，激励就如同一把双刃剑，如果用得好，其作用会大大超出企业老板激励员工的期望；反之，如果用得不好，就会像 A 企业老板那样的抱怨激励不如不激励。

透过上述事例，资深管理专家余克艰、黄玉英曾撰文指出，与宏声公司相似的中小型民营企业存在以下 4 个激励问题（见表 4-3）。

表 4-3　　中小型民营企业存在的 4 个激励问题

（1）以“经济人观”看待全体员工	企业老板往往简单地以经济利益作为驱动员工的唯一手段，而忽略了员工的归属需要和成就追求，不重视企业内部的人际关系，更不会利用客观存在的非正式组织提高组织的凝聚力和效率
（2）灵活性与随意性画等号	企业老板缺少一种稳定的、有连续性的行为规则，类似问题的处理往往因时、因人而不同。这一方面使员工感到企业在对待不同人员时缺乏公正，另一方面又有“鞭打快牛”的不良效果。组织效率的下降是必然的
（3）人力资源管理无序	企业老板一般没有对各项工作进行认真分析，设岗缺乏科学性，对人员的招收和使用不作预测和规划

续 表

(4)缺乏沟通，反馈不及时	企业老板将他与员工的关系视为契约关系，重视工作，但不重视人际关系，企业缺乏老板与职工、职工与职工相互沟通的机制；由于员工得不到对自己行为评价意见的及时反馈，工作的激情衰减很快；加之考评中采用"强制分档，末位受损"的危险规则，员工不仅得不到"激励"，反而衍生出许多新的矛盾。员工对工作不满意是在情理之中的

从宏声公司的案例可以看出，企业人才流失的原因很多，但宏声公司缺乏科学合理的激励机制是造成人才流失的主要原因。因此，作为企业老板就必须正确地运用激励管理手段，更加有效地提高激励的效率，从而达到人力资源管理中预先设定的目标。

可能读者会问，作为企业老板如何才能提升激励的效率呢？方法有以下几个（见表4-4）。

表4-4　　提升激励效率的4个方法

（1）准确地把握激励时机	在激励员工的过程中，应准确地把握激励时机，这样才能事半功倍。企业老板在不同时间进行激励，其作用与效果有很大的区别
（2）相应采取激励频率	事实证明，企业老板在激励员工的过程中，其激励频率与激励效果之间不存在简单的正比关系，而在某些情况下，激励频率与激励效果的关系可能成反比。因此，企业老板只有根据员工自身情况采取相应的激励频率，这样才能有效发挥激励的作用
（3）恰当地运用激励程度	在实际的管理中，企业老板恰当地掌握对员工的激励程度，就可以直接影响激励作用的发挥。在很多时候，企业老板过量的激励和不足量的激励起不到激励员工的目的，甚至还可能起到负面作用，极大地挫伤员工的工作积极性。因此，这就要求企业老板者从量上把握激励要做到恰如其分
（4）正确地确定激励方向	在激励员工时，企业老板必须依据员工的个性需求有针对地实施激励。这样才能对激励的效果产生明显的影响作用。因此，企业老板在管理实践中要努力发现员工在不同阶段的个性需求

第四节 “外来的和尚会念经”：照搬照抄其他公司成熟的激励制度

在实践的过程中切忌不假思索、盲目照搬照抄其他公司成功的激励制度，以免造成“画虎不成反类犬”的局面，反而可能给企业带来不良的后果。

——通用电气前 CEO 杰克·韦尔奇

照搬照抄 500 强公司激励制度就是当代的刻舟求剑

不可否认，参考和借鉴世界 500 强企业的激励制度是一些企业老板完善中国企业管理的一个重要方法，同时也是激发企业员工工作积极性和岗位效率的一个有效管理手段。但是对于一些中国企业老板来说，如果在制定企业激励制度的过程中，完全照搬照抄世界 500 强企业的激励制度，不仅不会达到预期的激励效果，相反还会为激励制度的制定付出惨重的代价。

圣罗公司是贵州省遵义市一家从事化工生产的公司，规模不是很大，公司员工只有 165 人。经过多年的打拼，圣罗公司在遵义地区具有了一定的知名度，并在贵州市场上占有不小的市场份额，而且发展较快。

为了占据更多的市场份额，同时也为了促进圣罗公司继续保持快速超常发展，必须提高圣罗公司所有员工的工作积极性和岗位效率。

为此，圣罗公司总经理李伟生就把 A 世界 500 强企业所实施的“目标管理激励法”，照搬圣罗公司来对所有员工进行目标管理。

在李伟生看来，世界500强企业采用的激励制度一定是好制度，照搬照抄也可以促进圣罗公司的高速发展。为了实现销售额翻番，圣罗公司根据第一年的销售额，制定了第二年销售额要达到第一年两倍的目标。

在动员大会之后，李伟生将这一销售额按从销售总监到一线销售员的顺序自上而下逐一进行目标管理激励，同时还取消了圣罗公司原执行的按销售比例提成制度。李伟生宣布按照员工管理的要求，从即日起，未完成销售目标任务的销售员，只能拿到较低的提成，而超额完成目标任务的销售员则可以拿到巨额的提成和奖金。

从理论上来讲，圣罗公司实施目标管理是可以促进企业继续快速增长的，同时圣罗公司的优秀销售员在超额完成销售目标任务后，可以拿到巨额的提成和奖金，工作积极性和岗位效率将大幅度提高，而对于不能完成销售任务的员工，当然也就只能拿到较低的提成，还降低了圣罗公司的人力资源成本，这看起来是双赢的事情。

然而，当圣罗公司的销售员仔细分析后发现，由于圣罗公司在高速发展之后，市场占有率已经很高，不可能像以前那样有大幅度的提升空间，再加上竞争者加大了降价和促销的销售力度，加剧了圣罗公司产品优势的丧失，特别是随着圣罗公司市场占有率的扩大，销售员人数的激增，也就导致了每位销售员所拥有的潜在市场变小，并且圣罗公司在资金实力、内部管理、配套服务方面跟不上快速增长的需要，几乎无人有信心完成两倍于前一年的销售额。

一年之后进行核算，圣罗公司没有一个销售员能够拿到高额提成，相反，销售员的工资和奖金比以前大幅度减少，于是核心销售员流失殆尽。

两年后，该公司已濒于倒闭。

圣罗公司总经理李伟生的做法就是一个非常鲜活的案例。他的出发点本来是好的，但是由于没有根据圣罗公司的实际情况，盲目地照搬照抄了世界500强企业的目标管理法，导致了公司面临倒闭的局面。

研究发现，中国的诸多企业老板，特别是中小企业老板，他们在制定激励制度时，非常崇洋媚外，迷信外国的管理制度，甚至认为外国的月亮比中国的月亮要圆。

在这样的意识下，他们就完全照搬照抄世界500强企业，或者其他公司成功的激励制度。这就是企业老板在制定激励制度或者实施激励制度时最容易也最经常犯的错误。

企业老板这样做，不仅严重损害了企业管理的效果，而且还阻碍了企业激励规划的发展。随着世界经济一体化的纵深发展，特别是在市场竞争激烈的今天，越来越多的企业老板都认识到，在竞争中取胜的决定性因素的还是员工。根据行动科学理论的员工绩效函数：

员工绩效 = 工作能力 × 激励程度 × 工作环境

从这个员工绩效公式可以看出，在企业管理中，任何一个员工的工作绩效都与其被激励的程度有着很大的关系。也有人认为，工作绩效等于员工能力乘以激励程度。

在很多企业中，员工做出贡献的大小，不仅取决于员工自身的工作能力、学历、工作经验、解决问题的能力水平和工作环境，关键还取决于企业老板对员工所采取的激励机制。

在这样的背景下，企业老板为了调动企业员工的积极性和主动性，纷纷开始借鉴和参考其他成功公司，特别是世界500强企业的激励制度。

激励制度的制定在一定程度上激发了员工的工作积极性。但不同企业的性质、规模、发展阶段、实力等千差万别，不同的激励措施所适用的企业类型也不尽相同。因此，这就提醒企业老板在制定激励制度过程中切忌不假思索、盲目照搬照抄其他公司，特别是世界500强企业的激励制度，以免造成“画虎不成反类犬”的局面，反而可能给企业带来不良的后果。

完全照搬照抄500强公司的激励制度不可能就万事大吉

在很多企业中，企业老板不重视激励制度的制定，甚至根本没有激励的管理措施。在他们的意识中，激励就根本没有必要存在，即使要对员工进行激励，也只是以为把成功企业，如世界500强企业的激励制度完全照搬照抄就万事大吉了。

其实，企业老板这样做的激励思维本身就存在问题，甚至可以说是错误的。可能读者会问，作为企业老板，如何才能制定科学、合理的激励制度呢?

方法就是企业老板针对企业的规模和员工的需求来制定适合公司的激励制度。面对越来越激烈的核心员工竞争，到底制定什么样的激励制度才能留住自己的核心员工及激发其责任心和岗位效率呢？这是一直困扰着企业老板和人力资源部门经理的棘手难题。

要从根本上解决这个问题，老板在制定激励制度时，必须从企业及其员工自身的情况出发，必须了解公司员工的种种需求。

谈到这里，我建议，企业老板必须了解和认识马斯洛的需求理论。根据马斯洛的需求理论，人的需求分为生理需求、安全需求、社交需求、尊重需求和自我实现需求五类，依次由较低层次到较高层次（见下图）。

根据马斯洛需求理论，按照职场生涯中核心员工的不同层次，以及他们不同的需求，可以把核心员工做如下划分：“灰领”和“蓝领”、“粉领”和“白领”、“金领”（见表4-5）。

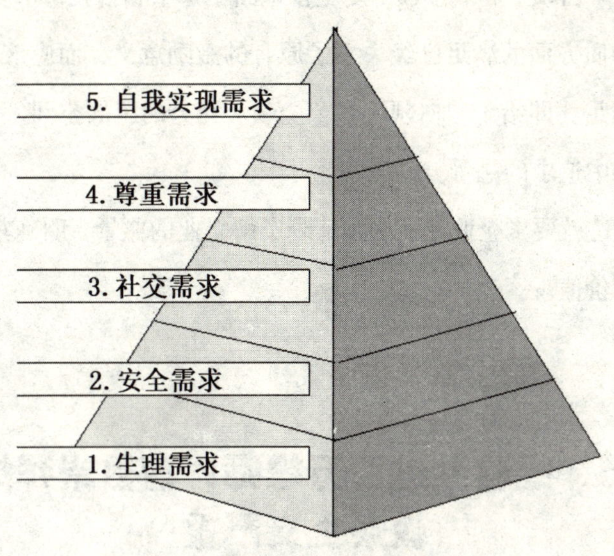

马斯洛的需求层次图

表 4-5 核心员工的 3 个类型

（1）“灰领”和“蓝领”	在企业里，“灰领”、“蓝领”是企业最底层的劳动者，他们主要需要满足生理和安全需求，也需要社交、尊重、自我价值实现，但这些不是最迫切的需求
（2）“粉领”和“白领”	企业的“粉领”和“白领”主要的需求则是社交和尊重，他们已经有了生理和安全的基本保障，所以对于他们来说，更高层次的满足才能激发工作积极性
（3）“金领”	“金领”一般位于企业的高层，非常需要自我价值的实现。其他几个层次的需求他们已经达到了，也不再是其人生追求的目标

因此，按照表 4-5 所体现的不同层次企业员工的需求问题，企业老板可以判断不同的企业员工应该属于哪类层次，以及其在企业中所起到作用以及待遇。“白领”和“金领”阶层的员工是企业中的精英，那么留住他们必须要有诚意，不能用挽留“灰领”和“蓝领”的手段来留住他们，仅仅靠加薪的方法来留住“白领”和“金领”，肯定是不能从根本上解决问

题的，对于“白领”和“金领”要更多地给予尊重和自我价值实现的满足，仅仅强调物质方面的满足已经失去了原有的激励意义，而应该更多偏重于精神上的满足，即给予“白领”和“金领”充分的施展空间，同时还要给他们一个心中追求的愿景。

当然，这就要求企业老板必须清晰了解企业的愿景，明确其企业使命，最终确立其价值观。

第五节　经验胜过百万雄师：盲目崇拜经验，教条主义严重

在商业领域，由于迷信经验、固守传统而导致经营失败的领导者，绝不是少数。所以正确的做法应当是，既要重视经验，但也不能为经验所左右。

——海尔集团 CEO　张瑞敏

过度迷信，你就可能是下一个柯达

研究发现，企业的倒闭和破产与其企业老板固守经验有着很大的关系。尽管有些商业经验曾经是指导企业求得发展的一个重要因素，但是企业老板绝对不能被这些商业经验所左右。一旦被商业经验所左右，企业就将被引向破产的边缘。

柯达就是这样的一家企业。20 世纪 70 年代，柯达公司早已研发出数码技术，但是柯达企业老板固守传统的胶卷业务，使得日本诸多企业垄断了数码影像市场，柯达也就此衰落。

其实，像柯达那样的中国企业比比皆是，有些企业老板甚至过分迷信经验的作用，整天套用书本上的说法，动辄便说“某某说过”、“根据某某理论”等。尤其是对西方的企业管理理论，有些企业老板如获至宝，潜心研读，认为只要掌握了它们，就可高枕无忧、迈向成功了。

这种想法大错特错。虽然经验很重要，但是实践比经验更加重要。在经营的过程中，企业老板必须勇于开拓，勤于实践，灵活运用自己现有经验，决定本企业的发展，才是上策。

2005年6月，我们去A省省会给一个客户进行产品上市企划，该企业老板非常重视。当我们入驻该企业之后，还专门给我们引见了一个保健品企业的老板。

据说，该老板营销能力很强，当然我们也就非常尊重这个老板。但这个保健品企业老板知道我们一行人是做咨询的之后，毫不客气地对我们的客户说：“万总，你把做咨询的一半费用给我，老哥我帮你做市场推广，中国各地都有我的朋友，就算是在中国台湾省，甭管是台北市，还是宜兰县的商场我都能帮你搞定。”

该老板的话，引起了我们的随行人员汪洋的好奇，于是他问：“您的保健产品上市没有？”

该老板不屑地说：“上市这还不简单，中国各省市县的二甲医院我都有熟人，货铺进去没问题。”

汪洋接着又问：“那您的保健产品生产了吗？主要是干什么用的？”

该老板自信地回答说“我有工厂，只要命令一下，生产还不是分分钟的事情。我的保健产品绝对好，对失眠、健忘、补充精力绝对好。”

汪洋又接着问：“既然您那么有信心，那您是如何打开这个市场的？”

该老板情绪激昂地说：“中国各地的电视台里我都有熟人，一般都是货铺好后就开始打广告做宣传，我可以先打广告后给电视台广告费。”

而后，我们从客户那里了解到，该老板以前是A省省会的政府官员。20世纪80年代中期，受官员下海经商的影响，该老板也下海了。

在当官和经商期间，经常出差，其所谓的“朋友”也认识了很多。据说他在最近两年赚了不少钱，如今到处在找项目投资，最近就投资了500万元打算做保健品。

半年以后，客户的产品畅销市场，得到了很多经销商的认可。而后，汪洋打听那个保健品老板的产品销路如何，客户告诉汪洋：“产品已经不生产了，几百万元的广告费扔进去，每个月回款不到5万元，已经不做了！”

听到此消息，我们感到十二分的痛心。

上述案例中的那位老板只是一个典型，像他那样的老板在中国可以说是不计其数。事实证明，许多企业老板过于相信自己长久积累的经验，认为其经验不仅可以复制，而且还能放之四海而皆准。

就像上述老板一样，把关系资源看得过重，甚至还幻想着重温“依靠广告的密集轰炸，订单就像雪片般飞来”的昨日旧梦。该老板也不想想，在21世纪初，中国市场环境和营销环境都已经发生变化，特别是跨国公司进入中国市场后，可以说是“此一时，彼一时”。中国的营销环境和消费者每天都在发生变化，而市场竞争也在加剧，中国很多产品早就进入了买方市场时代。

在这样的市场下，由于产品同质化越来越严重，很多实力雄厚的跨国企业进入中国市场参与竞争，而这些跨国企业每天都在潜心研究中国市场，尽管中国消费者越来越成熟，但是其趋势都在跨国企业的意料之中。如果单单依靠广告来促进产品的销售，那显然是不现实的。

研究发现，跨国企业每年都会拿出销售额的5%以上用来做广告费用，从这几年像宝洁这样的跨国企业屡屡拿下央视标王就可以看出，仅仅依靠广告这一单一的模式已经过时。作为家族企业创始人，要想利用“小米加步枪”打败这些“船坚炮利”的跨国企业，就不得不放弃传统的经验。这是当今中国家族企业不得不面对的问题。

试想，如果不研究今天的环境和市场，不依靠外脑的力量，不制定有针对性的营销策略，不培养敬业而专业的员工队伍，不接受别人的建议，作为企业老板来说，仅靠个人的经验和感觉还能将家族企业打造成百年老店吗？

答案当然是不能的。其实，经验是一把双刃剑，关键是看家族企业创始人如何去利用它。

经验胜过百万雄师往往就是绊脚石

作为企业老板必须明白，很多经验也不是万灵丹，不能放之四海而皆准，只能说明某种经营方法在该企业是行之有效的。但企业老板不能总是保持着老一套的做法，不加改变。

企业老板的经验一般分为两种情况：一种是根据自身企业的实际情况，从实践中总结出来的；另一种则来源于书本知识。很多企业家在接受媒体采访时会谈到自己对商业领域的诸多看法，一些企业老板由于迷信这些企业家的经验而导致经营失败的案例举不胜举。所以企业老板对待经验的正确做法应当是，既要重视经验，但也不能为经验所左右。

从这个层面可以看出，企业老板的经验就是一把双刃剑，利用得好，将会促进企业的持续、快速、稳健发展。但是，如果盲目崇拜经验，犯教条主义的错误，那经验也将成为阻碍企业发展的绊脚石。

一旦企业老板过于相信自己的经验和判断，甚至到了盲目自信的程度。

随着中国加入世界贸易组织，世界跨国公司也纷纷抢占中国市场，这无疑加剧了中国市场环境的不断变化，市场竞争也日益激烈。如果企业老板依然还采用经验来经营企业，那么很可能使得企业遭受“灭顶之灾”。

在D市，W公司是一家非常典型的家族企业，老板刘亮初中毕业，曾在深圳打工几年，而后回到老家开始创业。几年后，W公司发展成为一家中型规模的企业。

由于刘亮在创业之初曾经做过一段时间的保健品，再加上看到电视中保健品广告非常多，刘亮就风风火火地进军保健食品行业了。

让刘亮没有想到的是，他所生产的保健食品上市后却一直打不开销路。尽管想尽了各种办法，依然是销售不畅。

就这样苦苦支撑了一年多，刘亮出席D市的颁奖大会结识了G报社的产业记者王某。在刘亮的主导下，他和产业记者王某共同策划了一篇很有特色的新闻采访稿，从多个角度长篇报道了W公司的保健食品。

让刘亮没有想到的是，当新闻稿刊发后，要求购买W公司保健食品的电话不断。W公司后来就在外地开办了几家分公司及办事处，同时在外地的媒体上做了同样的报道，效果也非常好。

意外取得如此的效果，刘亮十分高兴。于是他要求分公司及办事处每隔三个月时间就要刊发一篇同样类型的报道。

就这样，刘亮在很多地方都采用这种做法推广W公司的保健食品。当W公司的保健产品被消费者认知后，刘亮不去认真分析市场，也不去考虑怎样维护品牌和建立市场基础链，而是主观地认为做市场就是隔几天一个报道，以前就是这样做的，今后仍然可以这样做下去。

终于，W公司保健食品的销量开始下降，且呈不可遏止之势。刘亮不断地感叹市场难做，却始终也没有认识到自己的失误所在。

在本案例中，刘亮就是一个凭经验经营企业的典型。其实，像刘亮这样的案例太多，我想每一个读者都能列举出几桩来。在这里，我所说的经验并不是对市场经济的深刻理解，而是家族企业在自己以往的成功经历中得来的经验。

当然，盲目照搬经验是不可取的，尤其有的经验是在中国转型期特定的历史条件下得来的。这样的经验取得成功也不过是利用我国在迅速发展的过程中各方面的空隙偶然得之。所以，凭着以往的经验刻舟求剑式地去理解和处理现实的市场问题，结果就显而易见。

有的企业老板曾经在某些大型企业做过几年市场推广工作，凭着对某一产品某一阶段的经历，就把这些行业经验套用在自己创建的企业上，想当然地认为市场原本就是如此，这样的经验利用也是非常可怕的。

20世纪90年代，某省有一位踌躇满志的诗人，不仅出版了自己的诗集，还得到许多商界人士的崇拜。

在很多场合，商界崇拜者都表示只要该诗人需要帮助，一定赴汤蹈火。加上政府公职人员创业成功案例的报道，该诗人决定也创办一家公司。

该诗人认为自己可以创业成功的理由，有以下三个:

第一，该诗人能逼真地描述人类复杂的心灵世界，经营一家小公司简直就是火箭弹打蚊子——大材小用。

第二，该诗人拥有较好的人脉——很多商界崇拜者，平时经常听这些人谈生意，而且还经常给商界崇拜者指明财路。由于该诗人见解高明，主意新颖，商界崇拜者照着该诗人的点子去做了，还真赚了不少银子。

第三，该诗人表示自己朋友多，崇拜者也多，要开家公司，有困难只要一句话，很多人都会毫不犹豫地帮忙。

在诗人以为稳操胜券的创业计划下，他创办的文化传播公司开张了。

公司还没有步入正轨，该诗人就招聘了20个员工，还给每个员工配发了一个大哥大。

他这样做的目的是，派这些拿着大哥大的员工气派地和合作者洽谈，要引起媒体的重视，从而达到制造声势、扩大影响的目的。

该诗人有明确的目标，第一步先垄断本市的文化传播行业，第二步是垄断本省的文化传播行业，第三步是垄断中国的文化传播行业，第四步垄断全世界的文化传播行业。为了实现他的目标，该诗人开起沙龙和讲座，侃侃而谈如何做一个“高层次有文化的商人”。

然而，让他没有想到的是，不到三个月，从商界崇拜者那里筹集的100万元启动资金就花完了。

让他更没有想到的是，昔日的“朋友”、“崇拜者”说需要帮助，一定赴汤蹈火，而如今他们不仅没有帮助，相反还先后前来讨债。该诗人还打算向商界崇拜者再筹集一笔资金，东山再起，可却没有筹到钱。

该诗人感觉自己受到了极大的侮辱，极端愤怒而又失望至极。在以后10多年时间里，该诗人也没有还清当初筹集的100万元。不仅如此，甚至在该诗人发表或者出版诗集时，都不敢用自己真实名字或者曾经的笔名。该诗人深有感触地在诗集中说：“看来干什么事，都像写诗，只能自己写，而不能学。”

毋庸置疑，参考和借鉴一些企业家的管理经验是完全可以的，但是绝对不能将企业家的管理经验生搬硬套地运用在自己的企业管理中，因为任何一个企业都有自己的具体情况。对于所有企业家的管理经验和办法，一定要抱着一种警惕的心态去接受它。

在上述案例中，该诗人能写诗，但是绝对不擅长经营，可以肯定地说，在20世纪90年代，100万元的启动创业资金已经不少了，放到今天也不是个小数，然而，该诗人却在短短三个月就挥霍一空，实在令人惋惜。

该案例警示企业老板，在企业管理中，应当重视参考和借鉴经验，因为经验是很多企业老板对以往成败得失的总结，凝聚着他们的智慧和汗水，同时也积聚着对失败者的警告和提醒。所以，企业老板必须正确地看待经验，这样才能避免上述诗人那样的事情发生，大大提高企业管理的效率。

第六节 “文山会海症”：会议召开太频繁

从某种角度而言，世界是一个时时处处充满会议的世界。高效的会议能帮助我们迅速解决实践中遇到的问题，然而低效率的会议却往往占据上风，造成时间成本、直接成本及效率成本的损失。因此，每个人应从基础做起，深刻理解会议的意义、目的、分类、合理的发生频率以及如何计算会议的成本，只有先掌握了这些基础知识，才可能使每一次会议都“行之有效”。

——阿里巴巴创始人　马云

过多的会议既浪费了时间，又错过了机会

在中国诸多企业中，许多企业老板偏好于将大大小小的问题放到会议上来解决，这无疑增加了全体企业人员的会议时间和会议成本。

研究发现，在中国大多数企业中，企业老板召开的会议经常是讨论了一上午，要么是整个会议不着边际，要么是整个会议形成的决议严重地脱离实际——根本无法实施。

其实，会议症问题还不止上述两个，还有很多的会议不是开的时间过长，就是会议缺乏效率。很多会议几乎一半以上的时间是在无聊的会谈中被白白浪费掉的。

问题在会议中随处可见，糟糕的会前准备、不当的议程安排及与会者对议事规则的无知，使许多企业平均每年要损失30个工作日，即240个工作时。看到这个结果，你一定能够理解自己和同事为什么不能把“开会”当一回事了。[①] 在这里，我们从一个真实的案例开始谈起。

“开会了，开会了，各部门经理马上到六层会议室开会了。”W公司总经理助理万燕正在推开每个办公室的门通知各部门经理开会。

“周老师，郭总让我通知了部门经理有重要的会议在六层会议室召开，您是不是也去参加一下？”万燕敲开我的临时办公室对我说。

“怎么又有重要的会议要开？昨天下午不是才开过重要的会议吗？”我向万燕打听。

万燕也不知道今天要开什么会议，所以抱歉说：“实在对不起您，具体的我也不清楚。不过，周老师，昨天召开的重要的会议是月度总结会议，今天召开的重要会议好像不是这个议题。具体的会议内容，您到六层会议室就知道了。”

“知道了，您先去通知其他部门经理，我随后去六层会议室。”我对万燕说。

老实说，W公司开会也真够频繁的，从我进驻W公司不到两周，就已经开了8次会议了。才不到半个月，1/3的时间都被W公司大大小小的会议耗费了。

这样频繁的会议使得我的很多工作都没法开展，W公司总经理郭虎坚持让我出席这次重大会议，我又必须到六层会议室去。

---

① 佚名．老板，别让会议“毁”了你［OL］．百度文库．http://wenku.baidu.com/view/bc065239a5e9856a56126052.html.

当我进入六层会议时，各部门经理打招呼说：“周老师，好。”

我跟各部门经理一一打招呼，然后坐到自己的位置上，万燕立即发给我一本今天的会议纲要。

我看了一下会议纲要，发现今天的会议内容跟很多部门经理都没有直接的关系。这其实仅仅算得上是部门会议，而不应当是一次全体会议。

会议结束后，我向总经理郭虎表达了对开会的态度：“郭总，在我进驻W公司13天时间里，我参加了9次会议，其中会议纲要与我工作内容相关的会议也只有两场，规定例会有一次。可以这样说，其实，我参加3次会议就可以了，我却参加了9次会议。我想其他部门经理更是如此。”

在上述案例中，在13天的工作时间内，一共11人参加9次会议，这11人中，包括我、W公司总经理郭虎，以及9个部门经理。

以W公司部门经理平均年薪15万元计算，参加会议的人的总计工资支出是165万元。以每次会议2小时计算，也就是说W公司开会的时间占据了高层经理1/4的工作时间。W公司全年不得不向11名高层经理支付41.25万元的会议薪酬。

作为企业老板，聘请部门经理显然不是让部门经理来开会的，而是为W公司解决问题的。

客观地说，W公司的会议还不算最多，还有企业老板安排了更多的会议，甚至有一天开两次会议的（早晚各一次）。在这样的企业中，企业老板每天都挤满了各种各样的会议，使得会议就像大山一样，压得公司全体人员都无法呼吸。

其实，各种各样的会议，无论企业高层的会议，还是一线员工的会议；无论是正式的会议，还是非正式的会议；无论是动员会议，还是表彰会议……有些会议的召开本身就没有必要，甚至还会增加企业本身的会务成本，降低企业的竞争力。然而，这样的会议仍然在召开着。

开会即是为了解决问题、提高效率

与低效率会议相对的就是高效会议，高效会议充分克服了致使会议效率不高的种种不利因素。

在很多场合下，许多企业的中高层经理都曾经坦言，他们所在公司老板给他们安排参加的会议竟然占去他们 1/4 的日常工作时间，有的甚至比 1/3 还要多。

更令这些中高层经理惊诧的是，在这些会议中，竟然有近一半甚至是一半以上的会议都存在非常明显的浪费。

从这些中高层经理表达的无奈可以得知，要提升会议效率，要根治企业老板的“会议病”，那就必须要求企业老板从企业战略的层面，从组织管理体系上解决会议频发、会议效率低下的问题。

可能有读者会问，作为企业老板如何才能有效地提升会议效率呢？方法有以下几个（见表 4-6）。

表 4-6　　提升会议效率的 10 个方法

（1）充分的会前准备	要想提升会议效率，就必须精心准备需要召开的会议，即使对于召开非常紧急的临时会议，也是如此
（2）找到取代会议可行途径	在实际的很多会议中，有一部分会议是完全没有必要召开的。在筹备会议之前，应该先找到取代会议的可行途径
（3）取消所有的例会	一般情况下，尽可能取消所有例会，将企业中必须要召开会议讨论的议案集中在卷宗内，等卷宗内的议案累积到一定数量再召开会议。当然，企业中非常重要而且也十分紧急处理的议案，则必须尽早开会讨论
（4）所有的会议都要获得上级批准才能召开	在一些部门中，部门经理往往喜欢开会，经常是早晚各一次。遇到这样的部门经理，就必须把需要召开的所有的会议上报上级领导者，获得上级批准才可以召开

续 表

（5）确立清晰的目标	召开会议之前，必须先确立清晰的目标，可以将会议目标写在白板的醒目位置，并郑重提醒与会者牢记会议目标。如果必要，可以在会前向与会者详细地解释会议目标的内容。如果与会人员不明白目标的准确指向，就自然会发生跑题的现象
（6）只邀请有关人士参加	不管召开何种层级的会议，尽量只邀请有关人士参加。有些主管为了表示公正或民主，一遇到开会场合就会让手下所有员工参加
（7）选择适当的开会时间	选择开会时间时，会议应该选在与会人员有充分时间和精力的时段，而那些使与会人员没有心思参会或在会上讨论的时间显然就不是理想的会议时间
（8）选择适当的开会场地	选择地点时应顾及该地点对完成会议目标是否容易、设备提供是否齐全、交通是否便利、场地大小是否适中等因素
（9）让与会者熟悉议程及有关资料	议程及有关资料应先发给与会人，使他们能事先做必要的准备
（10）对会议加以时间限制	应该对会议加以时间限制，并按每一个议案的重要程度分配给它适当的时间。可能的话，应限定出席会议的次数，只出席与自己有关的或是自己有所贡献的会议

第七节 “我们5年内进入世界500强”：给企业制定的宏伟目标不切合实际

我后来发现定宏伟的目标是很可怕的，必然会违背经济规律，会让自己浮躁，让企业大跃进。

——巨人集团创始人 史玉柱

不切实际的宏伟目标是非常危险的

“人无远虑，必有近忧”。对于企业老板而言，这个道理同样适用。因此，要想使得企业生存和发展下去，作为企业老板，必须根据企业的实际情况制定合理的近期和长远目标，与适合企业自身发展的文化理念和经营管理理念相一致。

然而，遗憾的是，一些中小企业老板在制定目标时，总是好高骛远，不是提出进入世界500强，就是提出3年做成“中国沃尔玛”……

在创业的道路上，曾经有许多创业者因为制定了一些无法完成的宏伟目标而最终导致创业企业倒下。

错误的不切实际的所谓“宏伟”的目标可能毁掉创业者苦心经营的一切，史玉柱就是这成千上万的失败创业者中的一个。众所周知，“巨人”的倒塌就是为“宏伟目标”所累。

在一次访谈中，史玉柱说：“我后来发现宏伟的目标是很可怕的，必然会违背经济规律，会让自己浮躁，让企业大跃进。”

在史玉柱看来，只有制定符合企业实际的目标，才能保证企业的生存和发展。一旦制定的目标过于宏伟，不切实际，那么必然会酿造一个巨大的悲剧。可以肯定地说，只有制定切合实际的目标，才能成就一个企业的未来。

在1997年史玉柱遭遇第一次失败以前，他非常热衷于宏伟收入目标的制定。史玉柱据回忆说：“对自己任何一个时间都定了一个目标，一个很宏伟的收入目标。”

史玉柱制定宏伟的收入目标的依据是：“企业有几种，一是安定的；

二是追求眼前利润的；三是追求长期利润的；四是（既）追求长期利润（又追求）社会效益和规模效应的，这种企业是三者相互推动，社会效益和经济效益存在着必然的联系。”

对于高歌猛进的史玉柱而言，自己期望的巨人集团，显然属于第四种企业。为了实现自己的愿景，史玉柱为巨人集团制定了一个非常宏伟的目标——“百亿计划”。

在这个“百亿计划”中，史玉柱的期望是：1996 年，巨人集团产值要达到 50 亿元；1997 年，巨人集团产值要达到 100 亿元。

在史玉柱看来，一年一大步，一年上一个新台阶的“百亿计划”可以让巨人成为东方的“IBM”。据资料显示，在制定“百亿计划”之前，史玉柱制定的目标是：2000 年，巨人集团的企业资产超过百亿元。

在“百亿计划”制定之后的 1995 年，为了配合这个宏伟而庞大的近似于神话般的“百亿计划”，史玉柱特此启动了“三级火箭”，把巨人集团研发的 12 种保健品、10 种药品、十几款软件等产品一起推向市场，同时配合产品的推出，共投放了 1 亿元的广告。史玉柱提出，要在一个很短的时间里把企业迅速做大，超过首钢和宝钢。

资料显示，史玉柱启动的“三级火箭”，其实就是一个为了完成“百亿计划”而制定的实施步骤（见表 4-7）。

表 4-7　完成百亿计划的“三级火箭”

第一级火箭	“第一级火箭”实际上就是巨人集团第一年的发展规划。在这个发展规划中，其具体实施方案是这样的——巨人集团主要以“脑黄金”进行市场导入和测试，同时培训和锻炼巨人的队伍。当然，史玉柱有自己的盘算，这取决于巨人集团第一阶段的成功。事实上，作为初期成功转型的巨人集团已经证明了其在保健品行业的实力。为了完成“百亿计划”，仍然需要积累更多经验与扩大、培训和锻炼队伍。这样才能保证巨人的品牌影响力顺利地从电脑产品延伸到保健品上面来

续 表

第二级火箭	“第二级火箭”也就是巨人集团第二年的发展规划。这一年不仅关乎“百亿计划”的完成，而且还将影响着巨人集团未来的生存和发展。在史玉柱看来，“三级火箭”的第二级的目标是，在第二年，巨人集团将实施“规模化”的发展战略。第二级阶段的主要任务是，双重扩大巨人集团的产品规模和市场营销规模。为了完成这一攻坚阶段的目标，史玉柱把速度作为巨人集团的重点。史玉柱要求，巨人集团的保健产品规模尽可能做到日化巨头宝洁那样拥有大而全的事业部
第三级火箭	“第三级火箭”也就是第三年的发展规划。在史玉柱的规划中，巨人集团的未来发展，首先是实现“没有工厂的实业，没有店铺的商业”，将第二级的计划进行体系上的规范和完善，整个体系良性运作；其次是要进入连锁经营领域；最后是要进入资源领域

从表 4-7 中可以看出，史玉柱希望凭借自己的“三级火箭”理论将巨人集团打造成一个类似世界 500 强、日化巨头宝洁那样经营品牌的企业。而巨人集团经营的一系列产品并不是自己生产，而是由其他的企业做代工，是“没有工厂的实业，没有店铺的商业”集团。在渠道建设方面，巨人集团形成了传销和连锁两种方式为主导的网络。

在实际的运作中，史玉柱把原计划 6 年才可能完成的计划压缩到 3 年之内完成；在实施步骤上，又把三步当成了两步走（把第一级火箭和第二级火箭一起实施，在 1995 年全面启动）。

遗憾的是，在“三级火箭”理论和巨人集团的现有资源上，史玉柱没有把握住平衡，目标与现实之间的差距实在是太远。过度地追求目标，以求快速地发展，在刚学会走的时候就想要跑，其结果就只能是“跌倒”。[①]

① 徐宪江．富人不说，穷人不懂：50 位亿万富豪白手起家的赚钱哲学［M］．苏州：古吴轩出版社，2011.

制定切合实际的业绩目标最为重要

在中国大陆地区，绝大多数企业老板在制定目标时，通常都不按照实际情况出发，而是很随意地“拍着脑袋”想目标。

一些规模较小的民营企业老板拍大脑袋，而各级领导层层加码后拍小脑袋，各级部下“拍胸脯”。用这种“拍”的方法制定下年度目标，通常精明的老板考虑的问题有三个方面：一是爱面子，给同行看，给员工看，借以提升团队士气；二是给团队加压力；三是作为克扣员工工资的伏笔。

在拍目标的情况下，基本没有什么讨价的余地，都是在一切大好的形势下确定了基调，然后层层加码层层分解，最后再与工资奖金提升挂钩。采用这种方法[①]制定业绩目标的企业往往都是成长型的民营中小企业。

事实证明，如果企业老板制定的目标不合理，或者不切合实际，那么永远也不可能将企业做成世界上最伟大的公司。因此，对于企业老板来说，制定切合实际的业绩目标最为重要，这也是企业老板评估自身领导能力的一个标准。

研究发现，善于制定切合实际的业绩目标，不仅体现了一个企业老板的管理水平，同时也是能够将企业做强做大的一个重要能力体现。企业老板在制定目标时，必须根据企业的实际情况出发，正确评估目标与企业自身的现实有多大的距离，只有这样才有可能实现自己制定的目标。

2011 年年初，在 G 家电连锁公司，为了追赶竞争者，G 家电连锁公司

① 佚名．如何分解服装企业业绩目标［OL］．阿里巴巴服装资讯．http://info.1688.com/detail/1067189071.html.

总经理陈亮大胆地提出了“三年超苏宁，五年超国美”的计划。

当该计划提出后，G家电连锁公司华北地区兼北京地区分公司总经理李大奎在第一时间召集运营部分管的各分店经理们。

李大奎不仅传达了G家电连锁公司总部“三年超苏宁，五年超国美”的发展计划，而且李大奎针对此计划制定了北京地区运营部2011年的工作计划：“单店销售额从原来的25%增加到75%，单店利润率从原来15%增加到30%，单店市场占有率从原来的3%增加到35%。”

在李大奎看来，要想提高市场占有率就必须保证销售额和单店利润。李大奎当场点名表扬了几个分店的经理。

之后，李大奎大声鼓励分店总理们说：“‘革命尚未成功，同志仍须努力。’有没有信心完成集团公司总部分配给我们的任务？下面，我就请各位同人根据各个分店的实际情况，说说2011年每个分店能够实现的单店销售额、单店利润率、单店市场占有率。”

当李大奎传达了集团公司分派给北京地区的任务后，分店经理们都沉默了。

面对这样的僵局，李大奎拍桌子大声说：“我们必须完成集团公司给我们的任务，这是命令。”

一分店经理站起来很冷静地说：“2010年，我们分店旁边增加了好几个竞争者，促销力度也比我们大，实力也比我们强，更致命的是，商品价格比我们要低。我敢肯定2011年的销售额不会增加3倍。”

二分店、三分店、四分店、五分店……分店经理也强调其目标不可能达到。

最后，李大奎经理还是坚持自己的意见，要求单店销售额从原来的25%增加到75%，单店利润率从原来的15%增加到30%，单店市场占有率从原来的3%增加到35%。年底，他们没有完成计划目标。

从上述案例可以看出，企业老板要想完成公司的业绩增长，就必须依据企业的自身情况，制定一个切合实际的业绩目标，不能天马行空，随意而行。

上述案例警示企业老板，制定任何一个业绩目标都必须切合实际，同时还要考虑业绩目标的相关性，因为目标从来都不是孤立存在的。因此，企业老板在制定目标时，要多考虑所制定目标的可执行性，从而保证更有效地完成所制定的目标。

如果企业老板所制定的目标不切合实际，那么这样的目标毫无实际意义。如果目标制定得过低，那么这样的目标很容易实现；如果目标制定得过高，就像上述案例中的李大奎那样，那么这样的目标根本就不可能实现。因此，制定目标都必须切合实际，否则，目标定得越高，达到的效果也就越差。

可能读者会问，既然制定不切实际的宏伟目标是非常危险的，那么作为老板该如何制定一个符合企业实际情况的目标呢？对此，业内专家指出，企业老板制定业绩目标应考虑以下 3 个因素（见表 4-8）。

表 4-8　　制定业绩目标应考虑的 3 个因素

（1）严密分析和掌握团队自身现状	企业老板在制定业绩目标之前，尽可能考虑分析整个企业自身的情况，这些情况包括企业人员的自身素质、执行力、工作态度等
（2）制定的目标具有可执行性	企业老板在制定目标时，不能盲目地随意而定，必须依据企业的实际情况，而且制定的目标要具有可执行性
（3）制定几套实现目标的有效方法	如果制定的目标没有方法实现，那么这样的目标毫无价值可言。因此，企业老板在制定目标时，需要制定几套可以实现目标的有效方法

第五章　宁愿我负天下人，不愿天下人负我

遗憾的是，在这个逐利的时代，一些企业老板信奉曹操那句流传千古的名言——“宁愿我负天下人，不愿天下人负我。”殊不知，这样的做法不仅损害了合作者的利益，同时也损害了自己的利益。因为在如今这个大时代，“损害合作者的利益”必将危及自己的利益。

——《命门：中国家族企业死亡真相调查（升级版）》

第一节　低估商誉的价值：“XX 品牌倒了，再注册一个就是”

如果在金钱与信誉的天平上让我选择的话，我选择信誉。

——“世界船王”　包玉刚

商誉没有了，就意味着品牌没有什么价值可言

在中国的百年老店中，其创始人都非常重视商誉的。

创建于清朝康熙八年（1669 年）的同仁堂，最初只是一家小小的药店，创始人乐显扬的服务宗旨是“修合无人见，存心有天知”。自 1723 年同仁堂开始供奉御药，历经八代皇帝 188 年。在 300 多年的风雨历程中，历代同仁堂人始终恪守“炮制虽繁必不敢省人工，品味虽贵必不敢减物力”的古训，树立“修合无人见，存心有天知”的自律意识，造就了制药过程中兢兢小心、精益求精的严细精神，其产品以“配方独特、选料上乘、工艺精湛、疗效显著”而享誉海内外，行销 40 多个国家和地区。①

胡庆余堂创始人胡雪岩的服务宗旨是“戒欺”。胡雪岩亲自所写“戒欺”横匾（见下图）②，内容如下：“凡百贸易均着不得欺字，药业关系性命，

① 同仁堂［OL］. 百度百科 . http://baike.baidu.com/link?url=GlwKo2X8qTai7aCeC_rHDLZzxKiFyOarrUy6bFKyOFQouoj4JvKMO6ajQcAmbSnX.

② 戒欺［OL］. 百度百科 . http://baike.baidu.com/link?url=YrpLJODeRucNn63jdlhB2Te1WX6dZh5Q9fdeygJ51FiedZjEGhwiPb7ziJ6u-8yUjlwCIhtSq7kTWq2vZi6Fea.

尤为万不可欺。余存心济世，誓不以劣品弋取厚利，惟愿诸君心余之心，采办务真，修制务精，不至欺予以欺世人，是则造福冥冥，谓诸君之善为余谋也可，谓诸君之善自为谋亦可。”

从“戒欺”横匾的内容可以看出，这不仅是创始人胡雪岩对胡庆余堂经营者的谆谆告诫，是胡庆余堂制药的铁定规则，也是胡庆余堂称雄制药界的原因所在。[①]

然而，在当下，一些企业老板往往制造伪劣商品，根本就不把诚信和商誉当回事，敢于以身试法，结果粉身碎骨。

在中国商业史上，被誉为“中国第一商贩”的年广久可算得上是响当当的人物，他不仅是安徽“傻子瓜子”的创始人，而且还曾被邓小平同志三次点名表扬。

然而，是什么原因使得这个曾经名噪一时的傻子瓜子公司悄无声息了呢？这要从傻子瓜子公司自己说起。

据媒体报道，出生于1937年的年广久，他十几岁就接过父亲的水果摊，并沿袭了父亲的“傻子”绰号。

20世纪70年代末80年代初，年广久投师学艺开创出独具风味的一嗑三开的“傻子瓜子”，从而名扬江淮。

1982年，旗开得胜的年广久高调宣布“傻子瓜子”将大幅降价，其降价幅度居然达到了26%。年广久的这一奇招使得“傻子瓜子”一炮走红。

在销售策略单一的20世纪80年代，年广久再一次掀起了促销风暴。1985年，年广久策划了一个中国大陆地区“傻子瓜子”有奖销售活动，顾客只要每购买1公斤“傻子瓜子”，就可以获得奖券一张，凭这张奖券就

① 戒欺［OL］．百度百科．http://baike.baidu.com/link?url=YrpLJODeRucNn63jdlhB2TelWX6dZh5Q9fdeygJ51FiedZjEGhwiPb7ziJ6u-8yUjlwCIhtSq7kTWq2vZi6Fea.

可以兑换“傻子瓜子”公司的促销奖品。

尽管现在这样的促销方式每个商家都在使用，但是在20世纪80年代初的中国大陆地区，这样的产品促销的方法还不为人知。当“傻子瓜子”有奖销售活动一开展，顾客纷纷购买“傻子瓜子”以获取奖品。

在有奖销售的第一天就售出了13100公斤“傻子瓜子”，而最多时竟然一天就销售了225500公斤的“傻子瓜子”。

然而，由于经销商大批量的进货，使得“傻子瓜子”无法提供充足的货源。于是，年广久就从其他公司大量购买非经自己制造和检验的熟瓜子，再贴上“傻子瓜子”的商标，去有奖销售，而这些外购的瓜子中，有很多是陈货劣货，属于假冒伪劣产品。

很快，经销商纷纷要求退货。同时，让年广久没有想到的是，政府发布公告，禁止工商企业搞有奖销售的促销活动，这一禁令使得“傻子瓜子公司”所售出的奖券一律不能兑换，各地经销商纷纷退货，瓜子大量积压，银行要求归还贷款，再加上公司又打了几场官司，一下亏损了150多万元，而且公司的信誉降到了最低点，年广久不得不吞下自己种下的苦果。

可以说，作为企业家，年广久是幸运的，他三次得到了邓小平同志的庇护。中国著名经济学家周其仁在谈及改革时曾拿年广久举例说：“比如傻子瓜子，当时雇到60个人，瓜子炒得好，把国营食品店的瓜子从柜台上挤下去，虽文化程度不高，但有营销技能，说几百万包瓜子里能嗑出一辆桑塔纳。八几年啊，嗑能嗑出桑塔纳，大家都嗑傻子瓜子了。市场规模大雇工人数就多，已经超过8个，而且达到80个，这个事情怎么定？谁也不敢定，芜湖市委不敢定，安徽省不敢定，报到农研室我们老板杜润生也不敢定，把事情、不同想法和意见理清楚报给邓小平了，是小平定了。

这个可以写进历史：炒瓜子要邓小平定。我听说邓小平第一次批的是五个字：‘先不要动他’。”

然而，年广久却没有珍惜中央高层的关心，而是采用假冒伪劣产品以次充好，欺骗消费者。

如果年广久得到邓小平同志的“关照”后从此能够从抓质量、抓管理入手，进一步寻求发展，那么他的前途是光明的。

信誉是公司最重要、最具有价值的资产

事实证明，良好的公司信誉不仅可以促进产品的销售、品牌的塑造，而且还可以保证公司持续经营。对于那些想要打造成百年老店的企业而言，信誉的重要意义无疑是不言而喻的。尽管信誉很难用货币去衡量、计算，但是信誉对公司的经营产生的影响最大，也最为深远。凯文·杰克逊在《创建信誉资本》一书中就坦言：“信誉是公司最重要、最具有价值的资产之一。”

凯文·杰克逊还指出，“近年来陷入丑闻的美国公司所受损失的价值超过了美国40家最大公司所创利润之和。”

美国有专家做过研究，发现公司信誉每上升或下降10%，公司市值将上升或下降1%～5%。因此，不管是开办小公司还是大公司，都必须要注重“诚信”。一旦商家对消费者不诚信，结果肯定是被消费者所遗弃。

在全球一体化经济纵深发展的今天，不管市场竞争的程度如何，企业老板想要驾驶公司这艘大船扬帆远航，就必须具备很多优势，信誉就是其中之一。

在实际的企业经营中，公司信誉事实上已经超越了资金、管理，而成为公司优势中最有力的竞争法宝。公司缺乏资金可以靠信用从银行和投资

机构获得；如果公司产品要开拓新市场也可以利用信誉的力量打开。

从这个角度来看，信誉是在竞争中取胜的最好法宝之一。信誉可以使企业得到客户的认同，得到合作伙伴的认可。因此，良好的信誉可以帮助企业不断地发展壮大，进而帮助企业克服种种经营中的困难，甚至可以使企业从危机中起死回生。所以维护企业信誉是保障企业长期稳定发展的重中之重。[①]

可能有读者会问，企业信誉遭到一定程度的破坏，作为老板，如何修复企业的信誉？其修复程序有如下几个（见表 5-1）[②]。

表 5-1　企业信誉的修复程序

程序一	及时纠正失信行为
程序二	积极与工商管理部门和企业中介服务机构进行有效沟通，解释失信行为发生的客观原因以及企业自身的整改措施，以取得这些机构的认同
程序三	维持良好的公共关系，坦诚地与信用关系人进行沟通交流，打通进一步获取信用的渠道
程序四	信用记录或者信用等级恢复以后，要适当地进行宣传，让社会各界认识到企业良好的信用形象，重新回到正常的信用等级形象上

第二节　“损害合作者的利益”：宁愿我负天下人，不愿天下人负我

消费者的利益、中间商的利益、企业员工的利益不可一日不思。

——蒙牛创始人　牛根生

① 佚名．如何维护企业信誉［OL］．百度文库．http://wenku.baidu.com/view/c50c9bde6f1aff00bed51e21.html.

② 佚名．企业信用的维护和修复［OL］．信网．http://news.21315.com/caijingzhishi/xinyongzhishi/2009-12-21/43342.html.

“宁愿我负天下人，不愿天下人负我”

在写作《家族企业长盛不衰的秘诀》一书时，我看到一个故事，这个故事讲述的是李嘉诚如何把李泽钜、李泽楷培养成接班人。

教育要从娃娃抓起。在李泽钜和李泽楷八九岁时，每当董事局要开会，李泽钜、李泽楷两兄弟就会坐在专门为他们而设置的小椅子上。李嘉诚这样做的目的就是对他们进行独到的商业熏陶。

在李嘉诚主持的一次董事会上，正在探讨的是公司应该持多少股份。李嘉诚对参会的董事们说：“我们公司拿 10% 的股份是公正的，拿 11% 也可以，但我主张拿 9%。”

参会的董事们多数赞成，少数反对，就在对这个问题争论不休时，李嘉诚的长子李泽钜站起来反对说：“爸爸，我反对您的意见，我认为应拿 11% 的股份，钱当然是赚得越多越好啊。”

而李嘉诚的次子李泽楷也赞同大哥的观点说：“对，只有傻瓜才拿 9% 的股份呢！”

李嘉诚听到李泽钜、李泽楷的意见后，语重心长地解释说：“孩子，这经商之道深着呢，不是 1+1 那么简单，你想拿 11% 反而发不了财，你只拿 9%，财富才能滚滚而来。”

李嘉诚之所以能够成为华人首富，不是靠损害合作者的利益，而是尽可能地去维护消费者的利益、中间商的利益、企业员工的利益。事实证明，李嘉诚的决策是正确的。公司虽然只拿了 9% 的股份，但生意兴隆，财源茂盛。[①]

① 张晗．富豪李嘉诚的教子经［J］.《家长》.

然而，遗憾的是，在这个逐利的时代，一些企业老板信奉曹操那句流传千古的名言——“宁愿我负天下人，不愿天下人负我。”

殊不知，这样的做法不仅损害了合作者的利益，同时也损害了自己的利益。因为在如今这个大时代，损害合作者的利益必将危及自己的利益。

1986年，陈大川在北京某重点大学毕业以后，顺利地进入商务部工作。到了20世纪90年代初期，陈大川也加入了国家干部下海的大潮中，成为一名公司老板。

刚下海的陈大川，有着自己的人脉，于是搞起了餐馆，而后，由于中国大陆改革开放的深入，又经营起广告公司。

当商品批发和广告业务进行得如火如荼的时候，陈大川决定转向，进入商贸业务。1994年3月，陈大川和李志敏、林敏君三人成立了北京威达商贸有限公司，主要业务是食品、饮料、酒类产品的代理业务。

在20世纪90年代，威达商贸先后拿下了国内Y啤酒和国际H啤酒北京地区总经销业务，正是代理Y啤酒和H啤酒让威达商贸公司赢得了不错的口碑。

过了两年，北京威达商贸又拿下了××酒北京地区的总代理资格。该酒在北京地区的销售价格每瓶可达七八十元至上百元，而却以17.5元/瓶的优惠，允许威达商贸以1/3的现款，拉走100%的现货。

仅仅一年多的时间，该酒的北京地区市场销售额就达到了3000万元。而正当北京地区销量大增的时候，却发生了一件事，让威达商贸的努力毁于一旦。

××酒在中国大陆地区主要有两个销售成熟地区：一个是成都，一个是济南。

而北京只是××酒的一个新兴销售区，所以威达商贸所采购的××

酒的价格比成都、济南的总经销要低一半。

济南地区总经销便向陈大川提出从威达商贸采购 ×× 酒的窜货要求。

按照行规，窜货是业内大忌。但是李志敏、林敏君和陈大川都认为，该酒厂远在西南的大山坳里，距离济南非常遥远，而威达商贸总经销的地区在北京，该酒厂应该不会发现他们的窜货行为。

陈大川没有经得住每瓶 16 元的利润和济南总经销方面以现金结账的诱惑，很爽快地答应了济南总经销窜货的要求。济南方面以现金结算，一方面可以让威达商贸从该酒厂采购更多的货源；另一方面由于威达商贸公司一年来的市场投入，现金流已面临断裂，这样就解决了燃眉之急，得以维持公司的正常周转。

然而，陈大川等人不知道，精明的该酒厂早就提防着他们的窜货行为。就在窜货行为发生后没几天，该酒厂提出三点：第一，协商免去威达商贸 ×× 酒北京地区总经销资格；第二，在第一点未定情况下，将给威达商贸的 ×× 酒由每瓶 17.5 元提高到每瓶 33.5 元，与济南地区、成都地区代理商一样；第三，取消威达商贸预付 1/3 款的资格，从此以后从该酒厂进货必须全款。

让陈大川等人没有想到的是，这三条都打在威达商贸的七寸上，第一条将使威达商贸一年多累积的 ×× 酒北京地区市场开拓灰飞烟灭；而第二点则将直接降低威达商贸的赢利点；对于第三点制裁，一下子使得威达商贸面临断裂的现金流彻底断裂了。

威达商贸的危机加剧了威达商贸三位股东之间的矛盾，而且急剧恶化。而后又发生了几起事件使得原本摇摇欲坠的威达商贸在一片挽歌声中彻底解体。

其实，威达商贸的死，就是死于陈大川等人的“损害合作者的利益”。

在他们从事的产品销售行业里，窜货本是业内大忌，他们却明知而为。

可能读者不清楚窜货行为的危害，窜货不仅将打乱该酒厂对中国大陆地区的市场部署和市场策略，而且还会给该酒厂造成非常严重的后果。

可以说，窜货的行为历来为厂家所不容。所以，当该酒厂发现威达商贸窜货行为后，采取了非常严厉的惩罚措施。

威达商贸的分崩离析，就是陈大川等人为自己“损害合作者的利益”的行为所付出的代价。

威达商贸的倒闭警示企业老板，在全球一体化经济发展的今天，市场经济其实质就是信用经济，参与市场经营的每个人都要遵守“维护合作者的利益”这个规则，在游戏规则的框架内诚信经营。

不能损害合作者的利益

俗话说，“人人为我，我为人人”，在实际的企业经营中，企业老板必须维护合作者的利益。

事实证明，企业要想做强做大，就必须维护“合作者的利益”，不能只凭自己的小聪明。很多时候，企业老板凭借自己的小聪明，赢得了一些市场，但是却难以长远。作为老板，一定要懂得维护消费者的利益、中间商的利益、企业员工的利益。一个不懂得维护消费者的利益、中间商的利益、企业员工的利益的企业老板，不可能将事业做大。

对此，蒙牛创始人牛根生说：“消费者的利益、中间商的利益、企业员工的利益不可一日不思。”

当媒体记者以“请您谈谈您的金钱观。您的金钱观和您的经营理念有一种什么样的关系”为问题采访牛根生时，牛根生是这样回答的：“从无到有，再从有到无——任何人都少不了走这一步。在有生之年就看到自己从有到无，然后又转化成许多人的'大有'，我感到很欣慰。我认为，'财聚人散，财散人聚'。古人说'将欲取之，必先予之'；佛经也说'舍得，舍得，有舍才有得'。这世界上挣了钱的有两种人，一种是'精明人'，一种是'聪明人'。精明人竭泽而渔，企业第一次挣了 100 万，80% 归自己，然后他的手下受到沉重打击，结果第二次挣回来的就只有 80 万。聪明人放水养鱼，他第一次挣了 100 万，分出 80% 给手下人，结果，大家一努力，第二次挣回来就是 1000 万！即使他这次把 90% 分给大家，自己拿到的也足有 100 万。等到第三次的时候，大家打下的江山可能就是 1 个亿。再往后就是 10 个亿。这就叫多赢。独赢使所有的人越赢越少，多赢使所有的人越赢越多，所以，'精明人'挣小钱，'聪明人'赚大钱。"

在牛根生看来，只有维护合作者的利益，才能将企业做强做大。其实，像李嘉诚、牛根生这样看重维护合作者的利益的企业家还有很多。比如王江民不管什么时候，对他的生意伙伴都是一句话——有钱大家赚。而正泰集团的成长历史，有人说就是修鞋匠南存辉不断股权分流的历史。在南存辉的发家史上，曾经进行过 4 次大规模的股权分流，从最初的持股 100%，到后来只持有正泰股权的 28%，每一次南存辉将自己的股权稀释，将自己的股权拿出来分流到别人口袋里去的时候，都伴随着企业的高速成长。但是南存辉觉得自己并没有吃亏，因为蛋糕做大了，自己的相对收益虽然少了，但是绝对收益却大大地提高了。①

读者可能会问，作为企业老板，如何才能维护合作者的利益呢？方法有以下几个（见表 5-2）。

① 佚名．中国企业家必备十大素质［OL］．百度文库．http://wenku.baidu.com/view/f0983889cc22bcd126ff0c7d.html.

表 5-2　　维护合作者的利益的方法

（1）诚信经营	作为企业老板，必须时刻注重诚信。为了维护合作者的利益，在利益的分配过程中，必须适当地考虑合作者的利益，真正做到诚信经营
（2）遵守“维护合作者的利益”规则	企业老板必须时刻遵守“维护合作者的利益”规则，在与合作者合作中也必须做好表率。这样不仅可以正确地引导合作者遵守“维护合作者的利益”规则，同时也是在培养遵守“维护合作者的利益”规则的意识
（3）让损害合作者的利益的人付出代价	在与合作者合作的过程中，一旦发现损害合作者的利益的合作者，必然让损害合作者的利益的人付出代价

第三节　心态过于失衡：合作伙伴什么都没做，凭什么分 45% 的利润

心态失衡是心理失衡的一种持续性表现。一般来说，很多人在某种特定情况下都有过程度不同的心态失衡经历。同时，由于人与人之间存在着诸多的个性差异，其心态失衡的具体状况也会迥然不同。

——学者　也予

合作伙伴什么都没做，凭什么分 45% 的利润

在给一些企业做内训时，经常能听到企业老板这样的抱怨：“我们的股东张副总什么都没做，就出了20万元的创业资金，凭什么分45%的利润。”

这就是心态过于失衡的具体表现。当然，该企业老板并不是唯一一个心态过于失衡的人。在中国企业家群雄榜上，胡志标也是一个绕不过去的

名字。对于吃亏，相信胡志标是深有体会的。有人说胡志标的失败和爱多的没落，是因为争夺标王。

其实不对，胡志标的失败是一个心态失衡而导致行动错误，最后招致失败的典型案例；而爱多的死，同样是死于一个企业家的心态失衡，说白了就是没有“吃亏”的精神。

胡志标，这个具有争议的中国第一代企业家，曾一度被评为20世纪末中国商业历史永远不能被遗忘的商界奇才，是中国家电业鼎盛时期当之无愧的风云人物。

可以说，胡志标是中国第一代企业家中的佼佼者，不仅有着敏锐的市场眼光，而且还有着敢想敢干的勇气。

1995年，26岁的胡志标在一家小饭馆里吃饭时，听到有人谈论“数字压缩芯片”的技术。谈论者说，“数字压缩芯片”的技术可以播放影碟。

敏锐的胡志标嗅出了这里面的大商机。于是在1995年7月20日，广东爱多电器有限公司正式成立，胡志标出任爱多企业集团董事长、总裁。

广东爱多电器有限公司的股东有3个，他们分别是胡志标、胡志标儿时的玩伴及好朋友陈天南、广东省中山市东升镇益隆村。胡志标和陈天南各占45%的股份，广东省中山市东升镇益隆村以土地入股获得10%的股份。

不可否认，胡志标的确是中国企业界的一个经营天才。在20世纪90年代，胡志标就使用广告策略传播了爱多VCD。

当广告策略拉动爱多VCD大卖以后，胡志标采取了更加大胆的策略，以8200万元人民币获得了中央电视台广告招标电子类的第一名，使一个1996年的2亿元产值的工厂，一年之后上升至产值16亿元的企业集团。这使爱多的名声在全国迅速打响。

随着爱多VCD的销量与日俱增，常在媒体的聚光灯下的胡志标心理开始有些不平衡了。在胡志标的心里，陈天南尽管是大股东，却从来不过问爱多公司的事，只不过当初和自己一样出资2000元，每年却也一样获得爱多45%的红利。

这样的想法促使胡志标作出有利于自己的举动，他先是指使财务总管林莹封锁财务，不让陈天南查账。

而后，胡志标又挪用广东爱多电器公司的资金，在中山市成立了几家由自己担任大股东的公司。

其实，新成立的几家公司与广东爱多电器公司毫无关联。但是，胡志标却仍用“爱多”的品牌。

胡志标此举的目的不言自明，就是利用关联交易转移资产。

当然，胡志标的这些举动也就引起了大股东陈天南的不满和强烈反对。

陈天南对此采取策略来维护大股东的权利，先是发律师声明，后又与股东益隆村联合起来声讨胡志标。

在强大的压力下，胡志标不得不在1999年4月辞去广东爱多电器公司董事长和总裁的职位。

但是由于陈天南和益隆村都没有经营广东爱多电器公司的能力，同时迫于经销商的强大压力，仅仅过了20多天，他们只能又将胡志标扶上马。

让谁也没有想到的是，在股东内耗之后，广东爱多电器公司元气大伤。

其实，胡志标有许多可以化解与股东之间的矛盾的方法。胡志标可以收购陈天南手里的股份，陈天南曾经提出以5000万元向胡志标转让自己手里的股份，胡志标却没有答应；胡志标还可以与陈天南、益隆村摊牌，亲兄弟明算账，然后各走各的路；胡志标也可以将自己在爱多的股份转让给别人，然后自己再去开办一个公司。

总之，办法多的是，可惜这些办法胡志标一条都没有采纳。可能在胡志标心里就是不满陈天南什么都不干，却拿走那样多的钱，结果心理失衡，导致如今的爱多今非昔比。

胡志标并不是唯一一个因心态失衡而失败的企业家，我们从陆强华在创维和高路华的职业经理人与老板的对抗中同样可以看到心理失衡带来的阴影，也可以看到其带来的恶果。

涉及利益格局和利益分配时，必须要正确对待

从浩繁的诸多企业老板的反思著作中，我们随处都可见“心态失衡”的现象。尽管产生缘由各种各样，但是大都是因极度嫉妒而产生的。

对此，学者也予撰文坦言：“心态失衡是心理失衡的一种持续性表现。一般来说，很多人在某种特定情况下都有过程度不同的心态失衡经历。同时，由于人与人之间存在着诸多的个性差异，其心态失衡的具体状况也会迥然不同。”

从也予的观点中不难看出，作为企业老板，就必须要保持一个良好的心态，因为只要心态失衡，那么什么事情都只会先考虑自己的利益而罔顾他人的利益。

在很多企业中，由于企业老板的心态失衡，结果就做出了一些令人们无法预想的事情。因此，企业老板要保持一个良好的正确心态，尤其是在涉及利益格局和利益分配的时候，其做出错误决策的可能性就会少许多。

事实上，有许多问题都可能直接诱发企业老板的“心理失衡”，比如利润分成、职位等相关利益。所以，企业老板在面对涉及利益格局和利益分配时，必须要正确对待，最好是通过不断的思想升华来提高对于财富的文明认识，进而学会享受财富、处理财富，这样才能真正地坦然面对。

失衡的心态无论是对企业老板自己，还是对创业伙伴、合作者等人都

是极端不利的。因此，对于企业老板而言，对待任何事情都必须要有平常心，在某些时候过于强烈追求某些私欲必然会导致心态失衡，而心态失衡也就会犯下致命的大错。

可能读者会问，既然心态过于失衡会对企业产生严重的后果，那么，对于企业老板来说，如何才能使得自己保持正常的心态呢？方法有以下3个（见表5-3）。

表5-3　解决企业老板心态过于失衡问题的3个办法

（1）在制度上体现公平原则	解决企业老板心态失衡的首要问题就是在制度上体现公平原则，这样才能从根本上化解企业老板心态失衡的问题。其实企业老板心态失衡并不是孤立存在的，只有在制度设计上体现了公平，才能降低企业老板心态失衡的可能
（2）要使用现代化心理疏导手段	随着企业规模的发展，一些企业老板的心理压力非常大，在这样的背景下，必须运用现代技术手段对企业老板进行心理疏导，有效缓解企业老板心中过重的心理压力
（3）切实增强企业老板的自我心理调适能力	很多企业老板缺乏心理健康常识，让这些企业老板进行心理健康的自我调适与心态的自我平衡就成为无稽之谈。作为一名企业老板，不仅要把心理健康作为企业老板的必修课，更要学会自我心理调适，力求防患于未然

从表5-3来看，企业老板心理上暂时失衡的情况，在没有出现之前进行管理和自我调适也是完全可以避免的。所以，企业老板在实际的企业管理中，必须要懂得调试自己的心态，避免心态失衡问题的出现。

第四节　“一切都是钱闹的”：企业做到一定规模，就离婚

从赶集网创始人杨浩然、真功夫创始人蔡达标，到土豆网CEO王微、

日照钢铁董事长杜双华……企业家婚变引发的财产纠纷、股权争夺，给企业发展带来新的风险。

——《企业家婚变：民企经营新风险》

婚变成为民企经营的新风险

在2013年，王石的婚变成为最轰动的企业家离婚事件。在中国大陆地区，王石的离婚只是冰山一角，企业家离婚事件屡屡上演。

不可否认的是，企业家的离婚事件引发了网络舆论对企业家婚姻问题的高度关注。其实，对于企业家而言，婚姻本是“家务事”而已，但是，由于企业家的婚姻涉及巨额财富、企业发展等诸多问题，使得他们的婚变往往被舆论放大。

在这几年的企业家婚变中，从赶集网创始人杨浩然、真功夫创始人蔡达标，到土豆网CEO王微、日照钢铁董事长杜双华……企业家婚变引发的财产纠纷、股权争夺，可以看出企业家婚变会给企业发展带来新的风险。企业家婚变何以能影响到整个企业的发展呢？这种婚变引发的经营风险又该如何规避呢？舆论在感叹企业家离婚“伤不起”之余，也对其中反映出的民营企业深层次管理问题进行了反思。①

中国现代著名作家林语堂在《吾国与吾民》一书中这样写道：“中国向有‘天上九头鸟，地下湖北佬’之说，盖湖北人精明强悍，颇有胡椒之辣，犹不够刺激，尚须爆之以油，然后煞瘾之概，故譬之于神秘之九头鸟。”

林语堂的这段话非常恰当地概括了湖北人的性格特点，可谓十分形象。

① 佚名．企业家婚变：民企经营新风险［OL］．凤凰网．http://finance.ifeng.com/news/industry/20110920/4630338.shtml.

而湖北人往往又以“九头鸟”自喻。

可能读者会好奇地问，何谓“九头鸟”呢？九头鸟，又称“九凤”，因古汉语中“九”和“鬼”同音也叫作“鬼车”、“鬼鸟”。九头鸟是身有九首的凤，是战国时期楚国先祖所崇拜的神鸟。九头鸟有九个头，色赤，像鸭子，人面鸟身。①

而北京“九头鸟酒家”即取意于此。在20世纪90年代，北京九头鸟酒家（以下简称“九头鸟”）以差异化经营开拓了一个巨大的餐饮蓝海，竟然凭借一己之力让非“八大菜系”的湖北菜在北京市场上抢占了属于自己的一席之地。

谈起“九头鸟”，其前身只不过是一个非常简陋的早点摊子。1987年，周铁马、芦细娥夫妇由于修建新房而欠了一大笔外债。为了能早日还清这笔外债，芦细娥就用借来的200元钱在自家门口摆了一个早点摊。在经营早点摊之前，芦细娥就做过赤脚医生、幼儿园教师。

跟很多中国妇女一样，芦细娥不仅很能吃苦，而且还勤劳肯干，服务态度又非常好，再加上芦细娥做的早点物美价廉，食客络绎不绝。很快这个早点摊就被经营得有声有色。这让初出茅庐的芦细娥大受鼓舞。于是她把露天摆放的一张桌子、一个煤球灶的早点摊扩大为一间租来的能放五六张桌子的小炒店。芦细娥把该小炒店取名为“登峰酒家”。

为了吸引更多的食客，芦细娥有针对性地把家常的湖北菜几经改良，做成了“登峰酒家”独具特色的招牌菜品。

这几个招牌菜品不仅味道鲜美，而且价格也很公道，客户的定位就是工薪阶层，再加上芦细娥非常注重服务和就餐环境，“登峰酒家”的生意非常火爆。

没过多久，只有五六张桌子的小炒店已经无法满足顾客的需要。经过

① 佚名．九头鸟［OL］．百度百科．http://baike.baidu.com/view/29484.htm.

几年的发展，小有成就的芦细娥和周铁马再次扩大饭馆的规模，于1993年又在武汉增开了两家“登峰酒家”。

1994年，芦细娥已经不满足武汉市场，于是委派长女周红到北京考察餐饮市场。尽管周红学的是服装设计专业，但是早在1992年就辞去工作，开始参与“登峰酒家”的经营管理。

在周红看来，餐饮企业要想顺利地扩大规模，有较大的发展，就必须实施连锁经营战略。周红对北京餐饮市场做过一番调查之后，告知父母北京存在着一个巨大的餐饮市场。

1994年8月，周铁马、芦细娥一家人齐聚北京，决定把北京餐饮市场作为企业发展的重点。

经过一番筹划，他们决定把餐馆的名字起为“九头鸟”。1995年3月，在北京友谊宾馆对面，第一家“九头鸟酒家”正式开张营业。

与武汉的“登峰酒家”一样，“九头鸟”仍然延续了“顾客就是太阳”的餐饮企业经营理念，同时还提出了“100-1=0”的服务标准，即在服务客户中，哪怕做了100件事，一旦有1件做得不到位，那么整个服务工作就都等于零。

正是在这种对服务近乎苛求的经营管理下，“九头鸟”初战告捷，不仅得到了消费者的认可，同时还树立了一个良好的口碑。可以说，在竞争激烈的北京城，“九头鸟”站稳了脚跟。

1998年1月，第二家“九头鸟”分店又在北京航天桥附近开业了。尽管“九头鸟”在北京的餐饮市场发展得顺风顺水，但是周铁马和芦细娥夫妻之间的感情却出现了危机，甚至到了两人都坚持要离婚的程度，究其原因就是，芦细娥的丈夫周铁马和另外一个女人好上了。

面对父亲周铁马对婚姻的不忠诚，作为长女的周红无疑站在了母亲芦细娥这边。就这样，周铁马一家人的面子已经撕破，其家庭和谐也不复存在。

此刻，“九头鸟”内部就形成了两大阵营：阵营一是周铁马；阵营二就是芦细娥、周红母女。

1995年10月，芦细娥、周红母女将周红变更为“北京市九头鸟酒家”的法人代表。

1997年5月，以“北京市九头鸟酒家”为注册人，“九头鸟”商标被国家商标局核准注册。

1998年5月，为了赢得“九头鸟”利益之争，周铁马将“北京市九头鸟酒家”的法人代表变更成周铁马，这就使得本就风雨飘摇的周铁马一家再起波澜。

曾经的“北京市九头鸟酒家”法人代表周红从他人口中得知，“北京市九头鸟酒家”的法人代表由周红变成了父亲周铁马而且法人代表的变更居然是在周红完全不知情的情况下完成的。

周红经过调查发现，原来是父亲周铁马伪造了自己的签名，模仿了自己的笔迹，在工商局办理了“北京市九头鸟酒家”法人代表的变更手续。

针对周铁马伪造了自己的签名，完成“北京市九头鸟酒家”的变更，周红向北京市海淀区工商局提出了申诉。

经过北京市海淀区工商局的调解，周铁马和芦细娥、周红母女双方都决定“分家”。1998年5月21日，周铁马、芦细娥和周红三人正式签订了财产分割协议，对家庭和企业财产进行了分割。

根据财产分割协议，北京市九头鸟酒家企业总资产为1000万元，“九头鸟”商标被评估为200万元。

根据财产分割协议，周铁马、芦细娥、周红各分得北京市九头鸟酒家总资产的30%。剩余的10%分给了周红的妹妹。

根据财产分割协议，周铁马获得3家九头鸟分店（武汉1家，北京2家），即周铁马分到了武汉华师店、北京的友谊店和燕莎店，同时，芦细娥和周红认可了周铁马对“北京市九头鸟酒家”法人代表的变更，即周铁马是“北京市九头鸟酒家”法人代表。

根据财产分割协议，芦细娥、周红母女获得了“北京市九头鸟酒家”其他分店，以及“九头鸟”商标的所有权。

1998年11月，周红在工商局注册了“北京九头鸟航天桥酒家”，法人代表是周红。根据协议，周红开始办理“九头鸟”商标转让手续。1994年4月，商标局核准九头鸟注册商标的专用权由“北京市九头鸟酒家”转让给“北京九头鸟航天桥酒家”。至此，从法律意义上，周铁马就失去了“九头鸟”商标的使用权。

然而，让周铁马没有想到的是，自己经营的三家九头鸟分店——武汉华师店、北京的友谊店和燕莎店的生意越来越火。

周铁马这才发现“九头鸟”这个品牌的商业价值，以及在京城巨大影响力。1999年，周铁马违背财产分割协议相继增开了三家“九头鸟”分店。

而周红对父亲周铁马违背财产分割协议继续开店的行为也没有追究。在周红看来，周铁马毕竟是自己的父亲，发展的也是“九头鸟”的品牌。

然而，在2001年10月，周红发现父亲周铁马居然长期与情人芦某同居，并且还有了一个三岁多的孩子。这让周红开始反击父亲周铁马违反财产分割协议的行为。

2002年元旦，对于准备增开新店的周铁马来说，无疑是忙碌的。然而，让周铁马没有想到的是，在“九头鸟”双安分店即将开业之时，却遭到“九头鸟”商标使用权持有者周红的举报。周红向海淀区工商局举报称，“九头鸟”双安分店侵权。

2002年1月16日早晨，工商局管理人员来到“九头鸟”双安店，强行拆除了有关“九头鸟”的一切标识。

几天之后，周铁马原有的三家“九头鸟”分店也被工商部门勒令取消有关“九头鸟”的一切标识、广告。

面对长女周红的反击，周铁马把四家分店全部改成了“九头鹰”酒家。但是“九头鹰”使用的户外广告、装饰、装修、菜谱、菜肴、火柴盒、纸巾袋等和“九头鸟”极为相似。

为了打击父亲周铁马的侵权行为，周红介绍，“九头鹰”的不正当竞争足以导致消费者产生对“九头鸟”的误解。

“九头鸟”认定“九头鹰”存在不正当竞争行为，周红与父亲周铁马对簿公堂，索赔100万元侵权费。

经过一段时间的诉讼，北京市第二中级人民法院作出一审判决：被告“九头鹰”侵权事实成立，赔偿原告经济损失25万元。

打赢官司的芦细娥、周红母女，此刻却是心灰意冷，不愿再留在北京这个曾经让她们满怀希望，却又令她们伤心的城市。随后芦细娥、周红母女变卖了“九头鸟”的大部分资产，移民去了加拿大。

“九头鸟”的故事就这样落幕了。和许多家族企业当家人一样，周红渴望改制明晰产权、减少家族企业内部矛盾，渴望“九头鸟”冲破阻力、吸引更多人才，渴望“九头鸟”越飞越高。

然而现实却是“九头鸟”不得不为捍卫商标而背水一战，不得不面对亲人反目以及由此而来的市场火拼。理想与现实的差距原不是对与错的分别，但“九头鸟”的迷惑与艰难却是许多渴望发展的家族企业共同的问题。①

在上述案例中，不管是家庭妇女芦细娥，还是接班人周红，对“九头鸟”这个品牌的塑造都做出了非常卓越的贡献。

尽管“九头鸟”享誉京城，但是这一切却因周铁马的争斗而戛然而止。可以说，作为丈夫和父亲的周铁马，摧毁的不仅是一个家，还有一个餐饮

① 郭珍．“九头鸟”家族兵变内幕［J］．当代经理人，2002（4）．

王国的梦想。

婚变可能给企业带来诸多不确定性

研究发现,在一些企业家的婚变之后,接下来的就是对企业进行财产分割。这已经成为不少企业发展和融资上市的拦路虎。在中国大陆地区，较为典型的例子有赶集网创始人杨浩然、真功夫创始人蔡达标和土豆网创始人王微。

赶集网创始人杨浩然与前妻王宏艳的离婚官司从美国打到中国，持续3年之久，至今仍然胶着，致使公司上市遥遥无期；真功夫创始人蔡达标被前妻潘敏峰要求分割真功夫的一半股权，直接导致企业上市计划推迟；土豆网在提交IPO申请9个月后才得以登陆纳斯达克，上市之路波折缘于公司创始人兼CEO王微被前妻杨蕾要求分割股权。[①]

这三家企业，如果要融资上市，或者要更好的发展，就必须与“前妻”协商。如果这个问题得不到解决，别说是上市融资将化为泡影，甚至以后的经营都将被蒙上阴影。

其实，企业家的婚变除了给企业的生存和发展带来诸多风险以外，同时还凸显企业创始人对民营企业深层次管理问题反思不够。对于企业家婚姻的“家务事”何以能影响到整个企业的发展，许多媒体认为其中凸显了民企风险管理之殇。[②]

中国资本市场正不断上演着富豪们的“爱恨情仇”。看起来，海尔张瑞敏当年的一句“没有几个企业家的婚姻家庭是圆满幸福的”正不断得到验证。抛开道德问题不谈，富豪们的婚变引导了何种价值取向？对企业经

①佚名．企业家婚变：民企经营新风险［OL］．凤凰网．http://finance.ifeng.com/news/industry/20110920/4630338.shtml.

②佚名．企业家婚变：民企经营新风险［OL］．凤凰网．http://finance.ifeng.com/news/industry/20110920/4630338.shtml.

营有哪些启示？

近几年企业家婚变事件频频被媒体报道，《深圳商报》就发表评论说："由情而生的家庭恩怨为何扩大演变成为经济事件，这或许正是中国企业治理结构走向成熟的必经阶段。问题的症结不是大企业容不下夫妻，是大企业容不下老板之间讲夫妻感情。夫妻关系的职业化是小作坊向大企业转变中必须过的一道坎。"

知名风险管理专家陈晓峰在接受《华夏时报》采访时指出，真功夫创始人蔡达标离婚纠纷是家族企业公司治理败局的经典教材。

陈晓峰认为，依据家族的"血亲"和"姻亲"而建立起的"内部权威"，在很大程度上维系着家族企业的公司治理。一旦婚姻发生变局，则近乎是"牵一发而动全身"，所有公司治理的元素都会因此发生混乱。[①]

经济学博士马光远在接受央广经济之声采访时也持类似观点："婚变本身导致上市计划的推迟，事实上是企业向公众公司转变的过程中，没有很好地处理管理权限的问题。现在很多家族企业并没有处理好婚姻问题，而且在处理婚姻后续事件中也缺乏一些智慧。决定上市，肯定要想到很多风险，所以这跟他们最终的股改过程，跟他们对问题本身不重视有很大关系。事实上，很多家族企业要想上市，未来都要考虑到婚变问题，一旦婚变，无论企业控制权、管理权还是股权结构，都会受到困扰，这个困扰本身应作为常规风险，在交易中逐步体现。"

不管是《深圳商报》、陈晓峰，还是马光远，都在指出企业家婚变会给企业带来诸多的不确定风险。

面对这个如何避免可能发生的婚姻变局而给家族企业带来消极影响的新课题，一些观点认为，通过"财产约定"的方式来保证家族企业的做法

①佚名．企业家婚变：民企经营新风险［OL］．凤凰网．http://finance.ifeng.com/news/industry/20110920/4630338.shtml.

相对比较理智。

在《每日经济新闻》的报道中，多数法律界人士站在专业的角度上建议企业家，减少企业家离婚对企业负面影响的最好办法是未雨绸缪，即在结婚时签订婚前财产协议。

也有媒体引用上海沪家律师事务所的一份报告指出，“创业者要注重对各自的婚前财产进行明确约定，在界定婚前财产后要进行必要的公证或约定，明确婚前财产的范围。特别是在风险投资进入公司时或者上市前，股东与配偶、公司其他股东等签署相关协议，以保障公司及相关利益主体的权益，规避因为企业家婚姻变局而带来的风险隐患。”

尽管这些方式能够为企业家的婚变规避一些负面影响，但是我还是倾向于作为企业家，不管企业做到多大规模，婚变的事情还是要慎重。

我在这里告诫创业者，以及做到一定规模的企业家，在家族企业创业过程中，夫妻间“你浇地我耕田”式的积累才换来今天企业的规模，希望企业家们能珍重这一部分回忆。

第五节　“坐山观虎斗”：坐收“诸侯”内斗之“利”

一个公司内部钩心斗角多还是少其实是老板起的作用更大一些。老板给出了什么导向，怎么运营这个循环系统是很重要。也许有一些人在其他单位里，他可能不必通过把工作干好，而是通过把人际关系干好，就能做到他想要的位置或者是待遇。这种人在我们这儿是生存不下去的。

——研祥集团董事局主席兼总裁　陈志列

“坐山观虎斗”其实是一种伪谋略

在中国古代几千年的帝国历史中，不管哪一个朝代，帝国的皇帝都希望“坐山观虎斗”，从而坐收“诸侯”内斗之“利”。

在如今很多影视剧中，不管是乾隆皇帝利用纪晓岚，还是利用刘墉与和珅争斗，其目的都是为了制衡和珅的一枝独大。

在乾隆皇帝看来，一枝独大的危害是不言而喻的。在三国时期，一枝独大的司马懿就形成了一个庞大的利益集团，对当时的皇帝进行“辅佐”法令。这就使得皇帝形同虚设，其帝国大权完全掌握在司马懿手上。因此，乾隆皇帝是不可能让和珅一枝独大，必须利用其他势力来抗衡和珅，这就是为什么在影视剧中尽管刘墉和纪晓岚犯了大错也没有被诛杀的原因。

在如今的诸多企业中，一些企业老板也采用帝国皇帝的“谋略”来引导各路诸侯内斗，想从中坐收“诸侯”内斗之“利”。

研究发现，在很多企业中，由于企业老板热衷于公司政治，使得企业内部中高层经理纷争不断，公司斗争甚至天天都在发生，而这些公司内斗不仅损害了企业核心人才的积极性，同时也损害了企业自身的正常成长。

中国企业的这种中国特色“公司政治”现象，极为令人鄙夷和愤慨。而这种现象正以令人绝望的深度和广度泛滥成灾，必须引起企业老板的高度重视。

研究发现，中国企业的这种“公司政治”现象源于中国古代官场上的尔虞我诈、钩心斗角、拉帮结派、打击报复等手段，而产生“公司政治”的根源有以下几个（见表 5-4）。

表 5-4　“公司政治”产生的根源

根源一	公司政治传承了中国上千年的民族文化糟粕
根源二	部分企业老板热衷“公司政治”惯性，从中获得绝对的权威
根源三	有些企业老板为了面子，从而以绝对的权威来提升影响力
根源四	有些企业老板超强“自卫意识”的作祟

从表 5-4 可以看出，中国企业的公司政治是某些隐性文化的人际化反映，它所折射的是公司的文化精神。而这种企业文化精神直接决定着公司政治的走向。

如果企业老板塑造了一个积极、健康、向上的文化氛围，那么公司政治所造成的内耗现象会得到有效的抑制；相反，在一种人人自危、互相猜疑的文化环境中，公司政治就很有可能被畸形地放大。当互相倾轧、钩心斗角代替了对外的团结一致时，那么，挖自家墙脚、离心作用加速的现象就会发生，企业大厦的倾倒也就只是时间问题了。

内斗的结果可能不可控制

如前所述，一些企业老板偏爱“坐山观虎斗”的公司政治，可能源于中国人对古代皇权绝对权威的崇拜，在公司管理中借鉴从前皇帝的平衡术。比如，在唐朝武则天时期，就利用各派的力量互相牵制，互相制衡，使得皇帝掌控全局。

客观地讲，企业老板借鉴古代皇帝治理江山的管理经验来治理企业是值得肯定的，但是不能引入“坐山观虎斗”，坐收“诸侯”内斗之“利”这样的管理模式。

其实，在任何一个企业中，都存在着企业争斗。新东方俞敏洪承认新东方内部也存在争斗。

俞敏洪在接受媒体采访时说：“随着企业的发展，利益和权力的重新分配，一定会引起争斗，中国的经济改革、政治改革都是利益和权力的重新分配，所以中间会出现争斗，出现争权夺利的事情，关键是你如何把它回归到一种秩序状态，新东方回归到秩序状态以后就算做成功了。人文情怀和争名夺利一点都不矛盾，除非你是耶稣或释迦牟尼，有至高无上的权威，自然不需要争权夺利，否则任何一个人必然都会出现这个过程，妻子和丈夫天天在一起生活，也是一个争权夺利的过程，只不过或大或小，或重或轻而已。”

在俞敏洪看来，企业争斗是必然的，创业者能做的是尽可能减少争斗而已。而研祥集团董事局主席兼总裁陈志列认为：“一个公司内部钩心斗角多还是少其实是老板起的作用更大一些。老板给出了什么导向，怎么运营这个循环系统是很重要。也许有一些人在其他单位里，他可能不必通过把工作干好，而是通过把人际关系干好，就能做到他想要的位置或者是待遇。这种人在我们这儿是生存不下去的。”

在陈志列看来，企业内部争斗的程度和烈度都与老板有关。而一些企业老板为了平衡各路诸侯的势力，让各路诸侯争斗，从而坐收“诸侯”内斗之“利”。

殊不知，一旦内部争斗展开，有时候结果可能不可控制，让原本高速发展的企业瞬间瓦解。这样的教训是惨痛的。

可能读者会问，既然企业内斗的问题如此严重，作为企业老板，该如何避免企业内斗呢？方法如下（见表 5-5）。

表 5-5　　避免企业内斗的方法

（1）制定完善的企业管理制度	在制度化、规范化的企业中，各种制度制定得相当完善，而且所有问题都可以通过清楚明确的制度条款来解决，这就使得企业管理更加透明化、决策也相对民主化
（2）建设畅通的沟通机制及渠道	建立正式的会议制度、设立月报会、周例会、专题会等能监督企业老板的沟通机制及渠道
（3）树立正确的管理价值观	企业老板在经营时，必须树立正确的管理价值观，这样才能有效地避免企业内斗

第六节 钻营又何妨：“国家税收的空子不钻白不钻”

偷税、漏税是企业的耻辱，把纳税看作企业的义务、责任，是远见卓识的表现。一个企业在纳税上如果不对国家尽责，私自偷逃税款，那么，人们会有理由怀疑，对顾客你是否能讲诚信。纳税多是企业实力和经营业绩的体现，凡是纳税先进企业，就自然而然在消费者心目中树立起爱国守法、诚实可信的良好形象，人们就喜欢与你谈生意、做买卖，顾客盈门，良性互动。要是一个企业税源枯竭，拖欠税款，那必然信誉不良，经营萎缩，不仅消费者不乐意光顾，就连向银行贷款也敬而远之。

——阿里巴巴创始人　马云

逃税漏税的后果就是付出惨重的代价

众所周知，企业老板将照章纳税看作企业的义务和责任，这不仅是一种远见卓识的决策，而且还是一种诚信的具体表现。如果一个企业逃税漏税，甚至私自偷逃税款，那么，顾客就有理由相信，这个企业对顾客注定不可能讲诚信。在顾客的意识中，照章纳税多是企业实力和经营业绩的体现，凡是纳税先进企业，就自然而然在消费者心目中树立诚实可信的良好形象。

事实证明，一个成功的企业老板是绝不会在国家税收上打折扣，而是用按时足额纳税来包装自己，塑造良好形象，使企业兴旺发达。因此，业内人士认为：“尽管我国税收环境正在发生质的变化，如果再用旧思维来看待税收，教训可能会很惨重，企业应该抛弃做假账的思想，尽量利用税收筹划，合法经营才是企业基业常青和永续经营的前提。”

然而，遗憾的是，逃税漏税仍是一些企业老板增加利润的惯用伎俩，并因此最终毁掉了自己，不但没有能够给自己苦心经营多年的企业带来一丝好处，反而葬送了多年苦心经营的企业。

在这里，我要告诫企业老板的是，照章纳税不仅是企业的义务，而且还是作为企业老板必须承担的社会责任。

有些企业老板挖空心思去逃税漏税，无视中华人民共和国的税法。在这部分企业老板的意识中，税收是上缴给国家的，能漏就漏，能逃就逃。这样的想法是十分错误的。企业老板抱着逃税漏税的想法，其实，就是不诚信的表现。偷税漏税一旦被税务稽查查获，企业老板不仅将为之付出惨重的代价，甚至还会遭受牢狱之灾。不信，我们从一个真实的案例开始谈起。

2002 年年初，震惊中国大陆地区的、当时最大的偷税案件，犯罪嫌疑人偷逃税金额近 2 亿元的广州市普耀通讯器材有限公司（以下简称普耀公司）虚开增值税专用发票，涉嫌偷税案宣告侦破。而后，普耀公司负责人施争辉被捕。

据检方介绍，施争辉利用普耀名下的广州、北京、上海等地的数家公司，采用账外经营、设立内外两套账、销售不开具发票或以收据代替发票等方式，大量偷逃税款。

据了解，在 1996 年年初，香港商人施争辉出资在广东省会广州市成立了普耀通讯器材有限公司，由江少丽任会计。

施争辉为了销售没有合法来源的手机，分别与位于深圳、汕头等地的不法厂商老板协商，由这些厂商为普耀公司提供和虚开增值税专用发票，施争辉则按照一定的比例给这些不法厂商老板支付相应的增值税专用发票手续费。

1996年4月至1997年11月，时任普耀公司会计的江少丽多次将增值税专用发票详细资料通过传真、电话等方式提供给位于深圳、汕头等地的不法厂商老板，让他们为普耀公司虚开增值税专用发票，这些详细资料包括购货单位名称、货物名称、开票日期、单价、数量、价税额等。

据广东省公安机关查明的资料显示，在1996年4月至1997年11月期间，香港商人施争辉、会计江少丽等人采取支付手续费、空转“货款”的方式，让位于深圳、汕头等地的不法厂商老板共为普耀公司虚开增值税专用发票248份，作为税款抵扣凭证，价税合计达1.9亿元，其中价款1.6亿元，共抵扣税款达2805多万元。经税务机关鉴定，其开具的发票多数为伪造的增值税专用发票。

办案民警在接受媒体采访时介绍说，其实，在1998年4月之前，公安机关并没有介入施争辉偷税案，而是由广州市工商局在执法的过程中发现普耀公司销售了3万台无法提供合法来源证明的手机，广州市工商局遂对普耀公司进行查处，并将普耀公司3万台没有合法来源的手机进行拍卖。

被查处的普耀公司不服从广州市工商局的处罚，而后提起了行政复议。在此期间，普耀公司还利用非法渠道获取了一批手机的销售发票，以此来证明被广州市工商局查处的3万台手机的合法来源。

然而，细心的广州市工商局工作人员经过认真查证发现，普耀公司提供的手机销售发票上所注明的号码与手机机身号码并不一致，无法证明这3万台手机的合法来源，于是3万台手机被依法查扣。而后，普耀公司也就停止了经营。

就这样，公安机关介入了施争辉偷税案。同时，广东省检察院根据群众举报，察觉到普耀公司的经营中存在涉嫌虚开增值税专用发票的问题，广东省检察院的工作人员便将普耀公司涉嫌虚开增值税专用发票的线索移交给广东省公安厅经侦总队，要求公安机关深入侦查。

而后，广东省公安厅及佛山市经侦部门深入侦查施争辉操纵的佛山新领域、天赋通讯器材有限公司这两家公司，很快发现，施争辉利用这两家公司作为其在中国大陆地区销售三星手机的进口发货商，以账外经营等方法进行偷税。

当广东省公安厅及佛山市经侦部门查处新领域、天赋两家公司时发现，这两家公司的销售网络遍及中国大陆地区18个省、市、自治区，近百家企业与其有经济来往。办案人员查扣了大量账本、凭证资料，并邀请税务部门进行核查。

经办案人员查证，在1999年1月至2001年12月的这段时间里，施争辉操纵的佛山新领域、天赋两家公司共获得不含税销售收入近13亿元，偷逃应缴增值税、城建税、营业税、企业所得税等国税、地税近2亿元，占应纳税额的93%以上。普耀公司虚开增值税专用发票税款2805多万元。就这样，普耀公司在逃税漏税中倒塌了。

在本案例中，作为香港商人的施争辉，在中国大陆地区经商，不仅得到国家的照顾，而且还能享受到一些税收减免政策的实惠。但是，施争辉没有珍惜，等到失去这个机会时，他已经追悔莫及。人生最痛苦的事情莫过于此，如果上天再给施争辉一次机会，相信施争辉会对这个机会说五个字——我一定珍惜。

当前，很多企业家对企业的社会责任已经达成共识，企业履行社会责任并不一定是要在电视上去当场作秀捐款，最基本的也是最重要的方面首先是要管理好自己的企业，规规矩矩地向政府缴纳自己的税收，不偷税漏税是其中最重要的一条。当然，企业可以合理避税或节税，但前提是不能违反法律。

不逃税就倒闭本身就是一个伪命题

在阿里巴巴，马云不止一次地强调缴税对于一个企业的重要。对此，马云在阿里巴巴论坛上曾发表这样的观点："世界上只有两件事不可避免，税收和死亡。"

马云说："阿里巴巴为什么能成功，其中一个关键的因素就是按照法律规定的税赋缴纳，在这里，我需要提醒创业者的是，照章纳税是企业的义务，必须不折不扣地缴税，这样你的企业才有可能发展，否则，只是一场虚幻的梦境。"

马云毫不隐讳地谈道："偷税、漏税是企业的耻辱，把纳税看作是企业的义务、责任，是远见卓识的表现，一个企业在纳税上如果不对国家尽责，私自偷逃税款，那么，人们会有理由怀疑，对顾客你是否能讲诚信。纳税多是企业实力和经营业绩的体现，凡是纳税先进企业，就自然而然在消费者心目中树立起爱国守法、诚实可信的良好形象，人们就喜欢与你谈生意、做买卖，顾客盈门，良性互动。要是一个企业税源枯竭，拖欠税款，那必然信誉不良，经营萎缩，不仅消费者不乐意光顾，就连向银行贷款也敬而远之。"

事实证明，一个聪明的企业家，绝不会在国家税收上打折扣，而是用按时足额纳税来包装自己，塑造良好形象，使企业兴旺发达。

在阿里巴巴，马云同样重视依法缴税。在这里，我们来看看发表在新华美通"阿里巴巴跨入亿元企业行列每天纳税过百万"的文章，就不难理解马云强调缴税的重要。

该文中说，阿里巴巴（中国）网络技术有限公司 2005 年上缴的税收为25480万元，首次跨入税收亿元企业行列，按全年250个工作日计算，成功实现了公司2005年年初提出的“每天纳税100万元”的目标。同时，高新区方面表示，这一缴税仅仅是阿里巴巴公司本身，并未包括被收购半年的中国雅虎业务。

该文中还提到，从阿里巴巴公司获得此事的确认。阿里巴巴CEO马云表示：“依法纳税是企业和公民应尽的义务。”对于企业来说，缴税是其为国家和社会创造价值的表现，也是对自身成就的肯定。现在企业的纳税意识在不断提高，阿里巴巴在2004年就把“一天纳税100万元”作为公司未来几年的经营目标，并给自己设了一个“紧箍咒”——没有“一天100万元的税”，就是对社会没贡献。

然而，令人遗憾的是，很多企业老板却保有与此相反的想法，那就是想方设法偷税逃税，无视国家税法，纳税意识淡薄，与税务人员捉迷藏，给税收带来困难。这些创业者的主导思想是，税收是国家的，能偷就偷，能逃就逃，把权利与义务对立起来，这是十分错误的。

2012年5月19日，中央党校国际战略研究所副所长、北京科技大学博士生导师周天勇发布一条微博称：“今年全国一大批小微企业有可能被税务部门整死。”这条微博一经发布立即引发了轩然大波。

2012年5月25日，在接受《中国企业报》记者专访时，周天勇回应称：“绝非危言耸听。减税、清费、发展社区小银行是关键步骤，这方面不动真格的，中小企业会越来越困难，会破产倒闭一大批。”

持这样观点的企业老板也不在少数。一位企业老板在接受媒体采访时坦言：“如果所有的税费我都严格按照规定缴纳，我的公司马上就会倒闭。如果过去我没有逃税，公司根本活不到今天。”

当然，对于企业老板而言，仅仅以这样的理由去逃税漏税显然是不成立的，既然选择了创业之路，无论企业规模大小，都不能逃税漏税。

然而，遗憾的是，在众多中小企业中，九成企业有逃税行为，这足以引起企业老板的反思。

这一问题在2012年5月北京大学国家发展研究院联合阿里巴巴集团发布的调查报告中得到了印证。该调查报告显示，在调研所涉及的1400多家中西部小微企业中，90%企业存在逃税的操作。本次调研针对的小微企业，涉及四川、重庆、陕西、湖南、湖北等省市。其他地区调查的数据，也基本在这个比例，甚至更为激进。

研究发现，很多企业老板在经营过程中，为了增加利润，人为地逃税漏税。在《一个小企业的逃税式生存：不逃税就倒闭》一文的开篇就描述了企业逃税漏税的问题："邵林的公司非常尴尬：再小一点，就是'税务部门懒得管的小虾米'；再大一点，就会进入'查收的重点范围'，偷逃税费会变得很困难。规范吧，成本巨大；不规范吧，又很难融资和进一步壮大。报纸上'小微企业减税'的大标题印得醒目，但邵林（化名）却看都没看就翻了过去。拥有一家40多名员工、年营业收入1000多万元企业的他，本应该与这样的新闻息息相关，但他为何如此漠不关心？'再减我也不能交那么多。'他说。'你的公司逃税？'面对这个问题，邵林几乎不假思索地回答：'如果所有的税费我都严格按照规定缴纳，我的公司马上就会倒闭。如果过去我没有逃税，公司根本活不到今天。'"

看了这个案例后，我非常震惊，因为作为企业老板，就必须遵循某种规则，这个规则就是——合法经营、照章纳税。

然而，遗憾的是，近年来，中国大陆地区的地税稽查部门在税务稽查中发现，很多企业法人指使财务人员做假账偷逃税款的事件多如牛毛。因此触犯法律被判刑的人员也不在少数，而其中以私营企业，尤其是家族企业最为突出。

据地税部门介绍，私营企业中涉税违法犯罪的共同特点就是，这些企业法人在利益驱使下，尽可能地少缴或者不缴税，利用企业财务人员为保住自己“饭碗”的心态，授意、指使财务人员做假账偷逃税款。一般地，企业逃税漏税会采取以下3个方法（见表5-6）。

表5-6　逃税漏税的3个方法

方法一	企业法人授意或指使财务人员设置两套账，实行账外经营，内账记录实际收支作为内部核算使用，外账则采取不列或少列收入的手段用来“应付”税务、工商等部门的检查
方法二	企业法人故意向财务人员隐瞒真实经营情况，提供虚假的经营凭证给财务人员记账
方法三	企业法人要求财务人员按“指定”的利润额记账和申报税费

事实上，不管采用什么样的方式逃税漏税，税务稽查人员都能查出来的。因此，这就要求企业老板必须“合法经营，照章纳税”，特别是其中的“照章纳税”，强调的是企业对国家和社会应承担责任。

第七节　天下唯我独尊：打败所有竞争对手，独霸市场

消灭竞争对手未必会赢，想打败竞争对手的话，这个公司就变成职业杀手，对手可能在你走向成功和顺利的过程当中增加一些麻烦，但不是关键，关键的是怎么帮助你的客户成长起来。

——阿里巴巴创始人　马云

挑战所有竞争对手的企业基本上不太久，终有一天倒下

在一次内训课上，一个老板向我说出了他的计划：“周老师，我告诉

您我们公司的竞争战略，那就是消灭所有的竞争对手，直到我们公司独霸市场。”

不可否认，这个老板有如此雄心是好的，但是只不过是一场黄粱美梦而已。事实上，不管是自认为是天下最好的剑客，还是自认为是天下最厉害的拳王，最终都倒在了对手手下。

这正好印证了马云所言的：“在座企业家我们问自己问题，你成功是因为你挑战了别人吗？不是，而是你希望完善别人才有今天，挑战别人的人基本上不太久，终有一天倒下。”

为此，马云2002年在宁波会员见面会上的演讲说：

我在中央电视台《对话》栏目里面听到某位中国的知名企业家讲了一句话，他说：“我这个企业很难管理，哪怕通用电气前任CEO杰克·韦尔奇在我这里管理，最多只能待三天。”我觉得很不以为然：第一，杰克·韦尔奇不会只待三天；第二他来了一定会改变你的企业。

可怕的不是距离，而是不知道有距离。我在网站上也讲过这句话，我讲一个例子，我有一个朋友，是浙江省散打队的教练，他给我讲了一个故事：

武当山下面有一个小伙子非常厉害，他把所有的人都打败了。他认为自己天下无敌，于是就跑到了北京，找到北京散打集训队教练说：“我要跟你的队员打一场。”

教练说：“你不要打。”

教练越不让他打他越要打。最后只好让他打，可是这个小伙子5分钟不到就被打了下来。

教练跟他说：“小伙子你每天练两个小时，把每天练半个小时的人打败了。我这些队员每天练10个小时，你怎么可能跟他们打？而且我们的队员还没有真打。”所以，人外有人，天外有天。[①]

在商业竞争中，这样的道理也同样适用。在2013中国（深圳）IT领袖峰会上，百度公司创始人、董事长兼首席执行官CEO李彦宏与腾讯控股创始人、董事会主席兼首席执行官马化腾针对目前非常热门的话题对马云发问。

马化腾的问题是，“前几天我们在参观马云很多业务，充分交流了很多。所以我可能也是希望观众来提问的。但是我知道还有这个环节，我就代他们提一个问题，其实我也交流过。现在听到你很多的想法，比如用互联网方式开始做金融，我也知道小微金融。现在很多银行也会很警觉，马云你讲的银行没有做好的事你来做，但是从挑战银行业这个角度来看，大家还是觉得胆子挺大的。至少不像我们，我们对运营商都很老实，从不敢说过分的话。你用什么底气说这些话？”

在这个问题中，作为即时通信的大佬马化腾的问题就是，马云有什么底气来挑战银行业，进军金融。[②]

针对此问题，马云客观地做了解答。马云说：“第一，我从没觉得要推翻一个金融行业，我觉得中国金融行业的存在到今天为止有特定需求，而且做了很大贡献，但是对未来的金融我觉得作为这一代的人不是我们有更大利益需求，而是必须有这个责任思考。假如今天拥有这样的技术、这样的人才、这样的需求，无数的网商、无数中小企业今天想要钱，而拿不到钱，而我们有解决方案。而且我们这个方案又是贯彻了透明、开放、责任、分享，我就坚持下去。”

在马云看来，未来的金融必须满足更大的利益需求。马云也坦然承认，

① 马云．马云2002年在宁波会员见面会上的演讲．2002.

② 韩杨．马云对话马化腾：看到微信我也很紧张［OL］．凤凰网．http://tech.ifeng.com/it/special/2013lingxiufenghui/content-3/detail_2013_03/31/23719366_0.shtml.

自己不想去挑战谁，这主要取决于阿里巴巴的战略，因为从创建阿里巴巴到马云卸任 CEO，在这段时间里阿里巴巴没有去挑战过谁，而是尽可能地去创造谁。

马云说："我不想挑战谁，从来阿里巴巴没有想过，13 年来没有挑战过谁，而是创造谁。在座企业家我们问自己问题，你成功是因为你挑战了别人吗？不是，而是你希望完善别人才有今天，挑战别人的人基本上不太久，终有一天倒下。对我来讲，我的第一职责不是帮助金融机构，帮助金融机构、帮助穷人是政府的事。但是帮助客户是我的责任，帮助无数淘宝卖家，如果我能找到一个方法我就一定走下去。"

在马云的竞争意识中，阿里巴巴进军金融领域，让银行感到紧张的确是一件好事情，如果银行不紧张才觉得有些不正常。

马云说："就像我看见你微信我也很紧张。紧张是正常的，紧张促进社会进步，金融行业能够不紧张，我们的小微企业就很紧张，所以我觉得假如阿里巴巴集团能够让现有金融体系紧张一下，也是互联网企业对社会进步的重要贡献。"

商业就不该害怕竞争，害怕竞争就不该做商业

在马云看来，一定要争得你死我活的商战是最愚蠢的。在创业的道路上，竞争跟纳税一样不可避免。为此，马云告诫创业者："创业者不怕竞争，怕没诚信。"

2010 年 7 月 8 日，淘宝网宣布调整搜索排序，加大对卖家服务质量的重视程度。新规则推出后，有部分淘宝卖家"攻击淘宝"，并连续两次到淘宝网杭州总部聚众抗议。这些抗议的人群声称受到新规则的"不公正待

遇”，新规则直接导致其利益受损。①

面对部分淘宝卖家的抗议，2010 年 9 月 5 日晚，马云在阿里巴巴内网发出告全体阿里巴巴员工信，阐述自己对该事件的观点。在鼓励员工坚守原则、为使命而战的同时②，马云也告诫创业者说：“商业就不该害怕竞争，害怕竞争就不该做商业。我们害怕的是不透明的竞争、不诚信的竞争、不公平的竞争。”

的确，如马云所云：“商业就不该害怕竞争，害怕竞争就不该做商业。”但是马云建议创业者说，作为创业者，在与对手竞争时，不要老是想打败竞争对手。

在 2012 年电商双 11 光棍节促销大战正式开打前一天，马云在接受中央电视台记者采访时，就双 11 促销抛出了狮羊论，认为以电子商务为代表的新经济模式已经成长为狮子，将“吃掉”传统商业生态系统。③

马云坦言：“天猫购物狂欢节将是中国经济转型的一个信号，也就是新经济、新的营销模式对传统营销模式的大战，让所有制造业贸易商们知道，今天形势变了。对于传统行业来讲，这个大战可能已经展开。”

马云还强调，新的营销方式方法、新的商业流程、新的商业生态系统，对于传统商业生态系统将会开展一次革命性的颠覆。

马云说：“就像狮子吃掉森林里的羊，这是生态的规律，游戏已经开始，就像电话机、传真机会取代大批信件一样，这是必然趋势，（以电子商务为代表的）新经济模式已经有点狮子的味道。”

作为阿里巴巴的船长，马云是在无视对手的存在吗？据搜狐 IT 报道，

---

① 张绪旺．马云：创业者不怕竞争怕没诚信［N］．北京商报，2010-9-8.

② 张绪旺．马云：创业者不怕竞争怕没诚信［N］．北京商报，2010-9-8.

③ 何峰．马云：不要老是想打败竞争对手［OL］．i 黑马．http://www.iheima.com/archives/13473.html.

双11光棍节促销最早由天猫在2009年发起，三年过后，从内到外，这一天都变得不同寻常。在阿里巴巴集团内部，对这一天的重视也上升到新的高度。阿里巴巴集团今年将这一天升级为“购物狂欢节”，并突破天猫的范畴，在资源配备、支付稳定性、技术保障等方面都提升到阿里巴巴集团层面。同时，淘宝、天猫和聚划算三大事业群都加入进来。在外部，三年后，这一天已成为整个电商行业各企业的促销大战日，乃至混战日，京东、苏宁、易迅等电商企业都不甘落后。①

对于业界和媒体关注的“是在无视对手，还是真的不看作是电商大战”这一问题，马云的看法却耐人寻味。马云说：“我们也不知道跟谁战，也没什么战的，我们很少把竞争当成自己的主业在干，消灭竞争对手未必会赢，老是想打败竞争对手的话，这个公司就变成职业杀手，关键的是怎么帮助你的客户成长起来。”

马云表示更愿意将双11购物狂欢节定位成感恩节。据搜狐IT报道，2011年11月11日，淘宝总支付宝交易额为52亿元，天猫总支付宝交易额为33.6亿元。有传闻称，天猫定下的2012年11月11日总支付宝交易额目标是50亿元以上。②

如前所述，商业竞争是不可避免的，要想在竞争中完胜，马云就告诫过企业老板：“竞争的时候不要带仇恨，带仇恨一定失败。”

马云的理由是：“企业现在最多的是竞争，包括在我们这儿也有很多抱怨。阿里巴巴、淘宝建了两个市场，很多人杀价，很多人天天杀价，我出5000万元，他出4000万元，这是最愚蠢的商战，我教一个傻子也会干，这不是企业家。比价算什么英雄？”

---

①何峰．马云：不要老是想打败竞争对手［OL］．i黑马．http://www.iheima.com/archives/13473.html.

②何峰．马云：不要老是想打败竞争对手［OL］．i黑马．http://www.iheima.com/archives/13473.html.

马云坦言：“竞争最高的境界是什么？竞争是一种乐趣，就是让对手很痛苦，你很快乐。如果你也痛苦，这是走错了，你痛苦他开心，你肯定走错了。竞争的乐趣在于，两个企业竞争，就像下棋一样，你输了，我们再来过，两个棋手不能打架，现在是很恨，你胜了，我弄死你。真正做企业是没有仇人的，心中无敌，无敌天下，你眼睛中全是敌人，外面全是敌人。什么是企业的生态作战？生态里面非洲的狮子吃羊不是因为恨羊，是因为我就是要吃羊，因为可以让我生存。你竞争的时候不要带仇恨，带仇恨一定失败。”

在很多场合下，马云告诫企业老板，“独孤求败做不得”。马云说：“金庸小说里讲到有些高手是寂寞的，如独孤求败，以前看，我觉得不能理解。”然而，登上神坛的马云却明白了不管是在武林中，还是在商业竞争中这种没有对手的痛苦。马云说：“没有对手，就没有发展的动力，没有创新的源泉。所以，在 B2B 市场要培养对手，C2C 市场要关注对手。”

在阿里巴巴的竞争战略中，马云就列举了“招财进宝”被迫退市这个案例。马云坦言，“招财进宝”被迫退市，就与竞争对手的暗地操作有很大关系。

马云说：“他们这招用得蛮好，这就是竞争的味道。竞争是一种游戏，不是你死我活的事儿。发展自己时，可以顺便在对方肩膀上拍一下，关掉两个穴位，但不能眼睛只盯着对手。”

在马云看来，竞争最大的价值，不是战败对手，而是发展自己，特别是在竞争的时候不要带仇恨，带仇恨一定失败。马云说：“竞争者是你的磨刀石，把你越磨越快，越磨越亮。”

无论“西湖论剑”还是“网商大会”，马云在广发英雄帖时，都给竞争对手奉上一张。马云相信：“心中无敌，无敌天下。”

马云认为，作为企业老板，千万别讨厌你的竞争者，因为“竞争对手是企业最好的实验室，因为竞争对手会研究你。而你也会从他们所提出的创新点子中汲取经验。但千万不要模仿，而是学习他们的优点。所以我喜欢竞争对手，而且我始终都以钦佩的目光来看待他们”。

第六章　“在商不言商，我认识谁谁谁”

一些土地、税收、人才引进等政策，都是对大中型企业做一些“锦上添花”的事情，但很难对小企业、创业企业做到“雪中送炭”。

——清华大学中国创业研究中心副主任　雷家骕

第一节 “在商不言商”：其实是小看自己的能量和影响力

从现在起我们要在商言商，以后的聚会我们只讲商业不谈政治，在当前的政经环境下做好商业是我们的本分。

——联想创始人 柳传志

做好商业是企业家的本分

在中国大陆地区，不管是牟其中，还是更多后来者，都非常热衷地偏爱政治。在他们看来，似乎政治比经营企业更重要。

2013年6月，作为“中国大陆地区企业家教父”的柳传志召集正和岛等十来家公司座谈讨论“抱团跨境投资”时说：“从现在起我们要在商言商，以后的聚会我们只讲商业不谈政治，在当前的政经环境下做好商业是我们的本分。”

在柳传志看来，“只讲商业不谈政治”是当前企业家的生存之道。然而，让柳传志没有想到的是，此言一出，立刻掀起了一场关于企业家该不该谈政治，以及柳传志的言论到底意味着什么的讨论。

一些企业家认为，作为连续两届的中共代表、连续三届的全国人大代表，更是政治中人的柳传志提出的“在商言商”言论违背了企业家精神。在这部分企业家看来，企业家谈政治是企业家的社会责任和超越价值之一，企业家既然拥有那么多社会资源，就要承担起相应的社会责任，而柳传志这种言论，传递的都是消极的信号。

不可否认，在中国大陆地区，像联想这样带有强烈民族产业标签和受到政策扶持的公司，其成长壮大与政治脱不了干系。这样的观点是可以理解的，但是企业家过于强调政治，至少我是持反对意见的。

在中国大陆地区，我比较赞同柳传志的观点——只讲商业不谈政治，在当前的政经环境下做好商业是企业家的本分。

研究发现，在中国大陆地区，企业家讲政治似乎能迎合很大的受众，而像柳传志这样的企业家提出“在商言商”，突然不讲政治似乎就不能理解。

实际上，中国传统理解意义下的政治和来自西方的现代政治的含义是大相径庭的。那么什么是政治呢？我们翻阅史料发现，“政治”一词都来自古希腊《荷马史诗》一书中，而当初的含义是指城堡。

在古希腊时代，雅典人往往把卫城修建在山顶上，称为“阿克罗波里”，简称为“波里”。当城邦制形成后，“波里”就成为了具有政治意义的城邦的代名词。因此，“政治”一词一开始就是指城邦中的城邦公民参与统治、管理、斗争等各种公共生活行为的总合。

然而，在中国，“政治”一词在先秦诸子的文集中就曾使用过。比如在《尚书·毕命》中谈道：“道洽政治，泽润生民”；在《周礼·地官·遂人》中谈道：“掌其政治禁令。”但在更多的情况下是将“政”与“治”分开使用。“政”主要指国家的权力、制度、秩序和法令（见表6-1）；“治”则主要指管理人民和教化人民，也指实现安定的状态等（见表6-2）。

表6-1　“政”在中国古代的含义

（1）	“政”一般是指朝代的制度和秩序，如“大乱宋国之政”
（2）	“政”包含统治和施政的手段，如“礼乐刑政，其极一也”
（3）	在中国古代，符合礼仪的道德和修养也通常称为“政”，如“政者正也，子帅以政，孰敢不正”
（4）	“政”又指朝廷中君主和大臣们的政务活动，如“其在政府，与韩琦同心辅政”

表 6-2 “治”在中国古代的含义

（1）	安定祥和的社会状态，如“天下交相爱则治”
（2）	统治、治国等治理活动，如“修身、齐家、治国、平天下”

由此可见，在中国古代“政治”的含义与西方和古希腊的“政治”的含义是完全不同的。西方政治的本义是“城邦事务”，指的是公民参与讨论、管理城邦公共事务的总合。而中国政治在很大程度上强调的只是一种君主和大臣们维护统治、治理国家的活动。中国传统的政治，往往分开使用，政指的是政纲制度、等级和社会秩序；治则与权力相伴，指的是权谋治理。

现代政治所强调的公民意识，对企业家来说则是企业家精神，它应该高于一般的公民意识。企业家所拥有的资源和影响，要和他的社会担当成正比，致力于推动法治环境、权利保护、公平交易等一系列现代社会必备的“公义”，而不是传统的重利轻义、独善其身、浑水摸鱼、闷声发大财等“私念”。①

一些企业家只看重政治中的关于权力的一个环节，却忽视了环境、规则和压力。在这些企业家中，要么就像国美创始人黄光裕一样通过贿赂权力、内幕交易等手段迅速累积财富；要么就像徐明一样通过卷入权力构建商业帝国；要么就梦想着成为胡雪岩一样的红顶商人。

然而，让这些迷恋政治的企业家们没有想到的是，他们迷恋政治的最终结果往往是，要么因犯罪而下狱；要么随权力之争而浮沉；要么因改朝换代而被查抄。

在中国历史上，由于遭受政治的打压，一些中国古代商人不敢主张自己的权利诉求，反而加剧了对权力的崇拜和恐惧。看权力脸色行事的结果，是中国很难产生伟大的企业家和企业，往往一世而终。②

① 乔木．柳传志与马云的政治经：在商言商　寻求妥协［J］．彭博商业周刊，2013-7-31.
② 乔木．柳传志与马云的政治经：在商言商　寻求妥协［J］．彭博商业周刊，2013-7-31.

获得政府支持并不等于是大谈政治

2013年6月，企业家教父柳传志“在商言商”的一番言论，掀起了一场关于“企业家该不该谈政治”的热议。

热议的观点主要有以下三个：

第一，“在商言商”是小看企业家的能量和影响力。远大集团董事长兼总裁张跃表示，“在商言商”其实是小看自己能量和影响力的表现。

第二，可以选择不说话，而不应该“以其影响力说这种话”。北京一家基金管理公司董事长王瑛认为，作为“企业家教父”的柳传志可以选择不说话，而不应该“以其影响力说这种话”，否则，带的不是好头而是坏头。王瑛用退出正和岛的行动表达了自己的立场。

第三，不关心社会、不关心政治系片面理解。信中利资本集团创始合伙人兼首席执行官汪潮涌则认为，不关心社会、不关心政治系片面理解，“在商言商”的说法并非就是“两耳不闻窗外事，一心只赚企业钱”。

在这三个观点中，我比较赞同汪潮涌的观点。柳传志之所以提出“在商言商”的观点，是因为改革开放后中国的整体在趋好，但会有反复。一段时间的国进民退或对某些企业家判决的争议，会影响人们的判断。其实柳传志在不讲政治时，提到“在当前的政经环境下做好商业是我们的本分”。他所谓的“不讲政治”，其实是最大的讲政治，即寻求政治安全。

这是在政商江湖闯荡多年的柳传志年逾古稀收山时的一种无奈。[①]好在越来越多的人明白这个道理。在共识网关于“柳传志呼吁企业家不要谈政治”的千人民调中：2%的人认为企业家的天职是赚钱，做好自己的事

① 乔木．柳传志与马云的政治经：在商言商　寻求妥协［J］．彭博商业周刊，2013-7-31.

就是对社会的贡献；9%的人认为中国的政治太复杂，企业家应该远离政治，否则容易身败名裂；而39%的人认为每个公民都应该关心政治，这既是权利也是义务；更有48%的人认为良好的商业环境离不开稳定的政治和公正的法律环境。①

在这场“在商言商”的争论中，足以看出该事件在企业界引起了不小的震动，很多商界大佬参与到企业家是否应“在商言商”的讨论中，已有不少大小企业家发声力挺柳传志的说法。日前，娃哈哈创始人宗庆后亦发表言论称：“企业家是弱势群体，管不了天下。”

在这里，我们必须提醒企业老板，善于利用各种资源，也包括政府资源，这对任何一个企业的成长都十分重要。但是实际上，政府提供的资源是有限的，对于企业老板来说，关键要提升企业的竞争优势，而不能把希望全都寄托在政府的帮扶上，否则将非常危险。罗志德的悲剧就能警示每一个企业老板。

对此，百度创始人李彦宏曾多次强调：“竞争优势不仅能够显著地为客户带来收益或节约成本，同时与竞争对手相比，它具有难以模仿的独特性。从这个意义上说，能否正确认识企业的核心竞争力是制定出目标清晰、具备可操作性的发展战略的第一步。”

当然，企业的竞争优势必须是独特的，否则它就不可能有更大或更强的竞争力。一个典型的例子是湖北幸福集团的周作亮，为了满足政府的偏好把企业做大，但这个企业真正倒下的时候，政府不会为它承担责任。实际上，政府提供的资源是有限的，对于企业家来说，关键要练好内功，而不要把希望寄托在政府的帮扶上，不要把太多的时间花在同政府的关系上，否则将非常危险。

① 乔木．柳传志与马云的政治经：在商言商　寻求妥协［J］．彭博商业周刊，2013-7-31.

2004年秋季，当媒体再次采访云南民营经济史上少有的风云人物、昔日的云南“钛王”罗志德时，吃惊地发现，这位昔日享有“云南企业之父”美誉之称的罗志德如今坐在空荡荡的办公室的一张旧沙发上，而且还手握一根拐杖——这个正值壮年的企业家已经行动不便了。

而当年颇具规模的血制品车间如今却显得凋敝不堪，就算是在路达低谷期为饲养蜗牛挂上去的大招牌——“蜗牛庄园”四个字也已经锈迹昭然。

当初的罗志德意气风发，尽管是一个科技人员，但是敢于辞去公职，于1985年创办了“云南路达科技开发总公司”。这期间的十几年，路达是靠着几个高难度的飞跃一路蹿至巅峰的。

客观地说，罗志德还是一位具有社会责任的企业家。当创业成功之后，罗志德在云南教育学院成立了一个路达企业家学院，为云南培养了不少企业家。

锈迹昭然的“蜗牛庄园”及凋敝不堪的血制品车间与曾经闻名云南的“路达集团”不可同日而语。然而，正是这些光环，将“路达公司”引入了悲剧的边缘。

1992年，创业成功之后的罗志德，提出了一个在云南省省会昆明盖一座56层大厦的想法。之所以定为56层，罗志德在接受媒体采访时谈道，主要是因为中国有56个民族。而大厦的一层就代表一个民族，从而彰显中华民族的大团结。

事实上，罗志德并没有真想建这个56层的大厦，仅仅是自己的一个想法而已。然而，他的这一想法却让有关地方领导知道了。

有关地方领导为了促进地方的发展，赋予了这个56层的大厦非同寻常的意义。

在有关地方领导的授权下，“特批”一块位于昆明市中心面积达100亩的土地给路达公司建56层代表56个民族的大厦，而且有关部门还在昆明市郊给了罗志德200亩土地。

此刻的罗志德没了退路，只好按照有关地方领导的意图去执行。不过，按照当时路达公司的实际情况，根本就没有能力建这座56层代表56个民族的大厦，而路达公司向银行贷款又没有足够的抵押物。

罗志德只好以发行股票筹资，仅发行股票的头3天就筹集了2000万元。

罗志德原本以为这样的方法可以解决资金短缺的问题，然而，罗志德发行股票筹资的事情却被一个记者得知。于是该记者写了一份路达公司乱发股票，扰乱金融市场秩序的内参。路达公司被勒令立即停止股票发行。

没有了资金来源，代表56个民族的大厦自然也就没有盖起来，有关地方领导也对罗志德有了些许看法。

从此，路达公司的麻烦就像溪流的河水一样源源不断涌来，曾经平安无事的矿山开采也开始遭到有关部门三番五次的检查，原来安分守己的村民也开始不断来矿上滋事。以前这样的事情，罗志德只需要向有关领导汇报一下，所有问题都能迎刃而解。

让罗志德想不通的是，因为没有能力修建代表56个民族的大厦，而今相关领导也不再庇护他了。最要命的是，路达的钛矿采选厂和其他非法矿厂一起被有关部门勒令关停。钛矿采选厂是路达的生命线，也是罗志德赖以起家的本钱。采选厂完了，也就意味着路达完了，罗志德完了。

不可否认的是，获得资本资源对一个企业的成长也是至关重要的。在很多企业初创时，往往很难获得外部资本、渠道产品研发等支持。尽管许多创业企业具有较大的发展能力，但是合作者、银行风投等是不会把钱借给或者投给这些创业企业的。此刻，只能靠创业者自己白手起家和利用各种资源。

就像上述案例中的罗志德，创业成功之后，合作者、银行风投等知道罗志德的经营能力了。

而此刻的罗志德却忽略了一个问题，那就是想办法获得社会资源是自己确实需要的。当然，创业企业能否获得所需资源就看企业自身的张力了，这都取决于企业老板的战略意图。

第二节 “关系重于泰山”：“我认识谁谁谁”

官员权力太大，主要社会资源都掌握在他们手里。权力过大不被约束时就没有“天使”，这是人类早就知道的。尤其这10年，垄断越来越集中，政府权力越来越大。企业家做大了一定要和权力切割！否则倒下一个贪官，就有一批企业家跟着倒下。这是当下正在发生的事。

——北京中坤投资集团董事长　黄怒波

贪官倒一个，企业家倒一批

在很多时候，一些企业老板认为，拉关系比经营更重要。我们经常听见一些企业家在说，“我认识谁谁谁”。在北京中坤投资集团董事长黄怒波看来，这样的观点是有失偏颇的。

黄怒波认为，贪官倒一个企业家倒一批这是不对的。黄怒波说：“企业家要与权力严格切开，现在倒一个大贪官就倒一批企业家，这个时代一定要过去，企业家一定要保有企业家的独立人格，过去创业没有钱，肚子也饿，有时候做点下三烂的事情也是有可能的，但是现在衣冠楚楚，在这个时候我们要考虑尊严和人格，不为钱财再去低头哈腰了。”

黄怒波的观点与马云的观点不谋而合。马云曾经在中央电视台《赢在中国》栏目时这样评点创业选手时说：“我没有关系，也没有钱，我是一点点起来，我相信关系特别不可靠，做生意不能凭关系，做生意不能凭小聪明，做生意最重要的是你明白客户需要什么，实实在在创造价值，坚持下去。这世界最不可靠的东西就是关系。”

马云的观点非常有代表性。毕竟中国经过30多年的改革开放，市场日趋饱和与成熟，法制也逐渐健全和完善。如果企业老板还是按照僵化的思维去经营，那么这样的企业老板无疑将成为先烈。马云在多个场合提醒企业老板，在20世纪80年代的中国，创业靠勇气就可以成功；在20世纪90年代的中国，创业靠关系就可以成功；而在21世纪初叶的中国，创业必须靠知识、能力才能成功。

不可否认的是，在中国的某些地方，在某种程度上，在某个时段，关系可以促进企业老板在短时间内扩大规模。但是，一旦企业老板把关系作为一个重要的战略来抓，甚至达到过分迷恋关系的程度，那么企业倒闭也就在情理之中，因为关系不是初创企业的核心竞争力，而建立在空中楼阁上的关系也可能随时会不存在。

这样的观点得到了新东方创始人俞敏洪的认可。2008年4月6日，新东方创始人俞敏洪在创业英雄会上演讲时就提醒创业者：“不要抱怨这个社会是要靠关系的，不要抱怨这个社会不公平，既然有这么多的不公平，我和马云又是怎么走出来的呢？”

不管是马云，还是俞敏洪，他们创业成功，都是靠着自己正确的市场判断力、敏锐的洞察力，而并非靠着关系。因为对于企业老板而言，获得政府的支持不是企业经营者的终点。

在某种程度上，拥有广泛的社会资源及良好的社会关系不仅可以让企业渡过难关，而且还是企业开拓新市场的一个重要因素。但是，一旦过分依赖关系而忽略了企业的经营，那么企业的倒闭只是迟早的事情。

马云在多个场合告诫诸多企业老板，凡是整天热衷于围着政府官员转的企业，很难有大的成就。随着市场经济游戏规则的越来越健全，官商关系就会越来越趋向于规范，那么潜规则的影响力将越来越消减。①

在马云看来，关系不是企业的核心竞争力，关系随时会不存在。只有真正地提升企业的经营管理，才能从根本上解决企业竞争力问题。面对沪粤两位书记对马云的关注，这样的关系可以让马云得到足够的好处，但是马云却看得很清楚，因为马云知道“关系最不可靠”，这句话自然有它的道理。

马云认为，杭州才是最好的创业地点。那么，当初马云为什么毅然离开上海？马云如何看待上海的创业环境？

尽管很多创业者对这两个问题充满疑问，但是随着上海和广东两位书记对马云的关注，这两个问题也就迎刃而解。

时间回到2008年1月27日，在上海市政协十一届一次会议上，时任上海市委书记的俞正声要求反思“上海为何留不住马云”，并表示“为上海失去这样一个由小企业发展而成的巨型企业感到相当遗憾”。②

一个月后，2008年2月20日，时任广东省委书记汪洋率广东省党政代表团在“华东学习考察活动”中专门到杭州考察阿里巴巴公司。

汪洋考察后，对马云的创业精神和阿里巴巴的商业模式给予了充分的肯定和赞许。众所周知，马云向来都是一个高调的企业家，然而让媒体却意外的是，针对沪粤两位书记的褒奖和马云当初的选择，他却谢绝了记者的采访。

---

① 吴思：历史上的官商“潜规则”［OL］. 环球在线 . http://www.chinadaily.com.cn/hqzx/2008-04/21/content_6632612.htm.

② 马云谈离沪初衷：回杭州能得到更多重视［N］. 中国青年报，2008-3-3.

当然，马云为什么离开上海这样的疑问依然让记者好奇。2008年2月29日，中国青年报记者魏和平通过“最具想象力的互联网”找到了马云2007年前的一篇演讲稿。让魏和平没有想到的是，正是马云的这篇演讲稿详细地解释了自己离开上海的真正原因。

在该演讲稿中，马云讲道：“以前，我把总部放在上海，在淮海路租了一个很大的办公室，装扮得漂漂亮亮的，觉得有可能利用一些关系来发展阿里巴巴，结果一年以内特别累心，招人招不到。他们说‘阿里巴巴是哪儿的公司’，几乎没有人理我们。最后，我们决定从上海撤离，先是选定了北京，最后觉得还是回杭州好。”

在该演讲中，马云讲道：“当时，我自我安慰了一下，我想假如说在北京和上海，我们是500个孩子中的一个，在杭州，我们是杭州唯一的孩子，至少我们能够受到更多的重视。”

的确，在很多地方，特别是一线城市的上海，比较喜欢跨国公司，世界500强。马云说：“因为上海比较喜欢跨国公司，上海喜欢世界500强，只要是世界500强就有发展，但是如果是民营企业刚刚开始创业，最好别来上海。”

另外，作为“乡下人”的马云时刻感觉来自上海的烙印。在上海期间，马云感受比较深刻的是在上海人看来“我们都是乡下人”。马云说：“作为一个大都市，不应该比哪里的楼高、哪里的路宽，而应该看一个城市的胸怀有多大，应该考虑怎么包容外地人来创业。”

马云坦言：“我想，上海有今天，是因为有很多不会讲上海话的人融进这个城市，帮助这个城市的成长。所以，我觉得一个城市第一要投资的是人，第二要建立良好的投资环境，第三一个城市的激情非常重要。”

马云离开上海到杭州创业，自然有马云的道理。根据最新的一份调查显示，曾经被很多民营企业看好的上海，商业成本正变得越来越高，截至2007年6月，有7000多家的浙江民营企业撤离上海，而把总部或重要部门迁往杭州、宁波、香港。而广东的中小企业数量虽然是全国第一，但却没有孵化出像阿里巴巴这样创新型的电子商务企业。[①]

不可否认的是，作为浙江省会的杭州，给予了中小企业很多的支持和较好的创业环境，才有了阿里巴巴这样的公司。而上海和广东虽然有较多的中小企业却没有一家能够做到世界顶级公司，这样的问题无疑就引起时任上海市委书记俞正声和时任广东省委书记汪洋两位书记对创业环境的反思。

对此，清华大学中国创业研究中心副主任雷家骕认为，一个城市的商业文化和创业成本对正在成长中的民营企业来说是很重要的。[②]

雷家骕说："对刚开始创业的小企业来说，不管是不是高科技企业，生存都很艰难。"

企业要生存，首先要有足够的现金流，然后做到逐步赢利，但刚开始创业的企业基本都是亏损的，就是马云创办的阿里巴巴也是先亏损了3年才开始走向赢利。[③]

雷家骕坦言："一些土地、税收、人才引进等政策，都是对大中型企业做一些'锦上添花'的事情，但很难对小企业、创业企业做到'雪中送炭'"。

而从事创业教育研究的KAB研究院副院长刘帆则从另一个角度对这个问题进行了反思，他认为创业成功最主要的因素是创业者本人的素质，但其创业行业和地域因素也会对创业企业的成功有很大的影响。[④]

① 马云谈离沪初衷：回杭州能得到更多重视［N］．中国青年报，2008-3-3.
② 马云谈离沪初衷：回杭州能得到更多重视［N］．中国青年报，2008-3-3.
③ 马云谈离沪初衷：回杭州能得到更多重视［N］．中国青年报，2008-3-3.
④ 马云谈离沪初衷：回杭州能得到更多重视［N］．中国青年报，2008-3-3.

做生意不能凭“我认识谁谁谁”

在创业的路上，不管是开拓市场，还是融资，很多创业者都过分地把精力放在依赖政府和银行身上。

其实，这样的做法是不可取的。马云坦言，在创业融资过程中，家人、亲戚和朋友才是年轻人创业融资最便捷的选择。马云说：“阿里巴巴至今未拿过银行和政府一分钱，我当初一家家（银行）敲门，一家家被拒绝。”

事实上，马云曾多次告诫过创业者，不管是开拓市场，还是融资，都不要过分地依赖政府，因为过分地依赖政府就势必影响创业者制定科学的战略。特别是在融资方面，马云坦言，在创业融资中，千万不要完全依赖银行贷款，作为创业者必须掌握最便捷的创业融资方式。

为此，马云回顾了阿里巴巴的融资过程。2004 年 2 月 17 日，日本软银集团向阿里巴巴再次投入 8200 万美元。

当 8200 万美元的融资到位后，阿里巴巴的发展犹如同“猛虎加之羽翼，而翱翔四海”。可以说，该笔风险投资是阿里巴巴发展过程中获得的最大单笔投资，同时也创造了中国互联网历史上最大的单笔私募纪录。

当这个纪录被媒体记者作为采访关键问题时，马云的回答更加让媒体记者大惑不解，马云说：“你们应该恭喜的是我们的投资者，而不是我们。”

在很多场合下，马云都认为，阿里巴巴之所以能够得到高盛、软银的投资，靠的不仅是实力，而且还有作为创业者代表的马云的个人魅力和他所领导的团队。

在马云看来，开拓市场也好，还是融资也罢，不仅坚持“不要过分依赖政府和银行”的原则，而且对大部分投资者是不买账的，因为马云要寻找的是能够与阿里巴巴共同成长的策略投资者。

阿里巴巴能够熬过冬天，又能够异军突起，马云非同寻常的融资之道是重要原因。如今，马云融资已成为业界传奇。在这传奇背后藏着马云的融资秘籍：先人后钱、事先钱后、以我为主、战略至上。①

马云的融资秘籍是有道理的，这正是马云这么多年闯荡商海的经验之谈。在争取风险投资时，马云一直强调："不要相信关系，世界上最靠不住的就是关系，你需要做的就是保证你的客户真诚度和满意度。"

对此，马云多次指出，要想将企业做强做大，就必须放弃"关系就是生产力"的想法，踏踏实实地经营企业，这样的话，企业做强做大的可能性比找关系要大得多。

马云提醒企业老板，善于利用各种资源，也包括政府资源，这对任何一个企业的成长都十分重要。但是实际上，政府提供的资源是有限的，对于企业老板来说，关键要提升企业的竞争优势，而不能把希望全都寄托在政府的帮扶上，否则将非常危险。

① 不要过分依赖政府和银行［OL］. 中网资讯中心. http://www.cnwnews.com/html/chuangye/cn_cykt/20111218/393577.html.

第七章　有销无营，营销就是靠忽悠

没有产品、质量、服务这些东西，一切策划都是空的，这是我的一个看法。

——阿里巴巴创始人　马云

第一节 明星代言腕要大：名气够响、派头够足，就是企业合适的代言人

电动车行业的明星代言，早已不是什么新鲜事了。但是很多让明星代言的企业，并没有将明星代言与自己的品牌文化有机结合，只是纯粹炒作，最终的结果是，代言初期会有可能获得一定的发展，但是代言过后，留在人们心中的只是电动车，并没有让人们看到真正的品牌内涵。是否能够将明星与自身品牌进行充分结合至关重要。

——大名科贸爱玛事业部总经理 丁国生

明星代言带来品牌效应，也能给企业带来巨大灾难

我们打开电视机，随处可见明星代言的各种各样的产品，如汽车、油漆、手机等。可以说，在如今这个时代，明星代言已经成为当下最为流行和最有效的营销方式之一。

一些企业老板为了提升企业或者产品的知名度，争先恐后地拿出重金，找到最当红的明星来代言宣传自己的产品和企业，从而有效地树立自己的品牌形象。

在电动车行业，当姚明签约代言捷马电动车后，再次引发了人们对“明星代言”产品的诸多关注。不可否认的是，“明星代言”一直是电动车行业的热门话题，具有号召力的成龙、刘德华、周杰伦等大牌明星都曾经在电动车行业中代言过产品。“明星代言”是否带动了电动车的销售呢？

大名科贸爱玛事业部总经理丁国生在接受媒体采访时坦言："电动车行业的明星代言，早已不是什么新鲜事了。但是很多让明星代言的企业，并没有将明星代言与自己的品牌文化有机结合，只是纯粹炒作，最终的结果是，代言初期会有可能获得一定的发展，但是代言过后，留在人们心中的只是电动车，并没有让人们看到真正的品牌内涵。是否能够将明星与自身品牌进行充分结合至关重要。"

毋庸置疑，明星代言就是一把双刃剑，在给企业产品带来一定的宣传效果的同时，也充满诸多风险。因此，企业在找明星代言时，一定要察看其明星有没有负面的影响，特别是过去的言行，以及其所在行业的挑战等。这主要是因为代言人的风险度和未来前途关系产品的美誉度。

研究发现，代言人出现任何负面问题都会导致企业或者产品遭受惨重损失。一旦公众对明星的人品产生质疑，无疑就会株连明星所代言的品牌产品。比如，美国女影员莎朗·斯通（Sharon Stone）在被问及四川地震时，发表了不当言论，而这番言论不仅使得莎朗·斯通自身形象一跌再跌，更是殃及其代言的路威酩轩（LVMH）旗下的迪奥（Dior）品牌。

2008年5月24日，出席第61届法国戛纳（Cannes）电影节的美国女影员莎朗·斯通被媒体记者问及中国汶川5·12大地震时，莎朗·斯通竟然大放厥词地说，"这非常有趣"。不仅如此，莎朗·斯通还振振有词地搬出更加"惊世骇俗"的依据："因为，首先我很不高兴中国对待西藏的态度，我觉得任何人都不能对别人不善……然后这次发生了地震，这是不是报应呢？如果你做得不够好，然后坏事就会发生在你身上。"

当莎朗·斯通的不当言论被各种媒体报道开来，立即引来了中国网络的集体反击。一位网友发帖说："在赈灾一线，我们听到了那个魔鬼般女人的咒语，我们的心在滴血。我代表灾区人民向全世界的华人倡议：对这样的冷血动物必须采取手段，我们坚决不容许她的一切东西进入中国！电影、广告……一律停止，立即停止！”

不仅是中国网民，中国媒体也纷纷谴责莎朗·斯通的不当言论，而且还充满极浓的“火药味”。诸如，“莎朗·斯通：无德者无畏 无知者无耻！”“莎朗·斯通，真善还是伪善？” “那‘斯’，给我闭嘴！”这些犀利谴责莎朗·斯通的言语在大小媒体上随处可见。

事实上，莎朗·斯通并不惧怕遭受谴责，而是惧怕她所代言的产品遭到抵制。中国人民不仅在言辞上谴责莎朗·斯通，而且还对莎朗·斯通的抵制付诸实际行动。在抵制莎朗·斯通的行动中，主要有两部分：

第一，中国院线将莎朗·斯通所参演的所有电影全部封杀。在莎朗·斯通发表不当言论之后，许多音响专卖店撤下所有莎朗·斯通主演的音像制品；中国院线集体封杀莎朗·斯通参演的电影，如中影南方电影新干线高调宣布，中影南方旗下院线响应号召，不再播映莎朗·斯通主演的任何电影。

第二，不少中国消费者抵制莎朗·斯通所代言的Dior产品。在莎朗·斯通发表不当言论的短短数小时，多个论坛的网友自发发起了抵制莎朗·斯通代言Dior产品的行动。

有网友在论坛上向Dior集团喊话：“我们针对的并不是Dior，但是我可以保证，我会抵制、拒绝所有她代言的产品，并倡议我周围的人也这么做。”

“请Dior在48小时内做出对莎朗·斯通撤销代言的决定，不然，我们除了抵制莎朗·斯通外，我们将开始一律抵制Dior的所有产品。”

在中国市场，原本很受消费者青睐的Dior产品，却因为莎朗·斯通的不当言论而陷入尴尬局面。

面对莎朗·斯通不当言论而引发的代言危机，Dior公司随后发表公开声明，声称绝不认同莎朗·斯通的个人言论，绝不支持任何伤害中国人民情感的言论。与此同时，他们对此次四川汶川大地震中不幸遇难的同胞表示哀悼，并对灾区的人民表示深切的同情和慰问。

在强大的压力下， Dior公司更换了形象代言人。尽管如此，由于遭受莎朗·斯通不当言论而引发的代言危机却仍在持续发酵。

让Dior公司没有想到的是，一场突如其来的莎朗·斯通不当言论而引发的代言危机，使Dior品牌的信誉度在短时间之内大幅度降低，而损坏Dior品牌形象的罪魁祸首就是其产品代言人莎朗·斯通。由于口无遮拦的莎朗·斯通发表如此不恰当的言论，不仅伤害了中国人民的感情，同时也使得Dior损失惨重。

尽管没有发生产品质量危机，也不存在歧视中国消费者，却陷入了被中国消费者大规模集体抵制状态，错就错在Dior公司选择了一个缺乏良知、毫无道德底线的代言人。Dior公司的教训，警示着中国企业。

面对中国汶川5·12大地震这场世纪灾难，许许多多国外人士都对其深感悲痛与遗憾，而莎朗·斯通竟然幸灾乐祸，无疑为自己恶劣的言论付出了惨重的代价。

Dior中国随后宣布撤销并停止所有与莎朗·斯通有关的形象广告、市场宣传以及商业活动，京城商场内的Dior专柜也迅速行动，陆续撤销了有关莎朗·斯通的宣传广告。

Dior中国再次向媒体发出正式声明，表示将立即撤销并停止所有与斯通有关的合作。声明中说，鉴于近期莎朗·斯通失当的言论所造成的社会不良反应，Dior中国现已决定，立即撤销并停止所有与莎朗·斯通有关的形象广告、市场宣传以及商业活动。①

① 佚名．从莎朗·斯通看名人品牌代言［OL］．39健康网．http://face.39.net/hy/085/31/473324.html.

由于代言人陷入危机，企业受到危机冲击的情况不在少数。比如当年赵薇连续爆发“日本军旗事件”、“踢孕妇事件”等，她所代言的夏新手机在负面事件爆发后，其销量也迅速下滑。再如陈冠希在爆发“艳门照”事件后，他所代言的品牌产品就遭受到非常大的影响。而旁氏斥巨资请因《色戒》一炮走红的汤唯担任代言人，其广告也因汤唯被封杀而遭禁播。比如女人专用的妇科产品 “洁尔阴”让尚未走出“艳照门”的张柏芝代言该产品，同样遭受诸多消费者的抵制……

无论是Dior、夏新手机、洁尔阴还是旁氏，都想凭借明星的光环效应来提升品牌知名度，结果其如意算盘都落空了。

莎朗·斯通的代言事件也给诸多中国企业提了醒，在选择明星代言人时，一定要谨慎，不要认为只要名气够响、派头够足，就是企业合适的代言人。一旦这个派头十足的代言人有了出格或者过分的言论或举动，企业再无辜都要被牵连进去，到那时就“哑巴吃黄连，有苦说不出”了。

明星代言当然能带来品牌效应，但是也会给企业带来巨大的灾难。对于企业来说，聘请明星代言产品，提升品牌知名度与风险是并存的。如果明星影响力不断地提升，那么所代言的品牌知名度也会随之提升；反之，如果明星个人的道德缺失、行为不端导致其形象受损，则可能给企业品牌带来负面的影响。在后面这种情况下，企业就必须迅速采取措施进行危机管理，否则将可能随着时间的推移，使舆论不断朝着恶化的方向发展，最后给企业或产品销售带来难以估量的损失。①

当然，单纯地无休止地讨论企业明星代言的是与非，其实质意义并不是太大。作为问题的研究者、市场的监督者和企业的老板，应该将这样的问题提升到无论明星还是企业相关者都应该具备诚信与责任的问题上进行分析对待，如果企业以对消费者负责任的态度去生产，明星以负责任的态

① 林景新．企业如何应对“广告门”危机［N］．中国证券报，2008-4-21.

度代言，监管机构也能够负起责任，这些都是不应该存在的问题。这里不再赘述，我们的重点是由此引出企业明星代言危机应对的话题。

明星代言，同样存在着大量的负面因素

众所周知，明星代言企业产品是广告和传播学上一个重要的构成环节，不少企业乐此不疲。很多企业之所以愿意用明星代言其产品，主要还是在于明星的商业价值。在如今这个商业时代，正面的明星已经成为不可多得的媒介资源。一些企业为了迅速提升产品品牌知名度，不惜花重金聘请明星代言其产品。从更深层次上来分析，一些企业为了更好地提高品牌的美誉度，在传播上强化品牌的个性形象，品牌代言往往被奉为营销之利刃。

明星代言企业产品，就如同洪水一般泛滥。如果企业在选择明星时慎重，而且使用和引导得当，不仅能够起到提升品牌知名度的积极促进作用，而且还能快速引导消费者认知名牌知名度。相反，如果企业选择不慎，使用明星代言不当，那么企业就会因此遭受难以预想的危机。

在这里，我们必须提醒企业老板，企业利用明星代言，同样存在着大量的负面因素，稍有不慎就会伤及企业。这样的例子不胜枚举。比如田亮是中国跳水界的明星人物，因为违反相关的规定，不能够进入国家队，其体育生涯几乎是戛然而止，而当初选择其代言的企业，因其退役而付出了关注度突然降低的代价。再如不少企业因为傅彪宽厚、真诚的形象而请其代言，但是却因为其生命因患癌中止而广告不得不停止播出，同样为其品牌推广和市场计划带来了消极的影响。①

事实证明，错误地选择明星代言人可能会给企业埋下危机的隐患。因

① 庞亚辉．明星代言时代的企业危机应对策略［J］. 销售与市场，2007-5.

此，在选择明星做品牌代言人时要本着审慎的态度。对此，危机管理专家左蕾在《明星代言人的选择及危机管理》一文中告诫企业老板，选用明星代言须注意以下几点：

第一，在选择明星代言人时，尽可能地选择一个形象正面、远离绯闻的明星。选择正面形象的明星代言可以避免日后可能会发生的诸多危机。

事实上，选择一个绯闻缠身的明星来代言某产品，由于明星能否保持良好形象存在不确定，随时可能会给企业带来诸多不确定，危机就可能随时爆发。

然而，一些企业老板却想利用这样的绯闻艺人来增加企业的知名度，比如“艳照门”事件发生后，洁尔阴请“艳照门”事件的主角张柏芝做代言。后来因受到网友抵制，而被勒令禁播。在这里，我们先不讨论该广告为何被国家广电局禁播，企业聘请明星来代言的目的是提升企业的美誉度、知名度，如果选择一个绯闻缠身的明星来代言，其美誉度无疑下降。因此，“臭名远扬”并不是企业老板提高知名度的一个较好方法。

第二，在选择明星代言人时，尽可能地选择与企业品牌表现出高度一致性的明星，主要体现在如下三个方面：

（1）企业所选的品牌代言人尽可能地与企业品牌的目标受众一致。不可否认，只有当品牌代言人对目标受众有足够影响力时，目标受众才可能产生购买的冲动。如果消费者讨厌某个品牌代言人，那么这样的受众就很容易抵制该代言人所代言的产品。

（2）企业所选的品牌代言人尽可能地与企业的产品特点或品牌个性相一致。在很多企业老板意识中，认为明星只要名气足够大就是较好的代言人。其实，这样的观点是错误的。在选择明星来代言某产品时，必须分析产品或品牌的特征，选择合适的品牌代言人。企业借助代言人来提升产品的知名度，必须以产品为中心，选择与产品个性一致的代言人。这样才能使消费者牢记代言人所代言的产品，提到代言人就可以想起其代言的产品或者品牌。

（3）企业所选的品牌代言人尽可能地与企业品牌当时的战略目标相一致。选择明星来代言产品，也必须建立在企业战略的基础之上。当企业想迅速抢占某个新的细分市场时，在选择明星代言人时，就必须选择具有较大影响力的明星代言，其目的就是迅速识别进而占领市场份额。当企业打算扩大其目标市场，这就必须挖掘新市场的消费需求，在选择明星来代言时，尽可能地选择能够与新市场相匹配的明星代言人。当企业打算持久巩固其品牌知名度，在选择明星代言人时，就不能频繁更换，使得消费者一看到该明星就联想到其代言的品牌或者产品。

第三，为了降低明星代言的风险，尽可能选择多个明星，一旦某个明星出现负面问题，企业就可以封杀，让其他明星来分散注意力，从而降低其代言的风险。

选择明星代言必须慎重，而且还需要评估其风险，这样就可以降低风险，但是危机管理是不可或缺的，必须时刻保持危机意识。

可能有读者会问，作为企业老板，如何管理和应对明星代言可能出现的重大危机呢？在明星代言危机管理中，危机的预控管理是非常重要的。“凡事预则立，不预则废”说的就是这个道理。

在明星代言的危机预控管理中，制定系统的预警方案尤为重要。在危机发生之前，企业就要制定多种广告宣传方案，同时也要制定系统的应对突发情况的预案。一旦危机发生，也能正确地应对，不至于措手不及。因此，明星代言危机预警方案不仅可以有效地减少危机的发生，而且还能正确地应对危机。

不过，明星代言本身就存在一定的风险，其危机的发生难以预测，明星代言危机一旦发生，作为企业老板必须积极面对，应对方法有如下几个

（见表 7-1）。

表 7-1　　应对明星代言危机的方法

（1）及时有效地对明星代言危机作出回应	在任何形式的危机事件中，及时应对危机是非常重要的。企业及时地通过媒体向公众传播企业的态度，这不仅可以切割与明星代言人的距离，还可以避免信息传达不及时所造成的负面信息，同时还可以让公众觉察到企业的舆论导向，甚至可能会使公众对企业产生同情
（2）更换代言人	当明星代言人发生危机之后，企业必须及时对危机的危害作出合理的评估，如果危机非常严重，触犯道德或者法律底线，企业应毫不犹豫地更换代言人，避免危机明星对品牌的不良影响扩大，同时可以借助更换代言人为品牌造势，不失为转危为机的好方法

不可否认，由于一些企业老板盲目地选用明星代言，当发生危机事件后又没有采取合理的处理方法，将品牌推向末路。因此，有原则地选用代言人，及时合理有效地应对危机事件，化解危机，是企业品牌寿命长久的保证。

第二节　打个擦边球：做广告时偶尔触及法律的红线

过分追求创意的新奇及注意力效果往往会给广告主带来市场认同的风险，创业者必须控制广告创意的风险。为此，要做好一个好的广告就必须要注意广告的法律限制。

——巨人集团创始人 史玉柱

过分追求创意新奇而忽略广告的法律限制

研究发现，一些企业老板往往进入一个广告误区，那就是以为要想增加产品销量，多制作几个具有争议的广告，在此基础之上加大广告宣传力度就可以了。

这样的观点遭到了巨人创始人史玉柱的反对，史玉柱坦言："产品在做广告时，千万要注意广告的法律限制。"

在史玉柱看来，有些企业可能会使用一些具有争议的广告来提升品牌的知名度，殊不知，具有争议的广告是一把双刃剑。如果用得不好，将为之付出惨重的代价。

同样，北京大学新闻与传播学院院长助理、广告学系主任、现代广告研究所所长、教授陈刚博士认为，争议广告可以成为企业的一种广告策略，好的争议广告往往可以为企业的产品及品牌传播起到事半功倍的效果。

不过，陈刚也认为，广告的最大风险是没有效果、默默无闻，其次才是由于某个环节上的创作失误引来的负面争议。

在史玉柱看来，在媒体上做广告，其目的就是提升产品知名度，增加销售。如果在媒体上做了广告，消费者却没有记住，这样的广告肯定不是好广告。史玉柱说："过分追求创意的新奇及注意力效果往往会给广告主带来市场认同的风险，创业者必须控制广告创意的风险。"

时任奥美顾客关系行销广告创意总监德克·艾伯通（Dirk Eschenbacher）在接受媒体采访时坦言，进行广告创作的第一个步骤是要明确客户想要传达的信息，然后才是用何种方式表达。而这些都需要用调查和研究的结果去支撑。当确定几个创意后，通常广告公司还要请消费者小组对广告创意进行测试和评价。这实际上是在为客户编织一道“安全网”。但不管做了多少前期控制风险的工作，仍有可能在真正投放时出现问题，毕竟市场才是最终的检验者。①

事实上，企业往往更注重由广告创意带来的知名度。对此，必须正确处理短期效果和长期利益的问题。一些被争议的广告在短期内可能对企业知名度或产品销售等方面产生效果，但长期看可能对企业的品牌有破坏性，因此不能说广告有效果就是好广告。如果将广告中负面的东西逐渐上升到品牌中，就很麻烦，可能将来需要更大的投入才能补救。②

对于企业老板来说，在制作广告时，应摈弃过分追求创意新奇而忽略广告的法律限制的思维。在制作广告时，追求创意新奇是可以理解的，但是如果忽略广告的法律限制，那么对于企业来说，将会面临灾难性的可怕后果。

连续几天，西班牙媒体出现了一则轻慢中国已故领导人形象的广告。这则雪铁龙公司为庆祝其年度销售冠军而做的大幅广告，在华人圈中引起了不小的争议。

2008年1月8日，西班牙《国家报》在第15版上刊登了一个整版的法国雪铁龙汽车广告。然而，正是这个广告在短时间内引起了中外华人的抗议。究其原因就是该广告画面的主角并不是法国雪铁龙汽车本身，而是中国已故开国领袖毛泽东的大幅照片。雪铁龙西班牙广告代理公司创意人员为了博人眼球，竟然将开国领袖毛泽东的形象进行了肆意篡改，用电脑技术将其改得神态奇怪。

在刊登的该广告中，其大幅标语是——“雪铁龙，2006年和2007年

① 齐馨．广告创意存在营销风险 争议广告是把双刃剑［N］．市场报，2004-1-7.
② 齐馨．广告创意存在营销风险 争议广告是把双刃剑［N］．市场报，2004-1-7.

年度销售领袖。恺撒风范尽现！”

雪铁龙在广告语中写道：“毫无疑问，我们是王者，对于雪铁龙，革命远远没有结束。我们将在 2008 年将所有已有的技术优势进行到底。来吧……”

据《环球时报》的报道，这则广告一出现在西班牙媒体上就引起了中国侨民的强烈反响。不少读者纷纷要求中国的侨团代表和《国家报》以及雪铁龙公司进行交涉。2008 年 1 月已经有“巴塞罗那华人华侨联谊总会”正在酝酿和这两大巨头的交涉策略，有的西班牙律师也愿意为中国侨民出面，在法律上讨个说法。

一些华人在网上对雪铁龙公司表示强烈抗议，认为其“必须道歉”。一位网友说，“这是西班牙人的不公平行为。前段时间，一个青年不是因为烧国王画像而被判了吗？看来他们也知道侮辱领袖不好啊。那为什么对他国领袖这么不尊重呢？”①

2008 年 1 月 14 日，《环球时报》以“雪铁龙公司广告轻慢毛泽东 华人反应强烈”进行报道后，很快在互联网上出现，并开始在论坛上被转载。

刚开始时，“雪铁龙公司广告轻慢毛泽东 华人反应强烈”的新闻还主要是在汽车类的论坛和网站上被转载，由于该报道网络版附带了这幅引起中国网民广泛不满的怪异广告，因此迅速在各时政社会等论坛上被转载开来。

尔后，雪铁龙方面，包括雪铁龙中国、雪铁龙母公司、PSA 中国、合资公司东风雪铁龙都监控到这条新闻，并开始接到记者的查询电话。

在该危机爆发后，雪铁龙方面似乎还想低调处理，因为在很多雪铁龙人看来，中国人有点小题大做。

①张金江，王方，李琰，刘洋．西班牙雪铁龙广告轻慢毛泽东　当地华人反应强烈［N］，环球时报，2008-1-14.

不过，让雪铁龙方面没有想到的是，中国大陆地区各大网站的新闻编辑们都发现了这条伤害中国人民感情的新闻，并将其推到网站首页。网易上这条新闻的跟帖甚至达到了上万条，而在新华网等主流新闻网站上，这条新闻的阅读率也高居前列。甚至有的新闻网站迅速地制作了相应的专题。

对此，新浪财经特地制作了一期 “雪铁龙广告轻慢毛泽东”专题，在这个专题中，我们可以看到“我领导人形象被篡改”、“当地华人反应强烈”、“伤害中国人感情”这样的子标题。

在新浪财经制作的专题中，还将在中国的雪铁龙一次召回，在欧洲的一次裁员，以及在青岛的一次质量纠纷集结在一起，其子标题是“雪铁龙正在失去尊敬”。

此外，新浪网还发挥了网络媒体互动的优势，做了一个民意调查专题。问题如下：1. 雪铁龙广告轻慢中国已故领导人，您认为原因是什么？ 2. 雪铁龙就此事道歉，您是否能够谅解？ 3. 您是否还会购买雪铁龙？

截至2008年1月16日，在新浪参加调查的36502人中，“其中57.3%的人认为雪铁龙广告轻慢中国已故领导人是故意行为；并且超过56.72%的人认为即便雪铁龙就此事道歉也不能谅解；67.44%的表示以后不会购买雪铁龙的汽车。”

一时间，雪铁龙似乎成了中国人民的公敌。

据西班牙的律师称，西班牙有相关的法律规定不准对现任的国王以及王室成员采用任何形式的侮辱和诽谤。但是西班牙法律没有规定对外国领袖侮辱后应该承担的法律责任。[①]这就给一些毫无道德底线的广告留

①张金江，王方，李琰，刘洋．西班牙雪铁龙广告轻慢毛泽东 当地华人反应强烈[N]. 环球时报，2008-1-14.

下了法律空白，从而吸引眼球的低级效应。反观雪铁龙的这条广告，其想通过忽略广告的法律限制来迎合人们猎奇的心态，然而，没有想到的是，这则广告不但没有赢得消费者的认可，相反给消费者留下了不好的恶俗印象。更为严重的后果是，法国雪铁龙这种做法无疑影响了其在中国消费者心中的形象，进而影响广大潜在消费者的购买决策。这都是得不偿失的。

广告创意应规避法律和习俗风险

毋庸置疑，广告是连接产品和消费者的第一道桥梁，对于潜在的消费者尤为有效。为了树立品牌形象，一些企业尽可能地丰富地传达品牌理念和树立企业公民形象，以期深入人心。企业在媒体上做广告，其目的就是提升产品知名度，增加销售。因此，如果在媒体上做了广告，消费者却没有记住，这样的广告肯定不是好广告。

于是一些企业老板为了抓住人们的眼球，制作了一些争议性的广告。殊不知，这样做容易引发因为制作争议广告产生的巨大危机，使得企业遭受巨大的损失。

对此，业内专家研究发现，争议广告发挥作用的前提是对企业不会产生任何负面的影响。

可能读者会问，什么样的争议广告对企业不会产生任何负面的影响呢？时任奥美顾客关系行销广告创意总监德克·艾伯通强调，尽管广告产生争议的原因有很多，可能是产品本身，可能是广告的表现形式，比如前卫、夸张等造成的。但是，一个能对企业产生正面作用的争议广告必须具备如下 4 个因素（见表 7-2）。

表 7-2　　正面作用的争议广告具备的 4 个因素

（1）有帮助	所制作广告对树立和提升企业品牌有帮助
（2）有品位	所制作广告体现出这个品牌自己的品位
（3）相关性	所制作广告与广告传播的目标信息相关
（4）坚决不做低俗广告	一些低俗的或者说是坏品位的东西坚决不能做

在这里，我们再来看看麦当劳的争议广告。

顾客：一个星期就好了，一个星期……（老板摇头）三天时间，三天时间好不好？

老板：（态度坚决）我说了多少遍了，我们的优惠期已经过了。

顾客：大哥，大哥啊……（跪地拉着老板的裤管乞求）

旁白：幸好麦当劳了解我错失良机的心痛，给我 365 天的优惠……

当麦当劳让中国的消费者向“麦当劳”下跪“求折扣”的广告播发后，立刻引起了中国消费者的强烈不满，随后引起了轩然大波。

而强烈的不满和抵制让麦当劳公司不得不回应这则新广告，时任麦当劳（中国）餐厅食品有限公司市场部王颖辩称说：“麦当劳了解顾客天天都想拿到物美价廉商品的需求，所以才设计了这个故事情节，下跪的细节是为了让广告显得轻松和幽默，绝对没有诋毁消费者的意思。”

然而，正如王颖所辩称的那样吗？答案当然不是。因为不管是法国雪铁龙，还是麦当劳公司，敢播放这样的广告，还是源于这些跨国公司不尊重中国消费者，而且这不是个案。在近 10 多年的时间里屡屡发生。比如，丰田汽车在美国赔偿，而在中国只维修；雀巢公司对于“奶粉碘超标”事件，以一种“挤牙膏”式的态度和行为应对；肯德基“苏丹红”事件；宝洁旗下 SK-Ⅱ护肤品；日本三菱帕杰罗越野车刹车质量问题；日本东芝笔记本电脑“软驱控制器存在缺陷”的问题……

这些跨国公司都对中国消费者表现出十足的轻视和傲慢，并且给予中国消费者不公平待遇。这些跨国公司对中国消费者之怠慢，与对待西方发达国家之殷勤，形成了鲜明对比。这种对中国消费者歧视性的做法，从本质上说，和“下跪”如出一辙。

这些外国公司之所以敢于怠慢中国消费者，甚至敢于让中国消费者“下跪”，主要有两个方面的原因：第一，有关部门的“媚外”与执法部门的软弱；第二，中国人过于迷信外国产品。

当然，麦当劳的这次“下跪”广告事件，不仅是跨国公司对执法部门底气的考量，更是对消费者腰杆子的挑衅。一个网友发帖说：“人家不拿我当回事，我为什么非要贱到去麦当劳！”

事实证明，一些企业制作争议广告，尽管能吸引消费者眼球，但也无疑是在与风险“共舞”。如果把握得不好，将会给企业带来意想不到的负面后果。

对此，陈刚强调，在广告创意和品牌传播中，无论是创意的内容还是表达方式都要考虑当地的现实因素，比如公众的文化接受习惯、商品的消费环境、公众的文化层次、广告业发展的阶段等。中国市场正在“从渠道竞争为主逐步进入一个推广竞争为主的阶段”。当产品同质化非常严重时，就需要对品牌精耕细作。中国企业对广告应该有一个开放的心理，敢于探索，与专业的广告公司合作，根据中国市场的特点，制定最为有效的广告策略。①

① 齐馨．争议广告是把双刃剑［N］．市场报，2004-1-6.

第三节　有销无营：急功近利求业绩，闭门造车论营销

没有产品、质量、服务这些东西，一切策划都是空的，这是我的一个看法。

——阿里巴巴创始人　马云

营销不等于策划，也不等于忽悠

中国的很多企业老板不是迷信广告策划，就是偏向制造营销概念，使得原本非常弱势的营销渠道更加可有可无。在这些企业老板看来，如果产品滞销，在媒体上做几个广告、制造几个营销概念就足矣。

经过采访得知，这些企业老板之所以这样做，是因为这些老板看到娱乐界的很多艺人在经纪人的策划和包装下曝光率大大增加，于是就将产品策划作为公司的重要战略来抓。

当然，这部分企业老板的做法是不可取的，也是不提倡的。因为这种治标不治本的做法会影响企业正常的生存和发展。马云在《赢在中国》评点创业选手时说道："没有产品、质量、服务这些东西，一切策划都是空的，这是我的一个看法。"

马云这样的评论是有根据的。作为创业者，没有适销对路的产品，没有过硬的产品质量，没有较好的服务，任何策划也都只是昙花一现。

研究发现，对于企业老板而言，策划是一把双刃剑，无论是造势策划，还是跟势策划，抑或别出心裁的策划，其轰动的背后，必将同时引来对策划本身的怀疑与反思，如果中间不能很好地平衡各种关系，同时亦会带来灾难性的后果。①

在中国大陆地区，可能有人不知道史玉柱本人，却知道广告词——“今年过节不收礼，收礼只收脑白金”。

一些对“脑白金”的研究认为，脑白金之所以能做起来，完全是依赖广告，靠忽悠。而巨人网络 CEO 刘伟对此并不认同：“那是外界不了解我们的营销策略。”

刘伟认为，随着每年广告费用的节节攀升，其成本非常高，仅仅依赖广告根本撑不住“脑白金”的市场。即一旦“脑白金”没有回头客购买，那么其后果是不可想象的。

针对研究者的质疑，史玉柱坦言：“骗消费者一年，有可能。骗消费者十年，不可能。”在史玉柱看来，“脑白金”的成功是口碑宣传的结果。而口碑营销是非常重要的，时间已经证明了这个问题。

资料显示，在“脑白金”刚成功时，一些营销专家扬言，“脑白金”不用一年就会垮掉。事实却出乎这些营销专家的意料，“脑白金”已经销售了 10 多年，现在还是同类产品的销售冠军。脑白金的几位主要干部都是当初在珠海时期的“老巨人”，1992 年、1993 年到公司的。营销团队也很强，有 1/3 的分公司经理是巨人首款保健品“脑黄金”时期的人。

事实证明，过去那些营销专家对脑白金的批评不攻自破。在做脑白金广告的这段时间里，史玉柱深入一线市场，做了大量的调查。资料显示，为了调查“脑白金”的真实市场，史玉柱询问过一些商场的柜员、农村大

① 佚名．从秦池、三株看中国策划业的发展［OL］．豆丁网．http://www.docin.com/p-518652524.html.

姐大妈。

正是这样的调查,才保证了“脑白金”的成功,才有了“今年过节不收礼，收礼只收脑白金”的广告语。

史玉柱在公开场合坦言：“脑白金的成功没有一丁点的偶然因素，归根于我本人带领的团队对目标消费群的调查与研究的结果。”

史玉柱调查发现，那些批评脑白金的人多数是没有吃过脑白金这个产品的，而真正地吃过脑白金的消费者往往是不会主动向媒体披露说的，因为他们也没有对媒体宣传的义务。

在脑白金的实际销售中，能够得到消费者的认可，离不开消费者的口碑宣传。正是这个口碑宣传，脑白金才赢得了回头客。

史玉柱对目标市场做了大量的实地调查，无疑最有发言权。在第一次失败后的很长一段时间里，史玉柱不是在药店里调研，就是到农村跟一些老年人沟通交流。

在开拓无锡市场时，史玉柱竟然把当地几百家药店都调研了一番。当史玉柱看到调研数据时，已经成功地为销售脑白金打下了基础。每次启动一个新市场，史玉柱都这么做。

得到第一手调研数据，史玉柱就把脑白金这个产品瞄准了受众广大的农村市场，打出送健康的“送礼”模式。原因是农村老年人“很抠门，想吃也舍不得买”，只有等子女花钱买。创业前，史玉柱曾在安徽统计局农村抽样调查队工作，对农村市场的理解与调研功夫很扎实。

脑白金试销一年后在全国迅速铺开，月销售额飙升至1亿元，利润4500万元。与此同时，大部分中国人通过电视记住了“今年过节不收礼，收礼只收脑白金”这句广告词。①

① 佚名．史玉柱，胡润财富榜上最富有IT商人的近视手术故事［OL］．大河网．http://www.dahe.cn/ggzx/zhuanti/purui/ssgs/t20071225_1230994.htm.

消费者比营销专家更有话语权

要想把产品销售给消费者，作为企业老板，不用去问营销专家，而是要问消费者。对此，史玉柱在公开场合说："我一直认为，营销学书上的那些东西都是不可信的，和他们想法相反的，倒可以试一下。营销学诞生于美国 20 世纪初，事实上是当时美国几大广播公司搞出来的，目的就是让企业投放广告。最好的营销老师就是消费者，如果有好的产品、好的营销，队伍过硬，就能打开市场。"

在史玉柱看来，消费者比营销专家更有话语权。史玉柱坦言，在策划"脑白金"这个品牌时，史玉柱就完全遵守了"721 原则"（见表 7-3）。

表 7-3　"721 原则"

7	所谓 7 就是把消费者的需求放在第一位，即花 70% 的精力来服务于消费者
2	所谓 2 就是公司投入 20% 的精力做好销售终端的建设与管理
1	所谓 1 就是公司只花 10% 的精力用来处理公司与经销商之间的关系

史玉柱之所以要花费大量的精力研究消费者，是因为消费者比营销专家更有话语权，是直接购买产品的人。对此，史玉柱在接受媒体采访时说："营销是没有专家的，唯一的专家（就）是消费者，（也）就是你只要能打动消费者就行了。"

在中国大陆地区，保健品市场的竞争从来都是非常激烈的。要想在红海市场深处杀出一条血路，就必须开创自己的蓝海市场。

史玉柱经过一番深入的研究，用"脑白金"、"黄金搭档"这两款产品开创出一片蓝海，从而获得了意想不到的成功。

究其原因就是，史玉柱对消费者的研究。正如史玉柱在接受媒体采访时所说：“我的成功没有偶然因素，是我带领团队充分关注目标消费者，做了辛苦调研而创造出来的。”

在史玉柱看来，要想让消费者购买自己的产品，就必须去了解消费者，但是作为企业经营者往往不愿意了解消费者，因为消费者很难了解。史玉柱为了加深对消费者的了解，就花费了大量的时间和精力。

按照传统的营销思维，一般是先生产一个较好的产品，再根据产品去开拓市场，然后把产品销售出去。然而，史玉柱却恰恰相反，他先在一个潜力巨大的市场中去研究消费者，然后再根据消费者的需要定位去生产消费者所需的产品。

2003 年，史玉柱驾驶着汽车走遍了中国大陆地区所有的省、市、自治区，其目的就是做市场调研。

史玉柱深入调查后发现，在中国大陆地区，至少不低于 70% 的女性有睡眠不足的毛病，而睡不好觉的老人则有 90% 以上。

在调研中，老人和妇女还经常关心关于衰老的问题。在史玉柱看来，这是一个潜在的具有巨大商业价值的市场机会，更为重要的是在这个市场内缺乏明显的领导品牌。

针对这些消费需求，史玉柱把脑白金及其后的黄金搭档强势推出。然而，和其他创业者一样，史玉柱刚开始推广脑白金时，并不顺利。

然而，遭遇挫折的史玉柱却不轻易放弃，因为他看到了许多中老年人对治疗失眠、肠道不好的“迫切需求”。脑白金改变了传统的胶囊形式，推出了 1+1 的产品模式：胶囊管睡眠，口服液管肠道。刘伟称“脑白金这个做得很绝。”

在推广黄金搭档时，史玉柱把广告词撰写得更加通俗易懂——“黄金搭档送长辈，腰好腿好精神好；黄金搭档送女士，细腻红润有光泽；黄金搭档送孩子，个子长高学习好。”

尽管这样的广告词被众多的营销专家和广告大师评点为俗气的广告，但是却牢牢抓住了每一个目标受众的心。

对此，史玉柱在接受媒体采访时坦言：“营销是没有专家的，唯一的专家是消费者。你要搞好策划方案，你就要去了解消费者。”

然而，在中国大陆地区，一些企业对消费者的研究，并非打算为消费者带来什么实质的利益，而是为了有效地宣传和广告方案的策划而研究人，追求的是“把梳子卖给和尚”甚至是“把发簪卖给和尚”的手段，至于将黄金与酒的结合则是从“王婆卖瓜式的销售的初级阶段”向心理学与行为学的如“皇帝的新衣”的产业提升。

第八章　不惜一切代价上市

要记住，你一定要在你很赚钱的时候去融资，在你不需要钱的时候去融资，要在阳光灿烂的日子修理屋顶，而不是等到需要钱的时候再去融资。

——阿里巴巴创始人　马云

第一节 迎合风险投资家：在引进风投时稀释掉对公司的控制权

几乎所有民营企业吃过的一次亏就是想方设法去控股。我没有控股董事会。我成立阿里巴巴的时候，就跟董事会投资者讲，阿里巴巴的董事会是一个工作的董事会，不是在分享权利的董事会。CEO 要凭自己的智慧、勇气、胆略去领导这个公司。

——阿里巴巴创始人　马云

不能在资本层面稀释掉对企业的操纵权

事实上，在做强创业企业的过程中，融资始终是一个绕不过去的问题。作为企业老板来说，在创业企业极度缺乏资金的时刻，也愿意给初创企业注入资金。

然而，马云却告诫创业者，面对初创企业急需的资金，作为企业老板必须要冷静对待，绝对不能在资本层面稀释掉对于公司的控制权，尤其是在创业成败的关键期。

在这里，我们来回顾一下国内的一些真实案例：2001 年 6 月初，新浪网创始人王志东离开公司的首席执行官（CEO）、总裁、董事等职位，这在业界引起很大的轰动和反响。而在此之前，国内已经有一些公司在融入创业投资后，公司的创始人由于种种原因先后离开公司，如瀛海威的张树新、中公网的谢文、Chinaren 的陈一舟、8848 的王峻涛、美商网的童家威等。

另外，一些创业企业在融资后不久，创业投资家帮助公司引入职业经理，创始人从公司的“一把手”位置后撤，如一些技术出身的创始人转向主要负责技术开发，而不负责公司的总体发展和日常管理等。①

从这些失去控制权的创业者的处境来看，马云的指导思想更具建设性。作为企业老板，面对外界资金的注入，必须要能克制金钱的诱惑。

在马云的融资过程中，在洽谈了数家融资方后，马云决定，阿里巴巴只接受软银2000万美元的注资。

可能有些创业者会问，既然投资方愿意多注资，马云为什么只接受软银2000万美元的注资呢？

针对这个问题，马云告诫创业者，面对来自各方的风险投资，创业者绝对不能见钱眼开。一旦见钱眼开，极有可能会失去自己在公司的控制权。

研究发现，马云在历次融资中，都坚持阿里巴巴的公司的控制权绝对不能旁落他人之手，这是马云一直坚持的原则。

即使在2004年2月，阿里巴巴第三次融资8200万美元，马云及其创业团队仍然是阿里巴巴的第一大股东，占47%的股份。②

一些企业老板为了获得外部的创业投资资本，出让企业的部分股权给那些有经验和能力的创业投资者。尽管双方会签订投资协议和相应的股权协议等一系列合同，接受创业投资的创业企业（以下简称风险企业）的产权从法律上讲是明晰的，但是，风险企业中高层管理团队的人力资本具有特殊的重要性，尤其是处于种子期和初创期的企业，可以说其大部分价值

① 佚名．马云：不能在资本层面稀释掉对企业的操纵权［OL］．亚洲财经．http://www.asiafinance.cn/news/2011-12-14/asia0000051797.shtml.

② 佚名．马云讲创业的三个原则［OL］．中国创业资讯网．http://www.cn08.net/html/cyebd/200802/7083.html.

在创业者的头脑中，也就是说即使创业者在企业中的股份不多，但他们拥有许多实质上的控制权。①

对此，马云强调，阿里巴巴在融资过程中，坚持的原则是“不许任何人控股”。当然，在今天，我们来剖析马云“不许任何人控股”的融资忠告时，不难发现这其实与马云曾经的经历有关。

时间回到1996年3月，为了让中国黄页更好地发展，马云决定将中国黄页与杭州电信合并。

然而，让马云没有想到的是，当中国黄页与杭州电信合并之后，由于中国黄页只占30%的股份，其话语权不足，导致中国黄页处处受到杭州电信的牵制。

按照马云当初的设想，中国黄页最终的目标是打造成“中国的雅虎”。而杭州电信的主要目的却是赢利。双方经营理念的不同直接导致了决策上的巨大分歧，马云提出的种种计划都在杭州电信的无视下化为泡影。或许马云就是在那个时候看透了资本控制企业的弊端，所以，在创办阿里巴巴时，他一再强调不许任何人控制阿里巴巴，他自己不控股，也不许别人控股。②

对此，马云告诫企业老板说：“几乎所有民营企业吃过的一次亏就是想方设法去控股。我没有控股董事会。我成立阿里巴巴的时候，就跟董事会投资者讲，阿里巴巴的董事会是一个工作的董事会，不是在分享权利的董事会。CEO要凭自己的智慧、勇气、胆略去领导这个公司。”

外资不会控制阿里，自己会掌控阿里的未来

2010年10月，有关阿里巴巴控制权的问题引发业内关注。根据阿里

① 佚名．马云：不能在资本层面稀释掉对企业的操纵权［OL］．亚洲财经．http://www.asiafinance.cn/news/2011-12-14/asia0000051797.shtml.

② 余在杭．芝麻开门：马云和阿里巴巴的成功之道［M］．北京：中国时代经济出版社，2007.

巴巴五年前与雅虎的协议，2010年10月，雅虎将拥有阿里第一大股票权及与马云等管理层相当的董事席位。业界分析认为，马云等有可能失去对阿里的控制权。①

为此，在中国计算机大会上，马云首度表态称，虽然外资是阿里的控资大股东，但是外资不会控制阿里，自己会掌控阿里的未来。②

以下为马云讲话摘录：

马云：我要感恩。没有资本，可能阿里巴巴发展不会那么顺利，但是没有这个人的资本，还有他或他的资本。但是（如果）没有我们的价值体系，没有员工的点点滴滴，没有对未来的把握和社会的感恩，就不可能有我们的阿里巴巴。我们不会放弃原则，但是做任何事，必须是合法、合理、合规，还有合情。

我坚信不疑的事情是，资本只能是赚取利益，资本家永远是舅舅，你是这个企业的父母，你要掌握这个企业的未来。股东永远是第三位，他（指资本）永远是舅舅，买奶粉的钱不够就借一点。

（当初）初创阿里巴巴时，曾经至少拒绝了30家VC投资，原因是他们要求控制阿里巴巴。

（另外）影响我的一定是消费者的需求，这是第一个；第二个影响我的一定是我的团队，我的同事告诉我这个东西错了，我会很认真地停下来听；股东说（做）错了，你说得清楚一点，我再听听，最后是我自己决定。”

马云的观点非常明确，那就是“资本只能是赚取利益，资本家永远是

① 马云：资本永远是舅舅自己掌握阿里未来［OL］. 中国企业家网 . http://www.iceo.com.cn/renwu34/2010/1012/201641.shtml.

② 马云：资本永远是舅舅自己掌握阿里未来［OL］. 中国企业家网 . http://www.iceo.com.cn/renwu34/2010/1012/201641.shtml.

舅舅，你是这个企业的父母，你要掌握这个企业的未来。”

在阿里巴巴融资过程中，马云及其团队始终坚持“外资不会控制阿里，自己会掌控阿里的未来”的原则。

2000年1月，为了让阿里巴巴更好、更快地发展，融资已经迫在眉睫。于是，作为创始人的马云，带着最得力的创业伙伴蔡崇信财务总监与软银谈判引进战略投资。经过艰苦的谈判，投资事宜终于尘埃落定，甚至还超出了马云的意料，孙正义答应软银向阿里巴巴提供3000万美元的投资。

然而，在这次引进战略投资谈判中，作为财务总监的蔡崇信连续三次拒绝了孙正义。据蔡崇信后来自己回忆说：

“对孙正义说‘不’是需要勇气的，他是一个几乎让人无法拒绝的人，当时在互联网界他投资雅虎的故事已经让人听得耳朵都起茧了。可能因为我们当时资金还是比较充实的，我对他说了三次‘不’。”

这一次，马云与财务总监蔡崇信在引进战略投资中旗开得胜，马到成功。当马云和蔡崇信凯旋返回阿里巴巴总部，在董事会上宣布了谈判结果——软银向阿里巴巴提供3000万美元的投资时，让马云没有想到的是，这一结果却在董事会中掀起轩然大波。

尽管这一注资是一件大好的事情，然而董事们却一致认为，软银向阿里巴巴提供3000万美元的投资的结果会导致股东结构不平衡，一旦将来再融资时，就会出现重大问题。

在经过深思熟虑之后，马云向孙正义的助手坦言，阿里巴巴只需软银提供2000万美元的投资。

为此，马云说：“我们只需要足够的钱，太多的钱会坏了事。是的，我是在赌博，但我只赌自己有把握的事。尽管我以前领导的团队不超过60人，掌握的钱最多200万美元，但2000万美元我管得了，太多的钱就失去了价值，对企业是不利的，所以我不得不反悔。”

马云的做法让诸多创业者无法理解，特别是马云义无反顾地坚持只需软银提供2000万美元的投资，而把谈判中的另外1000万美元给返还了。

在很多企业老板看来，这是一件只有傻子才做的事情。而马云却振振有词地说："钱多了未必是好事，因为你不一定懂得如何花这些钱，放在银行睡大觉还不如不要。再说我也没管过那么多钱，一下子给了我们几千万美元，怎么管得了？"

究其原因，马云坚持只需软银提供2000万美元投资的主要目的，还是坚持"外资不会控制阿里，自己会掌控阿里的未来"的原则罢了。

在马云看来，融资也是为了更好地让阿里巴巴高速发展，而不是卖掉阿里巴巴。从阿里巴巴的历次融资谈判中可以看到，每次融资时，一旦涉及股份问题，马云的态度都非常坚决，而且也很明确。马云坚持的原则就是——外资不会控制阿里，自己会掌控阿里的未来。

马云这种自始至终坚持的"以我为主"的融资之道，才是经过数次融资，马云控制阿里巴巴的方向权没有旁落外资的一个真正原因。因为马云深知，融资全世界多得很，而阿里巴巴只有一个。马云"以我为主"融资之道具体体现在两个大原则上（见表8-1）。

表8-1　马云"以我为主"融资之道的两大原则

原则一：绝不出让控股权	在阿里巴巴的融资中，无论是高盛，还是软银，其注入的风投资金都不能超过49%以上的阿里巴巴股权，而阿里巴巴的控股权必须永远牢牢掌握在阿里巴巴团队手中。事实上，阿里巴巴在创业融资过程中，其融资都是非常成功的，上亿元的融资就曾经有过三次。而引入的最大的融资高达10亿美元（除去上市直接融资）。但无论软银还是雅虎，谁都没有拿到控股权
原则二：主动挑选	在历次阿里巴巴的融资中，马云都坚持"主动挑选"的原则，即使是在阿里巴巴最艰难揭不开锅时，马云同样坚持"主动挑选"原则。在阿里巴巴发展过程中，要融多少资，要引入什么样的战略投资者，接受什么样的条件，都必须建立在以阿里巴巴的利益为主、以阿里巴巴的长远战略为依据的基础之上

第二节 不惜一切代价上市：企业的终极目标就是上市

最失败的就是让新东方上市。其他都还好。这个失败从另一个意义上说也是成功，没有上市也没有这么多关注。

——新东方创始人 俞敏洪

不惜一切代价上市简直就是揠苗助长

其实，对于企业老板而言，上市与否，完全取决于企业自身的情况。如果财务不规范，那么就聘请一个会计专家。如果的确要上市，那么就聘请相关的专家，一步一步地、循序渐进地将企业规范地经营，从而达到上市公司的要求，绝对不能揠苗助长。

可能有读者会问，既然上市要根据自身条件，还要坚持循序渐进，那么为什么很多企业老板还要不顾一切上市，有的企业老板还造假上市呢？

其实就是部分企业老板不懂法律，总是抱着侥幸的心理，铤而走险，结果就是搬起石头砸自己的脚，将自己经营多年的事业葬送。

1996 年，绿大地生物科技股份公司创办者和董事长何学葵从云南小城河口一个小花店起步，经过短短五年时间，从一个小花店发展成了总资产上亿元的大型民营企业。

此刻的何学葵大胆决定和科研部门合作，并很快取得了较好的效果，没过多久就培育出了20多个新品种花卉，从而建成了云南省境内最大的种苗培养基地，所培育的花卉产品得到中外经销商的认可，甚至还出口海外。

正当何学葵的事业蒸蒸日上的时候，何学葵又抓住了1999年昆明世博会这个巨大的商机，巧妙地签订了多项绿化工程项目的合同，这就为绿大地生物科技股份公司成为云南园艺和绿化行业的龙头企业打下了坚实的基础。

《圣经》说，大多数人都会选择走“宽门”，因为这是最好走的路，也是通向地狱的路。只有极少数人才会选择“窄门”，那里通向天堂。只有这些人才会走进天堂。这个道理对何学葵来说，同样适用，何学葵如果这样脚踏实地地经营下去，绿大地必然有一个美好的未来。但是他却不满足于这样稳健的发展路径，追求跨越式的发展，希望绿大地能够在短时间内迅速做大。

于是何学葵产生了把绿大地包装上市，通过上市融资的方式来快速扩张的想法。

而在此刻，何学葵正好接触到了几位资本运作的资深专家。这几位资深专家给何学葵介绍了有关资本市场翻手为云、覆手为雨的种种传奇，促进了想快速做大绿大地的何学葵尽快上市的进程，当然，何学葵强烈的上市欲望和冲动也为日后造假上市埋下了伏笔。何学葵的战略就是绿大地有条件要上市，没有条件也必须创造条件上市。

要想上市必须达到上市的标准。然而，按照绿大地当时的情况，肯定是达不到上市的标准的，绿大地上市只不过是何学葵的一个梦想而已。

何况让绿大地上市并不是何学葵的专长，要实现绿大地上市，何学葵就必须聘请相应的管理人才，而这个人才就是曾经就职于贵州财经学院和云南省审计厅的蒋凯西。

在何学葵制定了绿大地上市的目标后，为了让蒋凯西帮自己实现绿大地的上市梦，何学葵拿出了一部分原始股权给蒋凯西，同时在2000年前后，聘请蒋凯西担任了绿大地的董事和财务总监。

蒋凯西的加盟，加快了绿大地上市的步伐。为了让绿大地更快上市，蒋凯西向何学葵推荐了上市资深专家——庞明星。

可以说，庞明星是一位名副其实的上市专家。在2003年加盟绿大地之前，他已经帮助中国10多家企业做过上市了，对上市的流程了如指掌。

为了让绿大地能达到上市的标准，财务总监蒋凯西、财务顾问庞明星、出纳赵海丽负责在账本上虚增业绩，而采购中心主任赵海燕负责在客户上做文章。就这样，绿大地这辆造假的马车开始在上市的路途上狂奔了，主要有以下3个步骤（见表8-2）。

表8-2　绿大地上市的3个步骤

（1）修改公司名称	把绿大地公司的名称加入生物科技的字样，以迎合市场和投资人的喜好
（2）注册一批由绿大地实际控制的公司	注册了一批由绿大地实际控制的公司，利用其掌控的银行账户，操控资金流转
（3）达到上市的条件	伪造合同、发票和工商登记资料，虚构交易业务，虚增资产，虚增收入以达到上市的条件

经过这样的3个步骤后，经过事后的稽查发现，在绿大地上市前后，绿大地虚增资产3.37亿元，虚增收入5.47亿元，个别的资产竟然被虚增了18倍之多。

不过，尽管中间经历了一些小小的波折，即在2006年10月，绿大地的第一次上市失败。对此，何学葵认为：“发行股票没有审核通过的原因，主要就是，关于市场调研运行，还有市场前景的问题，大量募集资金投向与经营问题。”

但是，在何学葵“绿大地有条件要上市，没有条件也必须创造条件上市”

的指导方向下，蒋凯西、庞明星等人最终还真把绿大地给鼓捣上市了。即在2007年12月21日，绿大地终于成功地登陆了中小企业板，募集资金3.46亿元。至此，绿大地成为当时A股唯一一家绿化行业的上市公司，也成为云南省第一家民营上市公司。

就在绿大地上市挂牌的第一天，绿大地的股价一路高涨，市值上涨了178%，最高时涨到了每股近64元。而作为绿大地创办者和董事长的何学葵，其一度拥有超过27亿元的资产。

2009年，在资本市场上凯旋的何学葵就跻身胡润富豪榜，成为媒体和地方政府关注的云南女首富。而此时，在资本市场上狂奔的绿大地已经踏上了一条不归路。

为了达到上市公司的要求，何学葵等人通过造假堆出虚假的繁荣。为了避免绿大地资金链断裂的危险，绿大地又在2009年8月提出了增发申请。

然而，让何学葵没有想到的是，正是2009年8月提出的增发申请，让监管部门发现了绿大地造假上市问题的水下冰山，最终导致了整个骗局的败露。

2011年12月，昆明市官渡区法院做出了判决：绿大地公司构成欺诈发行股票罪，判处罚金400万元；原董事长何学葵判处有期徒刑三年，缓刑四年；其他几位被告也分别被判处二年到四年的缓刑。

那次判决之后，何学葵没有提出上诉，但是昆明市检察院却认为判罚太轻，提出了抗诉，这才有了2012年5月7日在昆明市中级人民法院的第二次审判。这一次，检方又对何学葵等被告提出了违规披露重要信息罪、伪造金融票证罪和故意销毁会计凭证罪三项指控。其中伪造金融票证罪最高的刑罚，是无期徒刑。为此，中国新时代的云南女首富就这样悄然地谢幕了。

在本案例中，何学葵为了上市，不惜造假，最终为自己的行为付出了代价。客观地说，何学葵是中国女企业家中一个非常耀眼的奇葩。

从何学葵的履历中我们就能看出，1990 年 7 月，何学葵毕业于云南财贸学院商业经济系，其后相继担任了云南省路达公司财务经理、云南省卫生厅升龙公司业务经理、昆明五华经贸公司总经理等职务；1996 年 6 月，何学葵联合其他股东组建了云南河口绿大地实业有限责任公司，任总经理；2001 年 3 月，公司整体变更为云南绿大地生物科技股份有限公司，何学葵担任董事长；2011 年 3 月 18 日，公司收到控股股东、董事长何学葵辞职申请，因个人原因，何学葵申请辞去公司董事、董事长职务。

短短数年间，何学葵把一个仅有 20 万元流动资金、5 名员工的小花店发展成一个注册资本为 4400 多万元、总资产上亿元、拥有 250 多名员工的大型股份制企业。

这样的经营业绩说明何学葵是一位不可多得的精英人才，何况还是一位女企业家。对此，中国证监会稽查大队稽查人员小刘在接受采访时谈道："公司就踏踏实实做工程，做苗木工程，做绿化，估计还可以，但是规模可能不会像现在虚假这么大。"

当何学葵造假上市的事件被媒体披露后，有媒体公然把绿大地称为"银广夏第二"，因为绿大地和"银广夏"这两家公司的方法非常雷同，两家公司都是农业股，都是虚增利润，业绩造假。

何学葵"绿大地有条件要上市，没有条件也必须创造条件上市"的做法警示，尽管上市圈钱融资对于任何一个企业来说都具有非常大的诱惑力，但是企业老板如果不计成本、盲目跟风，甚至造假上市，都可能为之付出惨重的代价。

就像上述案例中绿大地创始人何学葵一样，不仅失去了实现自我价值的机会，而且连前途也没有了，实在令人惋惜。

上市要根据自身条件，还要坚持循序渐进

在很多场合下，一些企业老板总是大张旗鼓地向外界宣布，在多长时间之内必须把企业上市，而且不惜一切代价。如果企业老板这样做，你的企业离倒闭就不远了。

我们经常能看到，一些企业在上市后按捺不住狂喜的心情，不是把“××企业成功上市”的大幅标语挂在企业大厦的顶端，就是把上市作为炫耀的资本——我们是上市公司。

其实，这些企业老板压根不明白为什么要上市，除了攀比之外，大多都是盲目跟风。在中国，新东方可以说是民营教育机构的一面旗子。当新东方上市之后，其创始人俞敏洪曾经在多个场合下向外界传递了对新东方上市的后悔之意。

当媒体记者以“作为一个成功者，你人生最大的失败是什么”为问题来采访俞敏洪时，俞敏洪的回答向众多不惜一切代价上市的老板泼了一盆冷水。

俞敏洪说：“最失败的就是让新东方上市。其他都还好。这个失败从另一个意义上说也是成功，没有上市也没有这么多关注。”

俞敏洪说，上市就要对股东负责，就要追求规模和利润增长。当企业扩张之后如何来保证质量就成为一个让老板感到非常棘手的问题。

由于工作的原因，俞敏洪曾多次到访过欧洲。他对巴黎的咖啡馆充满诸多羡慕，也由此反思新东方上市是否错误。俞敏洪说：“很多500年、800年的咖啡店现在还开着，规模没有变化，但老板祖辈相传，充满了幸福感和骄傲感。”

然而，一旦企业上市，追求规模和利润增长就不得不作为企业经营的重要战略方向，“想一下，如果咖啡店以每年 20% 的速度扩张，会变成什么样？整个巴黎都应该是同一家咖啡店了。”俞敏洪说，“这感觉太荒谬了”。

俞敏洪坦言，自己的下一个梦想，是建一所真正的非营利私人大学，有全球最好的师资，提供最好的教育。然而，当新东方上市之后，这样的梦想也开始远离自己当初上市的初衷。

客观地讲，俞敏洪的观点是非常有道理的。反观现在欧美成熟市场，许多企业大都不肯轻易去上市，在这些企业老板意识中，是否上市是一个关乎企业生存和发展的、十分谨慎的决策。

而在中国崛起呼声中的诸多企业，几乎把企业上市作为一个伟大的目标来实现，甚至在很多企业战略中，明确把上市作为一件重要的事情来抓。

为什么欧美成熟市场的企业不肯轻易上市，而中国企业纷纷举起上市的大旗呢？究其原因就是，这两类企业“上市观”的差异非常巨大。

差异主要是源于企业老板的动机不同，前者是为了更好地把企业做强做大，而后者就是为了上市圈钱，甚至有的企业为了上市圈钱不惜造假。这样的路径不同，其产生的后果也无疑迥然不同。

在《家族企业长盛不衰的秘诀》培训课上，一个学员问：“周老师，我觉得欧美国家的家族企业创始人就知道傻乎乎地干，一点都不懂得利用资本经营的作用，不轻易上市就是太保守。”

其实，这个学员的想法很有代表性，他们只知道上市给家族企业带来作用，却不知道上市有时也会影响家族企业的发展。一般来说，家族企业上市的作用有以下几个（见表 8-3）。

表 8-3　家族企业上市的作用

(1)上市有助于家族企业实现低成本、快速融资	融资是家族企业非常棘手的问题，而上市是家族企业在融资方面一个相对低成本的融资工具。事实证明，对于家族企业来说，上市仍然还是一种较为快速融资的方式
(2)家族企业减少对银行贷款的过度依赖	在家族企业的发展过程中，为了获得更好的发展，创始人往往会向银行寻求贷款，这样就会造成对银行存在一定的依赖性。当家族企业上市后，可以从资本市场融到巨额的资本，家族企业的资产负债率也相应大大地降低了，对银行贷款的依赖性也就相应地降低。而且，家族企业上市后，家族企业在银行的信用评级也会相应得到提高
(3)可融资和再融资	在家族企业的发展中，往往面临着可融资和再融资问题。当家族企业上市后，就可以进行可融资和再融资了，由此带来资金的乘数效应，从而获得更多的发展机会。比如，万科当初是以倒卖猪饲料开始的，后来凭借上市再融资获得了很多发展机遇，如今的万科在资本市场获得了充裕的发展资金
(4)低成本广告效应	不可否认的是，在家族企业上市前后，众多媒体发表相关的分析文章，对于提升家族企业品牌有一定的作用
(5)实现跨越式发展	当家族企业上市后，不仅可以募集巨额的发展资本，而且还能利用募集的资本来完成家族企业产业链的整合
(6)提升家族企业的管理水平	当家族企业上市后，按照规定必须引进科学的公司治理，建立一套规范的管理体制和财务体制。当然，这有助于提升家族企业的管理水平

可能读者会问，对于家族企业来说，既然上市的优势如此明显，那么在欧美国家的家族企业为什么不轻易上市呢?

究其原因就是，这些家族企业创始人知道，一旦“上市”，就意味着曾经一个人或者几个人拥有的家族企业将变成由许许多多人(包括中小投资者)共同拥有。当然，这只是不愿意上市的其中一个原因，更多的原因见表 8-4。

表 8-4　　欧美国家家族企业不愿意上市的 4 个原因

原因一	当家族企业上市后，人们往往对上市公司尤其是那些高成长型企业上市都有较高的成长预期
原因二	很多家族企业不愿意上市，其中一个理由就是不愿意接受上市公司严格的信息披露制度，因为家族企业一旦上市，就必须公开企业的信息，即使某些商业秘密也不例外，这是对上市公司的竞争力的巨大挑战
原因三	一般地，家族企业上市后，无疑就成为一家公众公司。而其对社会的直接影响以及自身社会形象都具有“放大”效应，一旦遭遇危机，家族企业的股票市值就可能大幅度缩水
原因四	家族企业上市之后，就意味着家族企业创始人的股权被稀释，家族企业的经营战略，或者是某些经营决策也可能被更多人控制或者做出相应的改变，甚至有的家族企业控股权都有可能面临旁落他人的危险，尤其是过去家族企业创始人独享利润将被极大地“摊薄”

第三节　别人的钱不用白不用：从创业第一天起就开始想着融资

不要从创业第一天起就想着融资，在没有盈利之前也不要去想，绝大部分企业在没有盈利之前融资是不正常的。

——阿里巴巴创始人　马云

不要从创业第一天起就想着融资

在中国，不论是中小企业，还是微型企业，融资都是企业创立和发展的一个重要环节，也是理论界和实践界长期关注的热点问题之一。

由此可见，融资问题一直困扰着非常多的企业老板。研究发现，很多企业老板为了解决融资问题，甚至在创业第一天起就开始筹划融资的事情。

2010年6月，在阿里巴巴股东大会上，马云向中小企业老板传递了一个“分享商业智慧，助力小企业人群”的“云计划”，马云亲手启动了“云计划”并担任首席导师。创业10年后，再次充当老师的马云在这个平台上频频亮相，观点犀利。

面对诸多中小企业老板步入融资误区，以及其对融资时间举棋不定等问题，马云对中小企业老板发出这样的警告——中小企业不要急着圈钱。

然而，许多企业老板却在融资的困境中煎熬着。比如，在房产中介服务行业工作十年的胡志刚决定创业，他没有想到在转战互联网创业时，就遭遇诸多难题。

根据胡志刚的介绍，2009年他就开始组织团队研发专业的找房网站，并于2010年年初上线。

该找房网站的定位是地产中介服务商和经纪人，但在该找房网站推广初期，无法盈利，使胡志刚年内推广到20个城市的雄心计划遭遇了囊中羞涩的尴尬。

胡志刚纠结于何时融资的苦恼，正是中国万千家小企业在创业初期因“缺钱”而进退维谷的真实写照。这样的呼声很快在“云计划”中得到超过万人的点击和关注。①

针对胡志刚等企业老板的融资误区问题，马云告诫企业老板：“不要从创业第一天起就想着融资，在没有盈利之前也不要去想，绝大部分企业在没有盈利之前融资是不正常的。”

这是马云对胡志刚等企业老板的融资误区问题给予的直接警告。当然，马云的忠告来源于创建阿里巴巴时的经验。在创建阿里巴巴时，从创业启动资金只有50万元，带领“18罗汉”起家开始，马云就重点谈到，启动

① 张绪旺．马云：小企业不要急着圈钱［N］．北京商报，2010-6-2.

资金必须是 Pocket Money（闲钱），不许向家人朋友借钱。

在马云看来，做企业，首先要想到的是“没有融资我也能盈利”，这才是正确的道路。在很多公开场合，马云告诫企业老板：“要记住，你一定要在你很赚钱的时候去融资，在你不需要钱的时候去融资，要在阳光灿烂的日子修理屋顶，而不是等到需要钱的时候再去融资。”

马云的告诫似乎与很多企业老板的做法迥然不同，在众多企业老板意识中，只有缺钱的时候才是融资的最佳时期。因此，马云的观点看似与时代行情格格不入，当大量互联网企业沉醉和炫耀于刚诞生就获得大批投资的“钱途似锦”时，已经坐拥亿万身价的马云对“钱”的态度却谨慎和冷静许多。①

对于融资这个企业老板非常关心的问题，马云一次次用自己的融资经验告诫企业老板：“钱是资源，不可以没有，但光有钱一点用都没有！今天的网络，不是凭资本打天下，而是靠思想打天下、靠行动打天下、靠团队打天下、靠创新打天下。做企业，比的是花最少的资源做最大的事情，别人做这个事情要 15 块，你只要 5 块钱也能做得一样好，那你就赢了。”

企业老板要善用“他人钱”

众所周知，急需融资的企业老板到银行去贷款时，往往会遭遇烦琐的程序而被拒之门外。

显然，银行这样做就是有点嫌贫爱富。在 APEC 中小企业峰会论坛上，融资难已经成为 APEC 中小企业峰会与会代表热议的话题，甚至有代表直言不讳地抱怨说：银行“只锦上添花，不雪中送炭”。

在 APEC 中小企业峰会现场，当谈到中小企业融资难的老大难问题时，

① 张绪旺．马云：小企业不要急着圈钱［N］．北京商报， 2010-6-2.

马云颇为激动地说："为什么国企、房地产得到贷款，而中小企业没有，同样的问题我已经听了 6 年，我还要听多少年？"

面对中小企业与会代表的质疑，银行业代表则认为，中小企业融资难的原因是银行与企业间信息不对称。工行浙江分行业务部总经理助理陈诗礼说："为什么银行不能放信用贷款，为什么不能速度快一点？为什么利率不能低一点？说到底，银行不会做信息不对称的事情。我不知道你的信用、不知道你的信息的话，银行各个成本都会加大。"

来自银行的数据显示，中小企业的不良贷款率也超过银行平均整体不良贷款率。陈诗礼表示，1999 年国企改制后，贷款不良率一般在 1% 以下，而中小企业在去年金融危机时不良贷款率达 1.46%。招行代表表示，浙江分行去年的不良贷款率达 0.4%，中小企业不良贷款率则在 0.5%~0.6%。[①]

招商银行杭州市分行中小企业部副总俞雷文认为，银行是以盈利为目的的商业机构，做到既防范风险又能获取利润，是可持续发展的前提。他们在和中小企业打交道中，对一些管理不太好、效率比较低、产品前景不太好的企业，确实拒绝放贷。[②]

而马云却不认可银行业代表的观点，马云认为，中小企业融资难在于与银行"利益不对称"。

马云显得极为激动地说："如果银行真想做，这样对称的事情难道还做不起来吗？我相信中小企业的峰会我们的大行长不会来，但是 500 强的峰会他们可能就会去。"

其实，马云说得很正确，银行和中小企业之间并不是信息不对称，而是利益不对称，信任不对称，责任不对称。

针对陈诗礼的说法，马云认为，"银行刚才说了国企的坏账率比民企

① 薛松．马云忆当年融资难：一家家敲门一家家被拒［N］．广州日报，2009-9-17.
② 薛松．马云忆当年融资难：一家家敲门一家家被拒［N］．广州日报，2009-9-17.

低一点，可是很多国企是做垄断行业的，而中小企业完全靠市场。假如给我们机会，我们会做得更好。如果给在座的小企业钱，我相信一定会还。”

针对陈诗礼担心的中小企业信用问题，马云认为，这种顾虑是多余的。马云说，自己1992年的时候创办了一家翻译社，当时每年的房租高达2万多元，但翻译社第一个月收入才700块钱，还是熟人介绍的生意。为了维持生存，马云向银行贷了3万块钱，“这三个月几乎没有睡着觉过，即使是上哪借钱，也要把钱还回去”。[①]

的确，马云的观点非常犀利。马云表示，阿里巴巴在成长的初期，没有得到过银行一分钱贷款，没有拿到政府一分钱。现在，阿里巴巴成长起来后“银行开始敲我的门”。马云认为，银行以“信息不对称”为由拒绝向中小企业融资其实是一种托词“不是信息不对称，而是信任不对称，利益不对称。”[②]

面对银行必然的“嫌贫爱富”，“小企业的资金之痛”究竟如何解决？马云鼓励企业老板自己去融资，马云表示，阿里巴巴从创业至今未拿过政府和银行一分钱，因此他鼓励中小企业通过自身发展解决融资难题。[③]

马云说：“很多人知道我花了6分钟说服了孙正义，为阿里巴巴融到了钱，但却只有很少人知道，在这6分钟之前我遭到多少回绝，甚至冷言冷语。”

马云回忆起阿里巴巴成立初期，为了给阿里巴巴融资，马云与蔡崇信赶赴美国硅谷，7天里见了40多个风险投资者，结果所有人都对他说NO，甚至说这是最愚蠢的商业计划。那次的美国行，没有给阿里巴巴带回资金，但是马云却带回了梦想。[④]

① 薛松．马云忆当年融资难：一家家敲门一家家被拒［N］．广州日报，2009-9-17.
② 薛松．马云忆当年融资难：一家家敲门一家家被拒［N］．广州日报，2009-9-17.
③ 扬子晚报．马云炮轰银行贷款嫌贫爱富［N］．扬子晚报，2009-9-14.
④ 扬子晚报．马云炮轰银行贷款嫌贫爱富［N］．扬子晚报，2009-9-14.

马云说：“我们可以有一万种理由安慰自己，我不成功是因为我没有钱，因为别人不理解我、不支持我，绝大部分的人会为失败找借口，很少为成功找方向，我们创业者应该学会为成功找方向。”

第四节　缺乏长远规划：用短期借款搞固定资产投资

我失误就失误在那时候不懂财务知识，将流动资金大量投入固定资产建设，结果使企业流动资金枯竭。企业也受此拖累，最后支持不下去了。

——巨人集团创始人　史玉柱

固定资产投资存在不确定性风险

在扩大企业规模的过程中，必须依据企业的实力，不能盲目地扩大规模，绝对不能用短期借款搞固定资产。

这主要是因为，在当今的中国大陆市场，由于企业已经远离了暴利时代，无论是生产还是经营性企业，盈利水平在5%也是正常的，超过30%的很少，老板要树立长期稳妥的经营意识，不要有一下子抱到金娃娃的投机心理。如果项目确实可行，但缺乏自有资金或长期贷款，应当尽可能通过租赁闲置厂房、设备或合资解决扩大规模生产的问题。[①]

因为在任何时候，对于企业而言，降低风险的最好办法就是尽量避免让资金冒看得见的风险。否则，倒闭也就是迟早的事情。不信，我们从一

① 佚名．中小企业的投资误区［OL］．豆丁网．http://www.docin.com/p-828069.html.

个真实的案例开始谈起。

在某市，为了大力推广地产农业特色项目，在地方政府的倡导下，新组建了一个农副产品加工公司。

这些迎合某些政府官员追求的项目科技化、现代化，该农副产品加工公司负责人急不可待地购进了一大批加工生产设备。

当大批加工生产设备陆续到位后，该农副产品加工公司负责人发现，新购置的大批加工生产新设备需要新的厂房，而现有的厂房远远达不到大批加工生产设备的需要。由于厂房不够使用，不得不修建新厂房。

让该农副产品加工公司负责人没有想到的是，修建新厂房需要再投入很大一笔资金。而为了采购加工生产设备，该农副产品加工公司已经支付了巨额的资金，账上的流动资金已几近枯竭。

在万般无奈之下，该农副产品加工公司负责人只得求助于银行，向银行申请贷款。经过辛苦的努力和百折不挠的奔波，总算以备料的名义，从银行贷来了一笔款子。该农副产品加工公司将这笔款子投入新厂房的建设中，却忘了这是短期贷款。

当新的厂房刚修建完成，正要兴高采烈去邀请地方政府官员剪彩时，还款的时间也随之到了。由于该农副产品加工公司不能按时还上银行的短期贷款，银行就申请法院将该农副产品加工公司原有的厂房、新盖的厂房和机器设备全给查封了。这家农副产品加工企业一时落入了进退无路的境地。

在金融危机爆发后，一些中小企业由于融不到资而纷纷倒闭。其实，对于中小企业而言，不按照企业的实际情况就盲目地扩大规模，就为企业遭遇资金链断裂埋下了祸根。

在上述这个案例中，该农副产品加工公司向银行贷款并没什么不对之处，而是错在用银行的短期贷款搞固定资产投资。

用短期贷款搞固定资产投资存在诸多不确定性，一旦不能按时还清银行短期贷款，不仅是在公司财务管理上犯了一个大错误，而且也将大大增加企业的投资风险，并有可能危及企业的正常运作。

上述案例警示中小企业老板，由于中小企业缺乏必要的经济实力，必须特别慎重对待固定资产项目的投资。

在固定资产投资时，企业老板必须做好详尽全面的可行性研究，同时还需要倾听专业技术专家、行业权威的看法，以及征求投资顾问公司的咨询性意见。作为企业经营者，在固定资产投资时，对一些基本的财务知识一定要懂，不懂就要花时间认真去学，否则早晚要吃大亏。

史玉柱后来总结自己失败教训的时候就说："我失误就失误在那时候不懂财务知识，将流动资金大量投入固定资产建设，结果使企业流动资金枯竭。企业也受此拖累，最后支持不下去了。"

在史玉柱看来，在进行固定资产投资时，中小企业在经营的过程中必须严格资金管理，加强财务控制，"适当负债、结构合理"，不断提高资金营运效率。

事实证明，合理地安排资金结构，不仅能提高企业资金营运效率，而且还能使企业资金运用产生最佳效果，是中外企业财务管理追求的基本目标。

然而，由于中小企业受自身规模的限制，其承受财务风险的能力也相对较低。因此，中小企业在实际的运营中，形成合理的企业资金结构，确定合理的负债比例也就尤为重要。

当然，中小企业合理地进行资金分配，就需要有必要的流动资金与固定资金，两者有效配合，才能产生最佳经营效果。中小企业在改善资金结构的同时，在资金运用上要维持一定的付现能力，以保证日常资金运用的周转灵活，预防市场波动和贷款困难的制约；要加强现金管理，对企业的现金流量做准确的分析；要使资金来源和资金运用得到有效配合，如绝不能用短期欺借款来购买固定资产，否则会造成借款到期而投入资金还未收回，势必要从另外渠道筹资偿还短期借款，导致资金周转困难。①

租赁闲置厂房、设备比用短期借款搞固定资产投资风险要小

对于后危机时代的中国企业来说，2013 年依然是水深火热的一年，特别是在原材料价格上涨、劳动力成本提高、加工贸易政策大幅收紧、出口退税率不断下调、人民币持续升值等诸多因素影响下，经历持续多年高速增长之后的中国企业遭遇着严重考验。

当然，这些考验不仅体现在销售收入方面，而且还体现在融资和投资方面。客观地讲，由于固定资产投资决策涉及的时间较长，对未来收益和成本很难准确预测，即有不同程度的不确定性或风险性。因此，企业老板在投资时必须慎重。

然而，在研究中我们发现，一些企业为了扩大企业的生产规模，甚至还用短期借款来搞固定资产投资。

殊不知，厂房、设备等固定资产的投资往往都需要较长的时间，短的也要三五年。固定资产投资具有如下几个特点（见表 8-5）②。

表 8-5　　固定资产投资的特点

（1）固定资产的回收时间较长	固定资产投资决策一经作出，便会在较长时间内影响企业，一般的固定资产投资都需要几年甚至十几年才能收回

① 章振东．试论中小企业财务管理现状、成因及对策[J]．湖南财经高等专科学校学报，2004(1)．
② 佚名．固定资产投资［OL］．MBA 智库百科．http://wiki.mbalib.com/wiki/固定资产投资．

续 表

(2)固定资产投资的变现能力较差	固定资产投资的实物形态主要是厂房和机器设备等固定资产，这些资产不易改变用途，出售困难，变现能力较差
(3)固定资产投资的资金占用数量相对稳定	固定资产投资一经完成，在资金占用数量上便保持相对稳定，而不像流动资产投资那样经常变动
(4)固定资产投资的实物形态与价值形态可以分离	固定资产投资完成，投入使用以后，随着固定资产的磨损，固定资产价值便有一部分脱离其实物形态，转化为货币准备金，而其余部分仍存在于实物形态中。在使用年限内，保留在固定资产实物形态上的价值逐年减少，而脱离实物形态转化为货币准备金的价值却逐年增加。直到固定资产报废，其价值才得到全部补偿，实物也得到更新
(5)固定资产投资的次数相对较少	与流动资产相比，固定资产投资一般较少发生，特别是大规模的固定资产投资，一般要几年甚至十几年才发生一次

从表 8-5 可以看出，以上特点决定了固定资产投资具有相当大的风险，一旦决策失误，就会严重影响企业的财务状况和现金流量，甚至会使企业走向破产。因此，固定资产投资不能在缺乏调查研究的情况下轻率拍板，而必须按特定的程序，运用科学的方法进行可行性分析，以保证决策的正确有效。①

然而，遗憾的是，一些企业老板轻信一两年就可收回投资的效益预测，甚至用短期贷款或者短期借款来购买厂房、设备，结果到期不能按期偿还，导致罚息、诉讼甚至破产等严重后果。

研究发现，工商企业的短期借款主要有经营周转借款、临时借款、结算借款、票据贴现借款、卖方信贷、预购定金借款和专项储备借款等类型(见表 8-6)②。

① 佚名．固定资产投资决策［OL］．人大经济论坛．http://wiki.pinggu.org/doc-view-10505.html.

② 佚名．短期借款［OL］．MBA 智库百科．http://wiki.mbalib.com/wiki/短期借款．

表 8-6　　短期借款类型

(1) 经营周转借款	亦称生产周转借款或商品周转借款。企业因流动资金不能满足正常生产经营需要，而向银行或其他金融机构取得的借款。办理该项借款时，企业应按有关规定向银行提出年度、季度借款计划，经银行核定通过后，方能办理借款
(2) 临时借款	企业因季节性和临时性等客观原因，正常周转的资金不能满足需要，超过生产周转或商品周转划入的短期借款。临时借款实行“逐笔核贷”的办法，借款期限一般为 3 ~ 6 个月，按规定用途使用，并按核算期限归还
(3) 结算借款	在采用托收承付结算方式办理销售货款结算的情况下，企业为解决商品发出后至收到托收货款前所需要的在途资金而借入的款项。企业在发货后的规定期间（一般为 3 天，特殊情况最长不超过 7 天）内向银行托收的，可申请托收承付结算借款。借款金额通常按托收金额和商定的折扣率进行计算，大致相当于发出商品销售成本加代垫运杂费。企业的货款收回后，银行将自行扣回其借款
(4) 票据贴现借款	持有银行承兑汇票或商业承兑汇票的企业，在发生经营周转困难时，申请飘扬贴现的借款，期限一般不超过 3 个月。如现借款额一般是飘扬的票面金额扣除贴现借款的利息后的金额，贴现借款的利息即为票据贴现息，由银行办理贴现时先行扣除
(5) 卖方信贷	产品列入国家计划，质量在全国处于领先地位的企业，经批准采取分期收款销售引起生产经营资金不足而向银行申请取得的借款。这种借款应按货款收回的进度分次归还，期限一般为 1~2 年
(6) 预购定金借款	商业企业为收购农副产品发放预购定金而向银行借入的款项。这种借款按国家规定的品种和批准的计划标准发放，实行专户管理，借款期限最多不超过 1 年
(7) 专项储备借款	商业批发企业受国家批准储备商品而向银行借入的款项。这种借款必须实行专款专用，借款期限根据批准的储备期确定

众所周知，企业投资效益的预测往往都是建立在理论基础之上的，然而在实践经营中，由于厂房的建成、设备的更新及其量产都可能需要较长的时间，这就无疑会产生较多的不确定因素。因此，企业老板如果用银行贷款或者短期借款来搞固定资产投资，最好不要按照一两年就可收回投资这

样乐观的预测来组织、使用银行贷款或者短期借款，否则距离倒闭就不远了。

第五节　财务报表睡大觉：财务紊乱，资金流断

在进行新的固定资产投资或多样化投资之前，必须首先筹措必要的长期资本，以确保原有经营项目营运资金周转不因新的投资受到影响。

——《试论中小企业财务管理现状、成因及对策》

不懂财务就可能失去了对项目风险的控制

在中国大陆地区，由于遍地都是机会，很多中小企业老板总是在扩张。然而，在扩张的过程中，一些中小企业因为老板的盲目扩展而灰飞烟灭。

经过对众多中小企业的研究后发现，在寻求发展的过程中，中小企业往往常犯如下两个错误（见表 8-7）。

表 8-7　　中小企业发展过程中常犯的错误

（1）将营运资金大量用于固定资产投资	由于中小企业日常的营运资金周转一般都比较紧张。当中国经济形势持续保持上升时，将营运资金大量用于固定资产投资就可能实现较丰厚的利润积累。但是，一旦遭遇世界性的经济危机，那么中小企业就会遭遇毁灭性的打击
（2）分散投资	即多样化投资。在中小企业发展的过程中，一些企业老板为了避免产品单一情况下过大的经营风险，力图通过多样化投资和多角化经营分散风险。然而，分散投资很容易导致原有经营项目上营运资金周转困难，而新的投资项目又不能马上形成规模，难以形成竞争优势。①

①章振东．试论中小企业财务管理现状、成因及对策[J]．湖南财经高等专科学校学报，2004(1)．

要想规避表 8-7 中的两个错误，中小企业老板在进行新的固定资产投资或多样化投资之前，必须首先筹措必要的长期资本，以确保原有经营项目营运资金周转不因新的投资受到影响。[①] 否则，企业就可能遭遇万劫不复的境地。

回顾中国明星企业失败的案例，很容易看出一个现象，就是盲目冒进、多元化、拆东墙补西墙……其实，深层次的原因就是这些企业的领导人不懂财务，巨人失败后，史玉柱总结自己的失败教训时强调，自己最大的失误，就在于不懂财务，失去了对风险的控制。

事实也证明了这个论点，那就是中国企业特别是中国家族企业的领导人中很少有人懂财务，他们只知道战略，不知道具体的资金流向，在快速扩张的道路中，由于资金链的断裂导致企业死亡。

20 世纪 90 年代末期至 21 世纪初期，陈川东可是重庆餐饮界一个“教父式”的人物。当很多创业者带着悲喜交加的思绪再次提到陈川东首次完美将川粤两大菜系结合的创举，再次提到曾经让百事可乐都“心生妒忌”的陈川粤系列饮料，再次提到陈川东那一度风光无限的陈川粤大酒楼时，都会情不自禁地感慨万千。而今，陈川粤大酒楼这艘“美食航母”已经坠入深海，早已销声匿迹的“火锅爽”系列饮料与中国大陆火锅热形成非常鲜明的对比；而陈川东本人已不再是重庆餐饮商会会长、重庆市火锅协会副会长、渝中区餐饮协会会长……

可以说陈川东是中国改革开放中一个出色的企业家，尽管他以失败的方式出现在本书的案例中，但是他敢想敢干、勇于创新的企业家精神还是能激发中国诸多家族企业创始人的实干热情。

1992 年春天，原为政府官员的陈川东在下海的大潮中创业了，由于没

① 章振东. 试论中小企业财务管理现状、成因及对策[J]. 湖南财经高等专科学校学报，2004(1).

有启动资金，陈川东向亲戚和朋友借了5000元现金，下海担任了广州“小洞天”川菜酒楼的经理。

让陈川东没有想到的是，“小洞天”川菜酒楼开门营业还不到一个月就食客盈门，开了一个好头。

当然，“小洞天”川菜酒楼要想在广州经营下去，面临的困难依然很大。在广州，粤菜菜品用料高档、做工考究。当食客有着这样的偏好时，无疑极大冲击了“小洞天”的经营。为摆脱困境，陈川东就大胆尝试在自己的川菜馆中配用粤菜的原料，这样不仅仅提高了“小洞天”川菜酒楼菜品的档次，更重要的是还融合了广东传统饮食的口味。

经过一段时间的探索，陈川东将川菜、粤菜的优势结合在一起，在餐饮界形成了自己独特的风格，不仅赢得四川消费者和广东消费者的认可，同时还为中国餐饮业创造了一个川粤合璧的新派菜系。

随着办酒店的经验越来越成熟，陈川东的名气越来越大。1993年，陈川东在广州创立了川粤大酒楼，推出一系列川料粤吃、粤料川做的新派川菜。1993年冬天，经众多美食家评选，广州川粤大酒楼荣获广东名店美食金奖。

1994年，陈川东受重庆市各级领导盛情邀请，落户重庆银河宾馆，创办重庆川粤大酒楼。重庆川粤大酒楼营业面积1200多平方米，开业后一直生意火爆，被新闻媒体看成是“川粤现象”。

1996年，陈川东乘胜前进，又投资2000多万元，在位于北京市西二环阜成门附近的四川大厦开办北京陈川粤大酒楼，据说是当时北京著名的高档饮食场所之一，其生意异常火爆。

经过十余年商海征战，陈川东不仅拥有北京一家陈川粤大酒楼，广东、四川、重庆等地的陈川粤大酒楼，甚至还把陈川粤大酒楼开到万里之外的美国。首创“川粤合璧，金牌美食”的陈川东，以其敏锐的洞察力分析餐饮业的发展趋势，并获得了成功。后来，川粤饮食集团改名为陈川粤集团。

在陈川东的企业帝国中，不仅经营着像陈川粤大酒楼的餐饮，而且还经营饮料业。在当时，陈川粤经营的饮料曾经畅销西南市场，连饮料业巨头可口可乐和百事可乐都不敢小视。

此时，陈川粤大酒楼作为中国餐饮行业的一匹黑马，不仅受到消费者的青睐，更引起了众多投资者的关注。不少投资者前来寻求合作，这其中就包括重庆群鹰商场的管理者——重庆夫子池物业公司。

重庆夫子池物业公司寻求与陈川东合作，主要是因为若干位雄心勃勃的投资者在群鹰商场斥巨资经营保龄球馆、百货、酒楼、皮具等都以失败告终。其实，群鹰商场的地理位置位于重庆商业中心——解放碑步行街的西街口，可以说是一个寸土寸金的黄金位置。

为了改变过去屡战屡败的局面，夫子池物业公司想凭借与陈川东的合作，打造一个商业航母。在与陈川东的合作中，夫子池物业公司以1.59亿元的价钱将群鹰商场10年产权转让给陈川东。

而此时的陈川东也希望借助群鹰商场这样一个大型美食大厦来成立陈氏餐饮帝国的旗舰店。于是，陈川东答应了夫子池物业公司提出的条件，在剔除合同中一些其他因素外，陈川东实际支付给夫子池物业公司的房租款为1.3亿元。

陈川东之所以答应夫子池物业公司的条件，有以下四点原因：

第一，在1999年，该大厦的评估市值为2.26亿元；如果把陈川粤美食大厦全部装修后，该大厦的评估值绝对不会少于2.5亿元。所以，陈川东认为，按最保守计算，大厦仅地产部分10年增值就至少可达1亿元以上。

第二，陈川东根据自己实战多年的商业经验认为，只要陈川粤美食大厦正常营业，即使最坏的结果是每年亏损两三百万元，他在10年中仍然可以从该大厦中赢利数千万元。在陈川东的算盘中，承租群鹰大厦绝对是一个只赚不赔的项目。

第三，陈川东承租群鹰大厦的目的，就是凭借陈川粤美食大厦提高其在全国餐饮界中的地位，依托以重庆为中心，为陈川粤在全国各地拓展连锁店打下坚实的基础。

第四，从陈川粤的财务状况上看，10 年支付给群鹰大厦承租款 1.59 亿元的付款计划，每年只需要支付给群鹰大厦 1000 余万元就可以了，这样的发展战略相对还是较为稳健的。而部分银行家工作人员听到陈川东购买群鹰大厦 10 年的产权后，表示可以先期贷给陈川东 2000 万元；租赁设备的合作者也表示，只要陈川粤美食大厦正常营业，愿意以 500 万元把设备租赁给陈川东。在这样的情况下，陈川东更是信心百倍。

然而，意想不到的情况却发生了。

第一，在装修队进驻群鹰商场的同时，陈川东就已经着手让招聘的 300 余名员工接受岗位培训。按照陈川东的部署，一旦陈川粤美食大厦装修完毕，就可以立即开业。但是，让他没有想到的是，陈川粤美食大厦不只是一个简单的装修问题，仅消防管网的改造就花费了 400 余万元，而这 400 余万元的额外支出完全是在先前预算之外的。

第二，装修不能按时完成，无疑影响了陈川粤美食大厦的按时开业时间，仅每月员工工资就数十万元，而增加的员工工资同样也是在先前预算之外的。

第三，当陈川东正式接手群鹰大厦后，群鹰大厦隐藏的其他问题也就显现出来。原群鹰商场最后一位投资者在经营商场期间，拖欠了供货商大量货款。当陈川东承租了群鹰大厦商场后，供货商便找陈川东索要货款。当陈川东拒绝了供货商的要求后，有些供货商就向法院提起诉讼群鹰商场，要求支付货款，法院依法查封群鹰商场。当法院启封群鹰商场时，已经又过了几个月了。陈川东又不得不多花一笔额外的支出。

第四，先前承诺贷款2000万元给陈川东的银行工作人员也改口了；答应以500万把设备租赁给陈川东元的合作者表示自己已经转行，没法提供设备了。

而此刻的陈川东已是进退两难，不得不大量挪用各地陈川粤大酒楼和陈川粤饮料厂的利润来填补陈川粤美食大厦的资金短缺，陈川东大量抽资就使得各地陈川粤酒楼和饮料厂的流动资金链几乎断裂，严重影响各地陈川粤酒楼和饮料厂的正常经营和生产。

陈川东这样拆东墙补西墙的做法使得陈川粤集团陷入了一个非常可怕的恶性循环。

这大大超出了陈川东当初的规划。按照陈川东当初的规划，把群鹰商场地下一层改为一个星级的大型停车场；把群鹰商场的第一层改为百货超市；把群鹰商场的第二层改为小吃城；把群鹰商场的第三层改为洋快餐厅；把群鹰商场的第四层改为大酒楼。

在非常艰难的情况下，陈川东费了九牛二虎之力才把装修好的群鹰商场的第一层、第二层——百货超市、中华名小吃正式开业。

尽管群鹰商场百货超市已经开业，但是与群鹰商场一街之隔重庆百货和新世纪把群鹰商场当作自己最大的竞争对手，于是警告供货商，谁要是向陈川粤供货，就将其从重庆百货和新世纪的商场清理出场。

面对重庆百货和新世纪两个重庆商业巨头的警告，供货商只好服从。这就让陈川粤百货超市出现了无货可卖的境地。

在这样的情况下，陈川东不得不从重庆百货和新世纪采购。为了招揽顾客，陈川粤百货超市又采用比重庆百货和新世纪更低的价格促销。

而重庆百货和新世纪也在陈川粤百货超市开业促销的时候降价促销，而且降幅比陈川粤百货超市更大。仅仅过了两个月，陈川粤百货超市就再也挺不住了，被迫将陈川粤百货超市出让给新世纪。尽管第二层的中华名小吃已经营业，但是第三层正在装修，噪声、灰尘整日不断，许多顾客往往是乘兴而来，败兴而归，第二层的中华名小吃开始生意惨淡了。

面对这样的局面，陈川东不得不加快第三层、第四层的装修进度，当然这样就需要抽调更多的资金。

为了给即将开业的美食大厦制造更多的商业气氛，陈川东还在报纸、电视上做了大量的广告，光广告费就花了100多万元。

让陈川东上火的是，眼看着第三层、第四层的装修进度顺利进行，只需200万元就可以全部完工了，然而就是这最后的200万元卡住了陈川东的脖子。陈川东四处融资，几次上当受骗，将陈川粤的最后一口气也弄断了。当美食大厦让陈川粤陷入困境时，曾经风光无限的饮料也因为受其影响悲壮地倒下了。

根据媒体报道，2002年11月，陈川粤饮料厂首先倒闭，除了拖欠工人几十万元工资外，一根草也没给陈川东留下；接着，2003年3月，在众多供货商的愤怒声讨声中，法院查封了陈川粤美食大厦；此前此后，陈川东分布于全国各地的大酒楼也相继崩溃。除了一屁股债，什么都没有了的陈川东，最后连女儿的学费都付不起了。

陈川东本以为自己抓了一手好牌，结果这手好牌最后却变成了一堆板砖，将他砸得头破血流。有人指出，当初就是不出现这些问题，以群鹰商场长达10年，每年1000多万的租赁费用（陈川东与夫子池物业签订的是以租代售的合同），陈川粤早晚也是个麻烦。百货超市遭到重庆百货、新世纪的打压自不必说，在风云变幻，一日三惊的餐饮业，陈川东是否能够保证陈川粤的长盛不衰，在长达10余年的时间内持续赢利？这一点谁也没有把握，连陈川东自己都不敢打包票。

所以陈川粤的倒闭，看起来好像是在意料之外，细想却在情理之中。

问题就在于陈川东在财务上的冒进，将真金白银置放于谁也没有把握的未来预期盈利，而且投入大大超过能力，最后不得不拆东墙补西墙，造成陈川粤疮痍满身，后继乏力，最后油尽灯枯，仆地而亡。

财务管理绝不是简单的记账做账

在《家族企业长盛不衰的秘诀》的培训课中，有学员总是疑惑地问我："周老师，陈川东的创业失败与不懂会计有什么关系吗？"

当然，这个关联是很大的。如果陈川东采取稳健的财务战略，那么必须懂得财务。陈川东在投资过程中，起码得做出合理的投资预算。而陈川东凭借自身的经验，就采取了激进的财务战略，结果使得陈川粤这艘航母搁浅。

对此，全国工商联对21个城市的抽样调查表明，有40%的企业主看不懂财务报表，45%的企业没有自己的科研开发人员，企业生产经营的信息主要靠买方和传媒提供。

从全国工商联的数据中不难看出，在中国目前的很多企业中，普遍存在的情况是老总不懂财务，而在投资过程中也往往采取经验主义，这就在无形中阻碍了中小企业的发展和壮大。

事实上，在中小企业中，企业老板不是技术出身，就是营销出身，但很少是财务出身。因此，如何让一些非财务出身的企业老板们看懂财务分析数据，更多地了解财务工作，这就成为老板们面临的新课题。

毋庸置疑，只有看得懂财务分析报表，才能知道企业可支配的资金，特别是企业老板在制定财务激进战略时可以依据财务分析报表而确定是否实施。因此，对于那些不懂财务的企业老板而言，要规避他们盲目采取财务激进战略时，最好能让他们知道企业资金的具体流向，这就必须要建立一个内部管控制度，依据扁平化管理来执行。当然，对于那些激进的财务预算就更应该谨慎。

可能有读者会问，作为企业老板，如何才能避免盲目地实施激进的财务战略呢？方法有以下几个。

第一，规范企业的财务管理。要想避免企业老板盲目地实施激进的财务战略，摆在企业老板面前的有一道必须跨过去的难关——规范化的财务管理。这对上市公司，或者欧美国家的企业来说，已经不是什么问题了，但是，在中国这个特殊的国情下，混乱的财务管理制度依然存在，特别是在中国家族企业较多的浙江、广东、江苏、福建等省，往往丈夫是董事长兼总经理，妻子是会计总监兼出纳。按照我国的法规，会计和出纳是不能由一个人来兼任的。而在这些企业甚至很多职位都由一个人来担任。因此，财务管理本身的作用并未发挥出来。所以，要想避免企业老板盲目地实施激进的财务战略，规范的企业管理就势在必行，特别是规范企业的财务管理更应该及早完成。

第二，强化以现金流为核心的企业财务管理，从而提升中小企业抗风险的能力。对于中小企业来说，不管是采取积极的财务战略，还是稳健的财务战略，都必须保证企业的生存和发展，这才是企业老板的首要任务。中小企业要生存和发展，就必须保证现金流足以维持生产经营所需。在满足正常经营的基础之上，中小企业如果还有更多充裕的现金流，就可以通过加大技术创新和品牌建设的投入，或者进行并购重组等手段，实现中小企业的战略转型和扩张。而这要求企业老板具备财务风险管理的意识和能力。事实证明，很多企业老板受个人认识和能力所限，不可能自发地加强财务风险管理。这就造成了很多中小企业在盲目投资中现金流不足以支撑扩张而倒闭。

第三，提升中小企业财务管理的能力，从而完善和健全中小企业财务制度管理。从中国中小企业目前的现状来看，仍然有相当大比例的中小企业存在财务管理粗放等诸多问题，对外部条件引发的财务问题缺乏相应的分析和应对能力。

事实上，财务管理被诸多企业老板误解。在他们的意识中，财务管理就是简单的记账做账。其实，企业财务管理涵盖的方面非常多，包括资金筹集、资产营运、成本控制、收益分配、信息管理、财务监督等。可能有读者会问，作为企业老板，如何提升中小企业财务管理的能力呢？提升中小企业财务管理的能力可以从以下 3 个方面着手（见表 8-8）。

表 8-8　　提升中小企业财务管理能力的 3 个方法

（1）制定实施财务战略，及时调整发展方向	中小企业老板应当分析目前市场中的产业状态，结合近年来经营发展和财务管理情况，厘清经营思路，明确企业发展方向，从而加强企业的财务战略管理。
（2）完善内部财务制度，健全财务运行机制	通过成文的制度，确保财务管理贯穿中小企业的各个业务，并健全财务决策、财务控制、财务激励与财务监督机制，有效控制中小企业的财务风险
（3）培养财务管理人才，加强风险管理的人才保障	财务管理工作的专业性、政策性较强，优秀的财务管理人员既要掌握国家相关财政、财务、金融、税收、资产管理等政策法规，又要熟悉企业的业务流程，具备丰富的实践经验和敬业精神

第四，建立财政对中小企业财务的有效监管制度，从而积极推进财政对中小企业财务的有效监管制度，推进财政风险管理“关口”前移。一般来说，财政对中小企业财务实施监管主要包括以下 4 个方面（见表 8-9）。

表 8-9　　财政对中小企业财务实施监管的 4 个方面

（1）	掌握中小企业财务风险的微观形成机制，有助于实施宏观财政政策时把好脉、开准药
（2）	及时控制中小企业财务风险及其引发的财政风险，实现可持续发展
（3）	从外部推动中小企业转变管理理念，提高中小企业的整体财务管理水平
（4）	确保中小企业按规定使用财政资金，提高财政资金使用的安全性和有效性

从表 8-9 可以看出，避免企业老板盲目制定积极的财务战略，就必须建立中小企业财务预警机制和财务管理评估制度来进行干预。其作用如下（见表 8-10）。

表 8-10　　中小企业财务预警机制和财务管理评估制度的作用

（1）财务预警机制	财务预警机制是区分中小企业所处的不同行业、不同规模，通过财务风险指针体系对中小企业实际财务运行资料进行测算分析，及时向中小企业及有关方面发出风险预警，以便及时采取应对措施的机制
（2）财务管理评估制度	财务管理评估制度是对中小企业财务管理的内部环境及流程、制度体系的健全性、制度执行的有效性等进行客观分析和评价，发现中小企业财务管理的薄弱环节，提出改进建议的制度。

毋庸置疑，加强财务管理不仅能更好地提升中小企业的投资管理，而且还能实现中小企业的“财务管理升级”，从而更加有效地帮助中小企业应对全球金融危机，化解财务风险，最终实现可持续发展。

事实上，规范化的财务管理不仅能为中小企业科学的投资决策提供有力的数据支持，而且还能为中小企业做出稳健的扩张决策提供有力的、科学的帮助，特别是对激进的企业扩张中起到预警的作用。如果中小企业财务管理不规范，甚至可有可无，那么这个中小企业在扩张中将遇到难以避免的陷阱，最终因为现金流断裂而倒闭。

第九章　把飞机引擎装在拖拉机上

我曾经认为，如果你能拿到MBA，则意味着你一定是个很优秀的人才。但在他们只会不停地跟你谈策略，谈计划。记得曾有个营销副总裁跟我说："马云，这是下一年度营销的预算。"我一看："天啊！要1200万美元？我仅有500万美元。"他却回答我说："我做的计划从不低于1000万美元！"

——阿里巴巴创始人　马云

第一节 “一山二虎”：核心团队非互补组合

唐僧这个人不像很能讲话，也不像个领导的样子，但是他很懂得领导这个团队。他领导的这个团队前往西天取经，历经磨难却没有走散，足以证明他是好领导。

——阿里巴巴创始人 马云

核心团队中不能个个都是孙悟空

在中国，自古就有“一山不容二虎”的说法。字面意为一座山不能同时生活两只老虎。因为老虎在山林里处于食物链的顶端，在一座山里的其他动物只能养活一头老虎。如果有更多的老虎，将导致生态系统失去平衡，更多的动物被老虎捕杀，会使这座山里的其他生物种群消亡，最终使这里的老虎都失去足够的食物来源而死去。[①]

在一个组织中，这个道理也同样适用。因为两个“老板”如果不互补，那么他们所在团队冲突的可能性就会大大增加。

不可否认的是，要想使得企业团队能够发挥最大化效率，就必须互补，不能个个都是孙悟空。因此，在创业企业中，高绩效团队应该是一个能够形成合力的团队。这就要求团队成员“1+1 > 2”。如果创业企业团队成员不互补，就可能导致企业内总是充满争执与冲突，而团队成员都按照自

① 佚名．一山不容二虎［OL］．百度百科．http://baike.baidu.com/link?url=nHmWld3ZDo8kgpksjOKf5wKl2W7RsHMdKEBdLbGnVgTO_uq7FpOFD3jn7BqQQUiV4tjVLoSOOaRAjOzaD4jn6K.

己认为正确的方向用力，那么将会有相当大的努力花费在内部的无谓消耗当中，团队的整体目标可能会因此成为泡影。在团队管理中，项羽就是一个非常失败的团队管理老板。

在中国历史上，项羽是一个不得不提的枭雄人物，在推翻秦始皇所创建的王朝中，其作用是非常巨大的。项羽的势力也远远超过刘邦。

项羽 “力拔山，气盖世”，可以说，若是论单打独斗，别说项羽能以一当十，就是以一当百也不为过。

在攻打秦王朝的战争中，项羽可以说势如破竹，就算是在与刘邦争夺天下的最初阶段，只要项羽亲临战斗，则每战必克，刘邦则临战必败。

在这样的形势下，最终却是项羽被围垓下、自刎乌江的结局。可以说，项羽至死也没弄清楚，自己到底失败在何处。在项羽看来：“此天亡我也，非战之罪也。”

然而，反观胜利者刘邦，本领没有张良、萧何、韩信这“兴汉三杰”大，早在当亭长时，“廷中吏无所不狎侮”，简直就是一个活脱脱的地痞流氓。

在与刘邦争夺天下的战争中，项羽只有范增一个重要的谋士。汉元年（前 206 年）随项羽攻入关中，范增劝项羽消灭刘邦势力，未被采纳。范增后在鸿门宴上多次示意项羽杀刘邦，又使项庄舞剑，意欲借机行刺，终未获成功。汉三年（前 204 年），刘邦被困荥阳（今河南荥阳东北），用陈平计离间楚君臣关系，项羽猜忌，范增辞官归里，途中病死。①

这就为刘邦最终打败项羽，夺得天下，高唱《大风歌》打下了基础。

刘邦在建立汉朝后，是这样向群臣解释自己为什么能战胜项羽的：“夫运筹帷幄之中，决胜千里之外，吾不如子房（张良）；镇国家，抚百姓，

① 佚名．范增［OL］．百度百科．http://baike.baidu.com/link?url=if8udDLwzNL6J0SIspQT6HZZfV-YFZL1awlkuRPvkFQ24s7PLPCzzsGgRRj821QR.

给饷馈，不绝粮道，吾不如萧何；连百万之众，战必胜，攻必取，吾不如韩信。三者皆人杰，吾能用之，此吾所以取天下者也。项羽有一范增而不能用，此所以为吾擒也。”

可以说，项羽能推翻秦王朝，其作战能力毋庸置疑，但是其团队人才不能互补，仅有的一个谋士范增谏言未被采纳。如果项羽门下有10个，甚至100个像范增这样有能力的谋士，杀掉刘邦，那么项羽就名正言顺地成为皇帝，至少就没有刘邦的汉王朝。

然而，历史是没有假设的。不过，历史学家指出，刘邦胜利的原因在于他能识人用人，而项羽则不能识人用人。刘邦的说法传承日久，并经过历史的强化而成为他战胜项羽的最佳解释。

在我看来，刘邦的胜利，是一个互补型团队的胜利。在刘邦团队中，使得人才各得其所，将人才用在恰当的岗位上；而项羽则仅靠匹夫之勇，没有建立起一个人才得其所用的团队，所以失败也是情理之中的事。

项羽的失败给予今天的企业老板诸多借鉴。要想使得企业在竞争中生存和发展，就必须建设互补型团队。只有这样，企业基业常青才成为可能。

最好的创业团队是唐僧团队

随着《三国演义》在华夏大地的盛传，很多政治家、农民起义者，以及如今的企业老板都不自觉地认为，世界上最好的团队是《三国演义》中的蜀国创业者刘备及其创业伙伴关羽、张飞、诸葛孔明、赵子龙……

在这个蜀汉创业团队中，最早加入团队的关羽武功较高，而且非常忠诚，又是刘备拜把子的兄弟；张飞同样武功较高，忠诚度较高，又是刘备拜把子的兄弟；诸葛孔明又是一个难得的初创公司CEO；赵子龙武功较高，忠诚度较高，最有名的就是舍命救刘禅……

应该说，这样的一支创业团队可以说是一支出色的团队，是一支竞争力很强的团队了。但是马云却认为，自己更喜欢《西游记》中的唐僧团队。

马云强调，《西游记》中的唐僧团队才是一支最好的创业团队。马云说："我比较喜欢唐僧团队，而不喜欢刘备团队。因为刘备团队太完美，而唐僧团队是非常普通的，但它是天下最好的创业团队。"

尽管《西游记》中的唐僧团队在历史上是不存在的，但是《西游记》中的故事传递给读者的是，唐僧师徒（唐僧、孙悟空、猪八戒、沙僧）四人历经千难万险，最终取得真经。

唐僧取经的故事家喻户晓。不过，很多读者都比较看好孙悟空，不仅能腾云驾雾，而且还能斩妖除魔，在整个取经过程中可谓是不可或缺。而唐僧，手无缚鸡之力，多次落入妖魔鬼怪手里，倘若要不是孙悟空前去搭救，早就被妖魔鬼怪吃掉了，根本不可能取得真经。

唐僧这样的人怎么能胜任领导者呢？对此，马云却有自己与众不同的看法："唐僧这个人不像很能讲话，也不像个领导的样子，但是他很懂得领导这个团队。他领导的这个团队前往西天取经，历经磨难却没有走散，足以证明他是好领导。"

马云坦言："唐僧其实很懂得怎样去管制他的员工——念咒。他知道猪八戒不会出大问题，让他慢慢去弄，对不对？他也知道沙和尚要时而鼓励一下，这是好领导。好领导不是一定像马云一样，能侃、能说、会演讲。领导者就是要坚定不移地坚持自己的信念；领导者就是要不管遇到多大的困难，说我去了，你们可以离开。即使你们离开，我还是去的，这是领导者。"

马云的话是非常有道理的。而后在媒体记者采访马云的事件中就印证了这一点。在媒体记者与马云交谈时，突然谈到需要从电脑上查找一些资料。

然而，让媒体记者感到意外的是，马云花很长一段时间也没有找到想要的资料，不得不打电话求助秘书。

而秘书在电脑前只操作了不到10秒钟，所需的资料就找到了，困扰马云的问题也就解决了。

让媒体记者非常困惑的是，在阿里巴巴公司，难道连一个秘书都具备极高的电脑水平吗？该媒体记者好奇地走到马云所用的电脑前才发现，难住马云的仅仅只是一个简单的Word文档问题。

媒体记者就此问题问马云，而马云解释说："我只会干两件事，一是浏览网页，二是收发电子邮件，其他的一窍不通。我连如何在电脑上看VCD都不会，一直保持这种'菜鸟'级的水平挺好的。我不懂电脑，销售也不在行，但是公司里有人懂就行了。"

毋庸置疑，像马云这样的电脑水平，与阿里巴巴众多技术开发人员相比，马云简直就没有可比性。

但是，马云这个电脑"菜鸟"却领导着一大群IT天才，创造了"芝麻开门"的神话。

神话的创造者马云就如同唐僧，不懂降妖除魔，却能带领齐天大圣孙悟空、天蓬元帅猪八戒、卷帘大将沙僧披荆斩棘，取得真经。

马云说："要是公司的员工都像我这么能说，而且光说不干活，会非常可怕。"

在马云看来，一个企业里不可能全是孙悟空，也不可能都是猪八戒，更不可能都是沙僧。研究发现，在唐僧取经这个团队中，其成员不仅有优点，而且缺点也很明显。

比如，作为领导者的唐僧除了专注取经什么都不会做；孙悟空有通天的本领，但是脾气暴躁，动不动就要打要杀；猪八戒富有幽默感，可是好吃懒做，大错没有，小错不断；沙和尚始终任劳任怨，但是一直没有大的作为。

在马云眼里，唐僧团队就是一个好团队，这样的团队比“一个唐僧三个孙悟空”的团队更能够精诚合作、同舟共济。马云对每一个人物都作了分析：

“唐僧虽然没有什么特别的本事，但是意志异常地坚定，有很强的使命感。他要去西天取经，谁都改变不了他的想法，一定要取到真经才肯罢休。不该做的事情，他一定不会去做的。

孙悟空能力很强，但有时候经常犯错误。这种人每个单位都有，对不对？都是孙悟空的公司没法干了，没有孙悟空的公司也没法干。

猪八戒好吃懒做，但是他特幽默，团队需要这样的人。据说他是最理想的丈夫，其实他才华横溢，与他的长相成反比。

沙和尚最勤恳，他说你不要跟我讲理想，讲奋斗目标，我每天上八个小时的班，早上到，晚上回去。这样的人，也少不了。

一个企业里不可能全是孙悟空，也不能都是猪八戒，更不能都是沙和尚。要是公司里的员工都像我这么能说，而且光说不干活，会非常可怕。”

在马云看来，让适当的人处在适当的位置上，承担适当的责任是非常重要的。就像大雁南北飞翔一样，雁群成员会挑选一只最强壮的大雁担任头雁，掌控方向，带领所有的大雁飞翔。然后挑选另外两只强壮的大雁断后，让他们照顾在中间飞行的年幼的、体弱的大雁，爱护、关怀、鼓舞每一只大雁，防止它们掉队。这样的安排既保证了团队的飞行效率，又保护了新生力量的成长。大雁这种团队性强的动物，总是能给人无限的启发。[①]

事实证明，在一个团队中，要想达到效率最大化，就必须发挥每一个

① 吴能文．落实力就是战斗力［M］．北京：新世界出版社，2008.

团队成员的个人优势。纵观唐僧取经过程中，唐僧师徒四人这个取经团队之所以能够最终取得真经回来，关键在于，团队的成员能够优势互补、目标统一，每个人都能发挥自己的优势，所以形成了一个越来越坚强的团队。阿里巴巴能够有今天的成就，也是因为掌握了这样的诀窍，平凡的人一起做不平凡的事，互相扶持，就能做到最好。①

正如马云在公开演讲中说的那样："这四个人，经过九九八十一个磨难，最后到达西天取到真经，这种团队到处都是。每个人都有自己的个性，关键是领导者，如何让这个团队发挥作用，凝聚在一起，这才是真正'唐僧式'的好团队。有了猪八戒才有了乐趣，有了沙和尚就有人担担子，有了孙悟空才能斩妖除魔。少了谁也不可以，这就是团队精神。关键时也会吵架，但价值观不变。我们要把公司做大、做好。阿里巴巴就是这样的团队，在互联网低潮的时候，所有的人都往外跑，但我们是流失率最低的。"

众所周知，不管是在一个企业中，还是在一个项目中，团队的成功，往往与创业团队的领导者有着很大的关联。一个团队具备不同的人才，如果没有正确的管理方式，这些人才就会是一盘散沙。马云一直致力于在团队中时刻发挥表率作用，虽然他不会销售，也不懂技术，但是他能用他的方法把阿里巴巴团队中所有人凝聚在一起，让不同的人朝共同的方向使劲，这就是成功。②

① 周星潼．芝麻开门：成就阿里巴巴网络帝国的13个管理法则［M］．武汉：华中科技出版社，2012.

② 周星潼．芝麻开门：成就阿里巴巴网络帝国的13个管理法则［M］．武汉：华中科技出版社，2012.

第二节 “明星团队就是成功保证”：创业时期就重金引进明星团队

创业时期千万不要找明星团队，千万不要找已经成功过的人。

——阿里巴巴创始人 马云

创业公司不能引进明星团队

在很多论坛上，一些喜欢足球的企业老板总是拿“世界杯足球赛”指点江山，在这些企业老板的意识中，世界上最好的足球队就是明星团队。而在企业经营过程中，明星团队也是最好的团队。

这样的观点却没有赢得马云的认可。马云在《赢在中国》第一赛季晋级篇第七场点评创业选手赵尧时，告诫创业者：“创业时期千万不要找明星团队，千万不要找已经成功过的人。”

在《赢在中国》第一赛季晋级篇第七场上，创业选手赵尧的参赛项目是：“支付式营销。把美国成功电视营销和其他成熟的产品，经过中国专业化服务进入中国市场，涉及市场调查、媒体的策划和采购、订单通过呼叫中心的取得、订单的处理、收付款结算、物流，以及市场开发。①”

在简短的项目介绍后，马云就让赵尧简要地介绍一下他的管理团队。赵尧介绍说：“我先从中国这边说起，现在是我一个人全职做这件事情，我的团队已经非常认同这件事情。认同我们所做的事情的人，包括这么几

① 《赢在中国》项目组．马云点评创业［M］．北京：中国民主法制出版社，2007.

位角色，其中一位朋友在中国做电视直销，成功运作了好几年，他后来改行做了保健产品，但是当我提起这个概念以后他非常感兴趣，要加盟，这是一位。第二位最近刚刚把他苦心经营了十年的物流企业，出售给了一家香港上市公司，他就退出了，这位跟我也是八年的朋友，他在美国和中国之间跑来跑去，他的企业还代理沃尔玛在加拿大的全部物流业务，他会加入我的团队，帮我们打理在中国的物流操作工作。第三位朋友在美国代理了一家汽车用品，这个企业到中国来做代理商，在过去几年他的产品通过行销占据中国 70% 的市场，在这种情况下，他给我们带来的，除了对中国零售环节这种概念和管理的经验之外还有更多可以帮助我们的，当美国客户的产品通过电视频道进行直销以后，下一步在他产品周期不同发展阶段会有和地面零售结合的方式，提供这方面的资源。除此之外在美国有一位斯坦福毕业的律师，在过去三年里面，服务于两家不同的非常成功的电视营销企业，他是我的合作伙伴，在美国这边为我们处理所有法律业务，这很重要。还有一位，他曾经是 NBC 广播网副总裁，后来在美国家庭频道做了市场营销总裁，我认识他是在提供咨询服务的时候，他在洛杉矶又服务于不同的电视直销企业，做高级领导。我想请他为我们做顾问和公关，他说融资以后要加入我的管理团队，简单地讲有这么几位。”①

然而，让赵尧自以为傲的明星团队却没有得到马云的赞同。相反，马云却毫不犹豫地点评说：“你的整个成熟度，以及项目的可行性，刚才吴鹰也都讲过，我挺认同，我就讲一些我可能担心的事儿。第一你最骄傲的是你的团队，你的团队恰恰是我最担心的，创业时期千万不要找明星团队，千万不要找已经成功过的人跟你一起创业，在创业时期要寻找这些梦之队：没有成功、渴望成功，平凡、团结，有共同理想的人。这是看了很多人的创业过程我才总结出来的。等你到一定程度以后，再请进一些优秀的人才，

①《赢在中国》项目组．马云点评创业［M］．北京：中国民主法制出版社，2007.

对投资、对整个未来市场开拓才有好的结果，尤其是35岁到40岁，已经成功过的人，他已经有钱了，他成功过，一起创业非常艰难。所以我给你提出逐步引进，创业要找最适合的人，不要找最好的人。”

老实说，马云对赵尧的告诫还是意味深长的。在阿里巴巴的做强做大过程中，马云也犯过类似的错误，也走了一些弯路。

在这个过程中，马云就强调“MBA团队凶猛”的理念。经历过MBA团队的教训后，马云非常强调团队的战斗力，他认为，互联网是4×100米接力赛，你再厉害，只能跑一棒，应该把机会给年轻人。为此，马云设计了每半年一次评估的策略①。

马云说：“评估下来，虽然你的工作很努力，也很出色，但你就是最后一个，非常对不起，你就得离开。在两个人和两百人之间，我只能选择对两个人残酷”。

绝对不要迷信MBA团队

对于企业老板而言，必须关注MBA团队的风险防范，特别是那些迷信MBA团队的企业老板而言，更是如此。

然而，遗憾的是，中国诸多初创企业老板往往不重视对MBA团队的风险防范。甚至有的企业老板都不清楚，在任何一个企业人力资源管理中都存在着诸多风险。如果企业老板在使用人力资源决策时稍有不慎，就有可能给企业带来不必要的损失，甚至灾难性的后果。

这绝对不是耸人听闻。对此，马云在多种场合告诫企业老板，“不要迷信MBA团队”。马云在接受《中国食品报·冷冻产业周刊》采访时就谈过这个问题，他说：我曾经认为，如果你能拿到MBA，则意味着你一定

① 金错刀．马云管理日志［M］．北京：中信出版社，2009．

是个很优秀的人才。但是他们只会不停地跟你谈策略，谈计划。记得曾有个营销副总裁跟我说："马云，这是下一年度营销的预算。"我一看："天啊！要1200万美元？我仅有500万美元。"他却回答我说："我做的计划从不低于1000万美元！"①

马云的这番言论也就说到了点子上，这也是马云说"把80%的MBA开除了"的真正原因。在组建MBA团队建设上，马云坦言："要么送回去继续学习，要么到别的公司去，我告诉他们应先学会做人，什么时候你忘了书本上的东西再回来吧。如果你认为你是MBA就可以管理人，就可以说三道四，那就错了，所有的MBA进入我们公司以后先从销售做起，六个月之后还能活下来，我们团队就欢迎你。"

马云的做法跟中国目前很多企业家的做法迥然不同，甚至有些相悖。在一些企业中，为了引进MBA人才，或者是引进明星团队，不惜巨资。

在团队问题上，非常多的企业老板都倾向于引进明星团队。在这里企业老板的意识中，明星团队就意味着渠道、人脉和品牌效应。

殊不知，花费巨资而引进的明星团队却不能创造所期望的价值，甚至还有给初创企业带来灭顶之灾的可能。

有研究证明，马云慎用明星团队或者MBA团队，主要是源于他在阿里巴巴经营中就吃过MBA团队的亏，这个教训让马云对MBA团队较为慎重。

尔后，马云甚至向商学院发飙称："作为一个企业家，我发现MBA教育体系上将进行大量的改革。三年来，我的企业用了很多的MBA，包括从哈佛、斯坦福等学校，还有国内的很多大学毕业的，95%都不是很好。"

马云为此对MBA作了一个非常形象的比喻，可能是拖拉机里装了波

① 马云．马云：不要迷信MBA［N］．中国食品报·冷冻产业周刊，2010-4-5.

音 747 的引擎，把拖拉机拆了还跑不起来。①

马云说："我希望调整 MBA 自己的期望值，MBA 自认为是精英，精英在一起干不了什么事情，我跟 MBA 坐在一起，他们能用一年的时间讨论谁当 CEO，而不是谁去做事。"

2001 年，作为阿里巴巴船长的马云把自己的四个同事送到哈佛商学院、沃顿商学院念 MBA。其中一个同事去了哈佛商学院；另外三个同事去了沃顿商学院。

临行前，马云对四个即将进入商学院念 MBA 的同事说："你回来时告诉我忘了 MBA 教的一切，你毕业了；如果还是条条框框，你没有毕业，继续回去学。MBA 学了两年以后，还要起码花半年时间去忘掉 MBA 学习的东西，那才是真正成功了。"

不可否认的是，马云敢于发表此番言论自然有他的道理。为此，马云还曾在美国哈佛商学院、麻省理工学院提醒美国 MBA 两件值得注意的事："第一，进 MBA 入门学什么？我觉得，全世界各地的 MBA 教了很多技能性的东西。但是，做事首先是做人，应该从做人的道理学起。"

对此，马云坦言，那些新到公司的毕业于商学院的 MBA 人才，总是有怀才不遇之感，似乎总有满肚子的不满："基本的礼节、专业精神、敬业精神都很糟糕，一来好像就是我来管你们了，我要当经理人了，好像把以前的企业家、小企业家都要给推翻了。这是一个大问题。进商学院首先是学什么？作为一个企业家，小企业家成功靠精明，中企业家成功靠管理，大企业家成功靠做人。因此，商业教育培养 MBA，首先要过的是做人关。"

马云对代表着商业教育培养出来的 MBA 毕业前夕应当做什么也有自己的一番见解。马云称："教授总是认为自己是最好的，但是我觉得商学

① 时代商报．马云"退而不休"［N］．时代商报，2013-1-17．

院的客户是谁？是我们的这些企业、这些用人单位，企业的声音要听。”[①]

马云说：“MBA 毕业以前做什么？是调整期望值。这些人出来以后眼睛都很高，念了 MBA，该有一些人让我管管了。我认为，MBA 学了两年以后，还要起码花半年时间去忘掉 MBA 学的东西，那才是真正成功了。”

第三节　把飞机引擎装在拖拉机上：盲目引进世界 500 强企业的职业经理人

就好比把飞机的引擎装在了拖拉机上，最终还是飞不起来一样，我们在初期确实犯了这样的错。那些职业经理人管理水平确实很高，但是不合适。

——阿里巴巴创始人　马云

别把飞机引擎装在拖拉机上

在初创企业的发展道路上，很多企业老板都愿意把飞机的引擎装在拖拉机上，使得创业企业快速前行。然而这样做不仅不能前进，殊不知还可能会倒退。

在这方面，马云也犯过同样的错误。马云在很多场合下回顾说，在阿里巴巴发展过程中，他们也犯过许多错。比如，阿里巴巴在创业早期，请过很多“高手”，甚至还有一些来自 500 强大企业的管理人员加盟阿里巴巴，结果却是“水土不服”。

① 商学人物：创业教父马云的三大绝招［J］. 经理人，2010-11-19.

造成500强大企业管理人员“水土不服”的原因，马云形象地比喻说：“就好比把飞机的引擎装在了拖拉机上，最终还是飞不起来一样，我们在初期确实犯了这样的错。那些职业经理人管理水平确实很高，但是不合适。”

马云坦言：“其实大家看到这句话后肯定就知道我要说的意思了，很简单，把飞机引擎装在拖拉机上是浪费的，很大的浪费，装上以后拖拉机的性能不见得就比原来好，我觉得经过这样处理的拖拉机可能连启动都无法完成了。在人才的选用上也是同样的道理，假如你是一家很小的企业，你非要把世界一流的人才请过来，这样的人才不一定适合你的企业，你的企业也不一定有能力提供他施展才华的舞台。如果这个人觉得在你的企业不愉快的话，他可以马上跳槽，因为世界一流的企业需要一流的人才。什么才叫人才？在适当时候最适合这个岗位的人就是人才，MBA不一定就适合你这个企业，农民也不一定就不适合你这个企业，把人用对，让他在最适合的岗位上发挥最大的能量就OK了，这就算我们用人用对了。”

对于创业企业而言，在初创企业的高速路上狂奔，势必就会“把飞机引擎装在拖拉机上”。不仅众多的企业老板会犯这样的错误，马云也同样犯过。

马云坦言，在初创企业的发展过程中，与众多的中小企业一样，阿里巴巴也希望员工像姜大牙一样，不断改造，不断学习，还要不断创新，这样企业才能持续成长。

马云说：“前些天，我组织公司的一些高层看《历史的长空》。这是一部很好的电视剧，讲述了一个农民如何逐步成长为将军的故事。主人公姜大牙一开始几乎是个土匪，但是通过不断学习、实践，不仅学会了游击战、大规模作战、机械化作战，而且还融入了自己的创新，最终成为一个百战百胜的将军。与众多的中小企业一样，阿里巴巴也希望员工像姜大牙一样，不断改造，不断学习，还要不断创新，这样企业才能持续成长。”

在变革的时代，在面临转型的中国，马云告诫企业老板，如果初创企业不能适时地应变时代的发展和消费者的个性化需求变化，如果不能不断创新出适销对路的产品，那么作为创业者而言，想做百年企业的想法简直就是一件痴心妄想的事情。

针对这个问题，马云总结说："造就一个优秀的企业，并不是要打败所有的对手，而是形成自身独特的竞争力优势，建立自己的团队、机制、文化。我可能再干 5 年、10 年，但最终肯定要离开。离开之前，我会把阿里巴巴、淘宝独特的竞争优势、企业成长机制建立起来，到时候，有没有马云已并不重要。"

飞机引擎装在拖拉机上，拖拉机还是拖拉机

有些企业老板认为，只要把飞机引擎装在拖拉机上，拖拉机就变成了飞机。然而，马云却不这么认为。

在马云办公室的墙上挂着一幅 "善用人才为大领袖要旨，此刘邦刘备之所以创大业也。愿马云兄常勉之" 的题字。

这幅题字是武侠小说大师金庸的墨宝，是在 2000 年，金庸题字给马云的。为此，马云坦言说："我挂在办公桌前面，这是给自己看的，挂在后面是给别人看的。天天看到这个，也是对自己的一种提醒。"①

在马云看来，把飞机引擎装在拖拉机上的方法只能将初创企业带向深渊。在拖拉机上，不管是安装飞机引擎，还是坦克引擎，拖拉机始终是拖拉机。

1999 年 9 月，经过马云等创业团队的精心筹划，终于创办了阿里巴巴网站。阿里巴巴网站在刚刚成立时，马云对他的团队说："从现在起，我

① 马云商道真经：别把飞机引擎装在拖拉机上［N］. 解放日报， 2008-9-9.

们要做一件伟大的事，我们的B2B将为互联网服务模式带来一次革命！我们要在中国一个小城市创造一个世界一流的企业。我们要在五年内成为世界十强。你们现在可以出去找工作，可以一个月拿三五千元的工资，但是三年后你还要去为这样的收入找工作，虽然我们现在每个月只拿500元的工资，一旦我们的公司成功，就可以永远不为经济所担心了。”

在马云的战略中，阿里巴巴要为中小企业提供一个敲开财富之门的平台。当然，马云的战略得到了高盛的认可。1999年10月，以高盛牵头的战略投资就给阿里巴巴提供了500万美元的风险资金。

得到资金的马云，做出了一个大胆的决定，从中国香港特别行政区和美国等地的世界500强企业引进大量的外部人才。

马云在公开场合宣称：“创业人员只能够担任连长及以下的职位，团长级以上全部由MBA担任。”

在这次人才引进中，阿里巴巴引进了不少人才。在第一拨大规模人才引进中，据说，阿里巴巴12个人的高管团队成员中除了马云自己，全部来自海外。①

在尔后的几年时间里，阿里巴巴聘用了更多的MBA人才，而这些MBA人才有的来自哈佛、斯坦福等世界著名大学商学院，也有的是国内知名大学商学院MBA人才，但是由于“水土不服”等原因，马云还是壮士断腕，把这些花巨资引进的MBA人才辞退了95%。

可能读者会问，马云葫芦里到底卖的什么药？其实道理很简单，对于创业企业人才而言，“适用”就是人才。

针对这个问题，马云在公开场合解释说，他对那些被辞退的MBA人才的评价是：“基本的礼节、专业精神、敬业精神都很糟糕。”

在这些MBA人才的意识中，被阿里巴巴引进，就是专门负责管人的，

① 马云商道真经：别把飞机引擎装在拖拉机上［N］. 解放日报， 2008-9-9.

甚至这些 MBA 人才加盟阿里巴巴就要把阿里巴巴所有的东西都给推翻。

不可否认，马云从来没有否定过那些职业经理人的管理水平。这些 MBA 人才的水平就如同飞机引擎一样，但问题在于，如此高性能的引擎适合阿里巴巴这台拖拉机吗?

马云由此总结出一个关于人才使用的理论：“只有适合企业需要的人才是真正的人才。”

尽管这些 MBA 人才的管理水平很高，但是不适合阿里巴巴。于是，马云把当初开除 MBA 的事情做了一个比喻：就好比把飞机的引擎装在拖拉机上，最终还是飞不起来一样。那些职业经理人管理水平确实很高，但是不合适。公司当时的发展水平还容不下这样的人。①

马云忠告创业者，“适用”就是人才。然而，在很多企业老板的意识中，只有高学历、高职称的人才能算是人才，否则即使有通天的本领，没有一纸文凭或职称，也不能称其为人才。但是，西方却有这样一句名言：“垃圾是放错位置的财富。”是不是人才，关键是看把他放在什么位置上，让他去做事，只要他在这个位置上能够做好，做出成绩来，他就是人才；如果不行，即使顶着再多的桂冠，他也不是人才。②

① 马云商道真经：别把飞机引擎装在拖拉机上［N］. 解放日报， 2008-9-9.
② 马云商道真经：别把飞机引擎装在拖拉机上［N］. 解放日报， 2008-9-9.

第十章　老板总是对的

在给企业做内训时发现了一个奇怪的现象，在A公司的宣传板上是这样写的：“第一条，老板总是对的；第二条，如有疑问，请参照第一条。”在好奇的驱使下，我问了该企业老板为什么要写这样的宣传语。该企业老板说，写这个的初衷是为了避免员工推卸责任，很多员工总是把责任推卸给老板。

——《命门：中国家族企业死亡真相调查（升级版）》

第一节 “员工是螺丝钉”：“我雇佣了他，放到哪里我说了算”

每天我去参加会议，总有人在言谈中有意无意流露出“员工就是螺丝钉”的想法。

——《别把员工当螺丝钉》

员工就是螺丝钉，哪里需要在哪里

中外企业老板们，经常会犯同样一个错误，那就是把员工当作螺丝钉。妮洛弗·麦钱特（Nilofer Merchant）就撰文指出这个问题。

妮洛弗·麦钱特坦言：“每天我去参加会议，总有人在言谈中有意无意流露出‘员工就是螺丝钉’的想法。”

妮洛弗·麦钱特举例说，在几次 CEO 圆桌会议上，我听到有的同行这样说：“我打算招 3 个业务员，使人均创造的年收入达到 34.5 万美元。”

在调动员工积极性方面，妮洛弗·麦钱特曾写过一本书，建议公司关注“人”的因素，以此弥合执行差距。该书出版后，几家大型公司的 CEO 友好地把妮洛弗·麦钱特拉到一旁，说妮洛弗·麦钱特此举过于冒失，会让人以为脑子出毛病了。尽管媒体就“软性”因素的重要性刊登过无数的学术论文和最佳实践，但大多数公司仍将员工视为生产线上的投入要素。

曾经有领导人问[①]妮洛弗·麦钱特，这种“员工参与”是否可以在核心业务完成之后再添加进去，就像在纸杯蛋糕上加糖霜一样。

这让一直研究员工积极性问题的妮洛弗·麦钱特不敢相信。在妮洛弗·麦钱特看来，经济已不再以生产物品为主。在这样的背景下，在谈起员工时，如果还把他们当成一颗颗可更换的一次性螺丝钉，是没有任何意义的。[②]

妮洛弗·麦钱特击中了目前很多企业老板的要害。事实上，这个问题在中国也同样严重，有的企业因为老板总是以“我雇佣了他，放到哪里我说了算”的态度对待员工，导致核心人才的不满，留不住核心人才，导致企业倒闭的现象屡有发生。

由于公司业务的需要，2000年年初，李大志被深圳市克林电子有限公司挖去做副总兼营销总监，主要负责营销事务。

李大志，贵州省遵义人，毕业于贵州大学中文系，1993年辞去公职南下深圳谋求发展，在去深圳市克林电子有限公司之前为圣达公司华北区销售经理。

李大志走马上任后，发现克林电子公司生产的产品是仿冒 × 国的一个同类产品，主要的销售模式是靠低廉的价格。

面对这样的产品销售，李大志主动与总裁刘国栋沟通。然而，出乎李大志意料的是，在克林电子公司，不仅仅是他与总裁刘国栋之间存在沟通障碍，或者说根本无法沟通，每个高层经理与总裁刘国栋都沟通不畅。

当然，这都源于总裁刘国栋的刚愎自用，暴政独断，没有给过李大志

① 妮洛弗·麦钱特．别把员工当螺丝钉［OL］．商业评论网．http://www.ebusinessreview.cn/articledetail-101037.html.

② 妮洛弗·麦钱特．别把员工当螺丝钉［OL］．商业评论网．http://www.ebusinessreview.cn/articledetail-101037.html.

等人沟通的机会。

半年后，在克林电子公司召开营销工作会议上，总裁刘国栋认为，召开营销工作会议只是讨论一些技术性问题。

然而，李大志觉得，召开营销工作会议只是讨论一些技术性问题远远不够。因为克林电子公司出现的很多问题已经不是这些技术性问题本身的问题了，而很多技术性问题是由克林电子公司的战略决策所限定的。

让李大志没有想到的是，克林电子公司目前的很多重大战略决策都存在着方向性错误。面对这样的历史性遗留问题，李大志认为，如果重大战略决策的方向性错误得不到纠正，讨论再多的细节问题也毫无实质性益处。

经过几个月周密调研，李大志做出了一个要对公司重大的方向性问题进行修改的方案。

刘国栋拿到这份方案后，非常生气地说："我们克林电子公司需要的只是战术型人才，不是通盘考虑的战略型人才。在克林电子公司，全局战略性问题由我决定就可以了。"

刘国栋说完之后，气冲冲地离开了会议室。

从那以后，为了说服刘国栋，李大志经过大量的研究，特别是针对市场策划、市场开拓、产品价格及产品设计提出了自己的想法，并常常把这些创意汇报给刘国栋。

然而，刘国栋对李大志的销售方案不屑一顾，要么推托有事情以后再谈，要么就干脆否定李大志的营销策划方案。

在克林电子公司岗位职责细化得非常详细，在"营销总监岗位职责"一节上非常清楚地规定了营销总监的工作范围与职权："一、制定公司的营销战略；二、制定公司的营销政策；三、制定新的营销模式；四、制定公司的广告投放计划；五、制定新产品的宣传策略；六、负责市场部内部人员工作安排；七、制定市场开拓及维护计划，并组织执行……"

尽管“营销总监岗位职责”罗列得非常详细，但是在实际工作中，李大志负责营销事务，其职务是营销总监，却没有行使营销总监职权。

当李大志将一份《2000—2001年克林电子公司产品市场营销总体方案意见书》的报告交给刘国栋之后，再也没有得到回复。

2000年7月，李大志问刘国栋他写的那份报告需要哪些修改时，刘国栋却说：“克林电子公司的有关产品营销总体战略、营销模式设定，及市场总体开发计划的重大事宜不是你这位营销总监考虑的。这些大的营销战略都是由我来统一制定。你这位营销总监的职责只是执行这些营销战略就可以了。不过，记住，你这位营销总监的任务只有一个——按照克林电子公司的统一的营销策略提高销售额。”

李大志问刘国栋：“刘总，既然您认为我还是营销总监，可以给您提几个营销战略的建议吗？”

刘国栋说：“那是当然的，我非常欢迎。”

李大志又问：“刘总，我的那份报告就算一份建议书，为什么交上来之后一个月还没有答复呢？”

刘国栋说：“你报告中的内容不符合克林电子公司的实际销售情况。”

李大志又问：“哪一些内容不符合呢？”

刘国栋说：“这个方案应该是由总经理做，不是你分内的工作，所以不必那么麻烦。”

李大志拿出公司的《营销总监岗位职责》给刘国栋边看边说：“这上面写得非常清楚，这些工作都是我这个市场总监分内的工作。”

刘国栋说：“不要那么教条和死板，制度是死的，人是活的，不能什么事情都那么僵化。”

李大志听后只觉得无言以对。

2006年4月，我去深圳给一个企业做内训，再次见到了李大志，李大志在一个大型企业做销售总监，听李大志说，克林电子公司已经死掉快3年了，死因就是刘国栋一人独裁，听不见高层干部的建言，以至于公司的产品没有市场，大部分压在库存，从而使资金链断裂，最终崩盘。

反观上述案例，营销总监李大志可称得上是一个称职的职业经理人，工作中兢兢业业，但是在刘国栋这样的老板麾下工作，同样也使得李大志自己的业绩黯然无光。

当然，正是因为刘国栋的刚愎自用，暴政独断，把员工当作“螺丝钉”，这也为克林电子公司的夭折埋下了祸根。

把员工当作“个人”，而不是机器中的螺丝钉

2008年，百事食品（中国）有限公司再次获得“中国杰出雇主（2008上海地区）”荣誉称号之后，时任百事食品（中国）有限公司人力资源副总裁徐敬慧对杰出雇主有着清晰的理解：首先要有非常强的价值观体系，其次要有持续性，再次在市场上要有区别性。

徐敬慧坦言：“我们会专门研究80后，首先了解他们想要什么，比如更快的发展和不错的收入，工作和生活的和谐，职业发展的想法等；其次公司能够提供什么，比如重视多元化，强调公益精神、团队精神等。”

在徐敬慧看来，人才是支撑企业发展的根本动力，她说：“他们是作为个人，而不是机器中的螺丝钉。”

然而，当我们研究中国企业时发现，在大多数中小企业中，最滞后和落伍的不是厂房、设备、技术和营销模式，而是中小企业老板漠视人才，在用人时坚持“员工是螺丝钉”——“我雇佣了他，放到哪里我说了算”的用人准则。

这就大大地降低了核心人才的积极性和主动性。在上述案例中，刘国栋只不过是中国上千万家企业中的一个非常具有典型代表的案例。

在《家族企业长盛不衰的秘诀》培训课后，我发现很多家族企业老板都刚愎自用，暴政独断，从来都听不得企业员工的不同意见，哪怕是一点反对意见也不行，而且很多家族企业老板也从来不考虑家族企业员工意见的可行度。

在中国大陆地区，特别是在中小家族企业老板队伍中，像刘国栋这样漠视人才，在用人时坚持“员工是螺丝钉”——“我雇佣了他，放到哪里我说了算”的用人准则的企业老板为数不少。

在企业实际的运营管理中，企业老板在用人时坚持这一用人准则的管理方法对企业发展的危害是非常大的。

在《家族企业长盛不衰的秘诀》培训课上，一些家族企业老板抱怨说：“周老师，现在的高级管理人员就是不听话，非得要弄出一个 × × 管理体系，还要参与什么企业战略决策。在私下我跟这些高级管理人员说：‘兄弟，咱们企业就这么大，你按照我的战略执行就行了，至于其他的，你就不用那么操心了。’而这些高级管理人才说：‘老王，不是我不执行您的战略决策，是您的战略决策有问题。’”

其实，类似上述这个家族企业老板的抱怨还有很多。在一次《中外家族企业成功之道》的公开课中，一家大型民营企业的企业老板非常纳闷地询问我这样一个问题：“周老师，你说要票子我给票子，要房子我给房子，要车子我给车子，就差要老婆没有把老婆给他了。凭良心说我真的待他们不薄，可为啥他们就是不领我的情，还是要辞职呢？”

在《家族企业长盛不衰的秘诀》培训课上，我见到了那位民营企业老板所说的那个辞职的员工——王正坤，一位毕业于北京某大学的高才生，在企业里摸爬滚打了十几年，具有丰富的管理经验。谈及离开那个民营企业，王正坤深深地感叹道："其实老板待我也不错，但是我离开绝对不是因为这些，在那里我总是觉得很空虚、很压抑……"

我将那个民营企业老板的话转达给他之后，王正坤说出了自己的心里话："我总不能为他打工一辈子！他只是一个穷得只剩下钱的暴发户罢了。其实现在金钱对于我来说没有绝对的诱惑力，我只想干出一番业绩，证实我的能力，而在那里我总是不能全力施展我的才能，所以我的离开是因为在那里觉得是对我的价值的最大否定。"

上述案例中的问题反映出一个非常值得反思的现象，很多家族企业老板，从不愿意招聘高级人才，从某种程度上说，他们更热衷于招兵。

究其原因就是兵来了，家族企业老板往往把他们定义为一线执行人才。而"高级人才"加盟了家族企业，必定就要分享家族企业老板的一部分决策权。

据很多家族企业老板所言，听话的高级人才没本事，有本事的高级人才不听话，特别是随着"高级人才"的加盟，家族企业业绩蒸蒸日上后，不管是外界的合作者、媒体还是内部的员工，都会自觉不自觉地把目光投射到"高级人才"身上，这就使得家族企业老板本人黯然失色。

这就是一部分家族企业总是留不住高级人才，家族企业花高薪聘请高级人才总是不断离职的根本原因所在。

当然，要想改变这种现状，企业老板就必须摒弃在用人时坚持"员工是螺丝钉"——"我雇佣了他，放到哪里我说了算"的用人准则，否则，是根本不可能有任何改变的。

可能读者会问，既然企业老板在用人时坚持"员工是螺丝钉"——"我雇佣了他，放到哪里我说了算"的用人准则的危害如此之大，作为企业老板该如何避免呢？方法有如下几个（见表 10-1）。

表 10-1　　避免“我雇佣了他，放到哪里我说了算”的用人准则

(1) 善于授权	在授权给核心人才时，企业老板不能越权指挥，也不能在授权范围内指手画脚
(2) 监控风险	在授权给核心人才时，必须监控风险，不能授权之后就放手不管。当风险很大时，企业老板要善意提醒核心人才，以确保风险能控制在可控范围之内
(3) 责权明晰	在授权时，责权一定要非常明晰。当核心人才没有完成任务时，可以依据授权时的责权来进行奖惩

第二节　老板总是对的：把责任尽可能推卸到员工身上

当他的部下犯了过错以后，他显出无能为力，他就应当承认自己是一个失败的领导者，而他是个推卸责任的领导者，他就不能当一个领导者，因为他不具备一个领导者所具备的最基本的素质。

——联想集团创始人　柳传志

老板总是对的，其实就是帝王思维在作祟

在给企业做内训时发现了一个奇怪的现象，在 A 公司的宣传板上是这样写的：“第一条，老板总是对的；第二条，如有疑问，请参照第一条。”

在好奇心的驱使下，我问了该企业老板为什么要写这样的宣传语。他说，写这个的初衷是为了避免员工推卸责任，很多员工总是把责任推卸给老板，这样的话，我就可以把责任推卸到员工身上。

谈及责任，这可是关乎企业竞争力的一件大事。作为企业的老板，应当担负更多的责任，而不应该把责任推卸给员工。

关于责任，彼得·德鲁克曾多次撰文谈过，不管是在《管理实践》一书中，还是在《管理：任务、责任、实践》一书中，都多次介绍了责任的重要性。

在《管理实践》一书中，彼得·德鲁克对“责任”、管理人员的“责任”、员工的“责任”以及企业的“责任”谈得很多。《管理：任务、责任、实践》这本共达839页的浩瀚巨著，以其简洁而浓缩的书名道出了管理学的真谛。

从彼得·德鲁克的两本著作中可以看出，管理就是管理任务、承担责任、勇于实践。而承担责任则是管理的核心。

令人惊奇的是，当我们在《管理：任务、责任、实践》这本书中搜索“责任”这一词条时，发现该书索引中有多达36处谈到“责任”，竟然没有一处谈到管理是靠“权力”来维持。在彼得·德鲁克看来，权力和职权是两回事，管理当局并没有权力，而只有责任，足见管理大师对责任的重视。

位于中关村的L公司，不仅有着便利的地理位置，而且销售的是国际知名品牌联想公司的ThinkPad笔记本电脑，生意异常火爆。

这家公司在很多时候，都是先送笔记本电脑，再快递发票。2012年4月11日，该门市部门销售经理刘迪吩咐店员王晓燕，让王晓燕打电话叫快递公司送20台笔记本电脑的发票给D公司财务部总监何启。

王晓燕和刘迪确认了D公司的具体地址及D公司财务部总监何启的姓名后，就打电话叫快递员过来取快件。5分钟后，给D公司财务部总监何启快递20台笔记本电脑的发票的事情就处理了。

然而，两天后，D公司财务部总监何启打电话给刘迪说，他没收到20台笔记本电脑的发票，让刘迪查询一下快递公司。

刘迪放下电话，马上询问王晓燕是否快递了20台笔记本电脑的发票。

王晓燕说明20台笔记本电脑的发票已经按照刘迪确定的地址寄出，并拿出快递回执单证明。

刘迪对照了快递回执单和自己给出的地址之后，马上意识到是自己把地址搞错了。但是刘迪却说："小王，你一个女孩子，交给你的工作一点也不细心，真够马虎的，地址错了怎么不告诉我？"

王晓燕不知所措地回答道："邮寄之前我跟您确认过地址，当时您说肯定是正确的。"

"推卸责任，狡辩！小王，你这样做是不行的！"刘迪马上批评王晓燕道。

王晓燕知道，无论自己如何解释也没有用，只好委屈地说："刘经理，我知道'错'了，今后一定改正。"

"这就对了，小王，工作就应该像你这样，要勇于承担责任。"刘迪得意地说。

反观上述情景再现案例，我们能看出L公司门市部门销售经理刘迪在推脱责任，没有丝毫承担责任的担当。

更加荒唐的是，作为门市销售经理自己做错了事情，居然还训斥并教导自己的下属要"勇于承担责任"。

作为领导者，刘迪不但不站出来承担自己应当承担的责任，相反还大言不惭地批评员工，并在员工面前高唱"勇于承担责任"。

刘迪的做法在中国企业中还是相当普遍的，似乎企业老板就不应该担负起自己做错事的责任。这样的思维是要不得的。可以说，这样的企业老板是极其不负责任的，也是不具备领导资格的。

在《家族企业长盛不衰的秘诀》的培训中，经常见到刘迪式的企业老板。

他们不仅将责任推卸给员工，而且还将责任推卸给合作者。

这样的现象必须引起中国企业老板们的高度重视。从长期来看，如果企业老板没有担当，不敢承担相应的责任，员工也会效仿企业老板拒绝承担责任的行为。

这样就直接促使企业内形成一种“谁都不承担责任”的企业文化，从而使得企业所有人员都对企业“不负责任”，都把责任推卸给其他人。当所有企业人员都“不负责任”时，这样的企业是不可能真正为顾客着想的，因而也就不可能生产出顾客真正需要的产品，最终被市场抛弃。

任何人的责任都必须止于此

在《家族企业长盛不衰的秘诀》培训中，一个家族企业的高级主管说：“把公司的资产全部拿走，只要把所有人员留下，五年之内我就能使一切恢复旧观。”

从这个高级主管的话中不难看出，企业的成功绝不是偶然的，它主要建立在责任的基础之上。

同样，在彼得·德鲁克看来，管理其实就是管理人员的责任、员工的责任和企业的责任，没有什么捷径而言。

在所有企业中，公司的高效率都源于管理，而又止于管理。对此，美国第 33 任总统哈里·S. 杜鲁门（Harry S. Truman）曾经在椭圆办公室挂了一个牌子：“责任止于此处。”企业老板都应该接受哈里·S. 杜鲁门的这句座右铭。

研究发现，像杰克·韦尔奇一样伟大的企业老板在管理员工时，往往不会使用公司给他的权力，而通常只使用责任。

可能读者会问，什么样的企业老板才会主动地承担责任，而不是把责任推卸给员工及其合作者呢？答案是只有优秀企业老板才会做到。

通常，优秀企业老板具有以下九种品质（见表 10-2）。

表 10-2　　优秀企业老板具有的九种品质

（1）敢于承担全部的责任	在实际的经营中，无论企业老板的权限范围有多大，都应该在自己的权限范围内承担起相应的、最大的领导责任，更应该心甘情愿地去承担员工的过错与缺点。反之，企业老板如果把责任推卸给员工，那么，他就不能胜任领导者的岗位，因为他不具备一个企业老板所具备的最基本的素质
（2）关心员工，尽可能帮其解决所遇到的难题	伟大的企业家大都富有同情心，当员工遇到困难和问题时，要尽可能地帮助其解决在工作中遇到的问题。这些问题也可能是工作条件、工作环境、同事之间的矛盾等等
（3）良好的感召力	对于企业老板而言，仅仅具备领导者的专业素质当然是远远不够的，还必须具有感召力。在实际的企业竞争中，企业老板就像是一个企业的旗帜，当员工看到企业老板就充满很强的战斗力
（4）卓越的领导特质	领导特质的卓越与否将决定企业老板是否能够成功领导员工。为此，企业老板在领导员工的过程中，能不断地运用他的特质来影响员工，就成为卓越领导力的必备条件
（5）明辨是非	作为企业老板，应该明辨是非，去伪存真，特别是在日常管理中，企业老板难免会听到不同的意见，这就要求企业老板要有明辨是非的能力。如果企业老板是非难以辨明，不仅得不到员工的拥护和尊敬，而且还会影响企业的发展
（6）很强的自控力	通常，优秀企业家都具有很强的自控能力。试想一下，一个自我控制能力不强的企业老板，在实际的管理中，肯定没有员工听从他的指挥
（7）合作意识	优秀的企业家都具有很强的合作意识，而且善于运用合作的原则激发团队力量
（8）熟练管理中的细节	在实际的管理中，称职的企业老板往往都熟悉企业管理中的各个细小环节
（9）做事有计划性	通常，优秀企业家对他做的每件事都做了一个周详的计划，并按照计划行事

第三节 心理契约的“空中楼阁”：给员工的承诺都是镜花水月

和谐的员工关系对于企业来讲就像是润滑剂对机器一样，平时可能感觉不到在起润滑作用，一旦缺乏，企业庞大的机器就无法正常运转。员工关系管理的问题最终是人的问题，主要是管理者的问题。在员工关系管理中，管理者应是企业利益的代表者，是群体最终的责任者，也应是员工发展的培养者。在员工关系管理中，每一位管理者能否把握好自身的管理角色，实现自我定位、自我约束、自我实现乃至自我超越，关系到员工关系管理的和谐程度，更关系到一个企业的成败。

——北京新华信正略钧策管理顾问有限公司顾问 林彬

空头的承诺可能激化员工和企业的矛盾

在很多中小企业中，由于制度不够完善，当某些员工在做出业绩时，企业老板一般都会口头承诺许多奖励，比如给员工加薪、晋升等。然而，却始终都不兑现，结果招致所有员工的不满，最终元气大伤。

在《中国家族企业为什么做不大》培训课上，一个C学员讲述了自己创业前的一段经历：

我从大学毕业后，由于性格比较文静、内向，加上偏向于做稳定的工作。

于是应聘到A公司做文员。在面试时，我与A公司老板石总谈好大概的工作内容和薪酬待遇。尽管在试用期的月工资只有1100多元，但是老板承诺，只要过了试用期，转正之后月薪就是2300元。

当我终于过了试用期，兴冲冲地拿着表格到老板办公室申请转正时，我与老板谈了很久，老板当场指出我在工作中的很多小问题。

当谈话结束时，老板说："原先2300元月薪的承诺是给特别优秀的员工的，但从试用期来看，你的能力只能算是合格，所以只能给1600元月薪。"

在我看来，老板当初承诺的2300元的月工资没兑现，比承诺的少了700元。我为此非常不高兴。没过多久，老板的承诺又没兑现。

有一次，老板让我准备ISO（国际标准化）的资料，让我做ISO评估的负责人。但是一星期后在ISO培训时，老板却没让我参加。

为此，我跟老板大吵了一顿，辞职创业了。当我辞职创业后，A公司近一半的员工都加盟了我的新公司。结果A公司元气大伤，如今已快进入破产边缘。

在本案例中，A公司老板两次口头承诺，到后来却都没兑现，以至于C学员辞职创业，结果一呼百应，A公司一半员工都加盟，使得A公司老板众叛亲离，最终使得A公司陷入岌岌可危的境地。

A公司老板这样的做法绝不可取。老板给员工的承诺一定要兑现，这样才能有效地重视员工管理的重要性。

W连锁集团经过短短10多年的发展，已经从原来的一家小型连锁店发展成为某地区一家知名的家电连锁企业。

W连锁集团公司管理层踌躇满志，希望把握住中国家电良好的发展机会，争做家电连锁企业的领先者。

然而，在W连锁集团北京海淀店，接连发生了多名骨干店员集体跳槽事件，这让店长李文华如坐针毡。

让李文华感到有压力的是，有更多的竞争者加入，家电连锁投资浪潮一浪高过一浪，一边是新开的门店如雨后春笋般出现，一边是原有的家电连锁企业纷纷扩建，而新开的门店为了吸引人才，纷纷都高薪招聘有经验的店员。让李文华不可接受的是，有的竞争对手还采取挖墙脚的方法来获取企业所需的人才。

很多有经验的店员禁不住外部高薪的诱惑，纷纷都跳槽了。在W连锁集团北京海淀店，店员跳槽的情况也比比皆是，仅一季度离职的骨干店员就达十几人。

刚开始，李文华相对比较理性，他认为，在200多人的门店离职十几个店员也算正常，对该店的经营不会有什么大的影响。

让李文华没有想到的是，该店跳槽风波越演越烈。在一周之内，该店两名非常出色的业务主管被竞争对手给挖走了。更为严重的是，这两名业务主管还陆续带走了一些有经验的店员。

李文华得知这一情况后，主动应对辞职危机事件，立即通知所有员工及其领导班子开会，并责令人力资源部尽快采取有效措施来改变当前被动的店员流失局面。

该店人力资源部在经过一番调查和研究之后，向李文华递交了一个建议书，建议把该店已经跳槽店员的家人和亲戚从本店全部开除，以防止店员流失事态的加剧。

李文华觉得该建议可以有效阻止店员流失，于是就批准了人力资源部的建议。在随后的一周内，大清洗运动就开始了，该店数十名店员因为与跳槽店员有亲属或者朋友关系被W连锁集团北京海淀店单方面解除了劳动合同。

尽管辞退了一大批店员，但是事情却变得更加复杂了。被辞退的店员一面向W连锁集团总部申诉，一方面又像北京海淀劳动主管部门上诉，要求维护自己的工作权利……

北京海淀劳动主管部门经过调查之后，认定W连锁集团北京海淀店这样的“株连政策”是严重的侵权行为，责令该店尽快恢复这些店员的劳动关系……

让李文华没有想到的是，北京某报头版头条刊登了被无辜解雇的店员声援的新闻，而且还发表评论文章谴责W连锁集团北京海淀店……

W连锁集团北京海淀店的“跳槽风波”迅速就上升为该公司的重大危机事件，在种种压力下，W连锁集团公司总经理责令店长撤销已经发布的“株连政策”，并尽快恢复那些被辞退店员的劳动关系，而且还花了很大力气做劳动主管部门和媒体的工作才化解了这次危机。但是，经过“株连政策”之后，越来越多的店员辞职了。

可以说企业的竞争实质就是员工的竞争，在上述案例中，W连锁集团北京海淀店店长李文华为了防止店员跳槽，非常极端地采用了开除所有该店曾跳槽的店员的家人和朋友的方法。这种“株连政策”不仅引发了店员的积极对抗情绪，还被刊登在头版头条，被北京海淀劳动主管部门责令改正，其影响十分恶劣。

上述案例警示每一个企业老板，留住核心员工、吸引核心员工不能靠野蛮式的“株连政策”，而必须建立在改善员工关系的基础之上，或者给核心员工提供可以发挥实现自我的平台，即使竞争对手高薪挖墙脚，自己员工也不愿意被挖。因此，对于企业老板而言，就必须重视员工的重要性，这也是企业人力资源管理的重要组成部分。

许多中国企业老板常常疏忽员工关系管理

在这里，要提醒企业老板的是，员工关系管理一般很难细化，不像在人力资源工作管理中的招聘、培训、绩效、薪酬等那样可以量化。而员工关系管理贯穿于整个企业人力资源的各项管理工作中。

在实际的企业管理中，许多中国企业老板常常疏忽员工关系管理，主要还是源于以下两个方面：一方面，企业老板缺乏员工关系管理意识，认为员工关系管理不重要；另一方面，在实际管理中，员工关系管理仅仅是作为一种领导艺术，没有得到中国企业老板们的重视，即员工关系管理还没有成为许多中国企业老板日常的管理工作。

可能有读者会问，什么是员工关系管理？根据MBA智库百科的定义是，"从广义上讲，员工关系管理是在企业人力资源体系中，各级管理人员和人力资源职能管理人员，通过拟订和实施各项人力资源政策和管理行为，以及其他的管理沟通手段调节企业和员工、员工与员工之间的相互联系和影响，从而实现组织的目标并确保为员工、社会增值。从狭义上讲，员工关系管理就是企业和员工的沟通管理，这种沟通更多采用柔性的、激励性的、非强制性的手段，从而提高员工满意度，支持组织其他管理目标的实现。其主要职责是协调员工与管理者、员工与员工之间的关系，引导建立积极向上的工作环境。"

从员工关系管理的定义不难看出，员工关系对于企业的生存和发展都有着举足轻重的地位，而企业老板重视员工关系管理将是企业做强做大的根本条件。因此，对外实行客户关系管理，对内实行员工关系管理就成为必然。在企业中，员工不仅是企业利润直接创造者，而且还是企业生存与发展的内在动力。

实践证明，企业老板重视员工关系管理，那么企业员工的责任心较强，岗位效率也很高，其工作成果就较大，各项任务就完成得比较好；反之，企业老板对员工关系管理不重视，员工责任心较差，各项工作就上不去，企业目标也就难以实现。那么，对于企业老板来说，如何才能有效地重视员工关系管理呢？方法有以下 4 个（见表 10-3）。

表 10-3　　员工关系管理的 4 个方法

（1）强化员工关系意识	在企业经营中，员工是维持企业生存和发展的重要保障。企业的一切目标、利益、计划、政策、措施等都必须通过发挥员工的工作技能才能实现。可以说，离开员工就没有企业存在的基础。企业老板只有将员工关系作为最重要的第一关系来对待，才能发挥员工的潜能
（2）让员工认同企业的远景	在任何一个企业中，其所有利益相关者的利益都是通过企业共同远景的实现来达成的。作为企业老板，往往都是通过确立共同远景，整合企业所有资源，最终实现个体的目标。企业老板在员工关系管理中，要尽可能地让员工认同企业的远景。如果员工不认同企业的共同远景，那么就没有利益相关的前提
（3）制定科学有效的激励机制	员工关系管理的最终目的是激发员工的工作积极性，使其发挥实现自我价值的一个管理手段。一般地，企业老板往往采用科学有效的激励机制来激发员工的工作积极性，根据员工的工作能力、行为特征和绩效等各个方面进行公平的评价，然后再给予员工相应的物质激励和精神激励
（4）将员工的发展作为重要职责	企业老板是员工关系管理的重要推动者、倡导者、建设者和执行者。在员工关系管理时，将员工的发展作为重要职责，营造宽松的工作氛围，努力完成好团队的工作目标，创建良好的员工关系

第四节 工作错误零容忍：不能容忍员工犯任何一个错误

每个人在生活中总要犯错误。我们不怕犯错误，而是怕犯同样的错误。不容忍犯错误的人，往往成不了大的气候。因为总是有无形的东西在束缚着他，当他要突破重围或者有所创新时，总会有一个潜在的念头在心里告诫他，不要犯错误，或者小心做错。这样，他再也无法放开手脚去大干一番了。这样的人没有冒险精神，也就缺乏开阔的眼界和思路。

——《史布克的忠告》

工作错误零容忍禁锢员工创新思维

在日常管理工作中，企业老板对员工的犯错必须正确评价，力戒失误。当员工犯错时，企业老板必须分析其犯错的原因，判断其所犯的错是否是影响企业生存与发展的重大问题，有助于企业老板避免评价失误。

事实上，关于犯错误，雪落飘香在《史布克的忠告》一文中做了这样的论述：“每个人在生活中总要犯错误。我们不怕犯错误，而是怕犯同样的错误。不容忍犯错误的人，往往成不了大的气候。因为总是有无形的东西在束缚着他，当他要突破重围或者有所创新时，总会有一个潜在的念头在心里告诫他，不要犯错误，或者小心做错。这样，他再也无法放开手脚去大干一番了。这样的人没有冒险精神，也就缺乏开阔的眼界和思路。因为你没有丰富的经历，你就没有发言权，更没有决策权。所以，人重要的是在犯错误中学习和积累，犯错误是为了以后不犯错误；假如年轻的时候不犯错误，那么到以后犯的错误就是致命的，无法挽回的。作为领导、长者或者企业的负责人要允许自己的下属犯错误，同时也给他们一定的自由让他们犯错误，然后才能成长起来，达到少犯错误和不犯错误的境地。到了这个地步，他就成熟了，也具备了丰富的经验和分析事物、判断事物的素质和能力，而这个时候也就可以担当重任，独当一面了，从而也就不用你操心了。”

从《史布克的忠告》一文中的论述不难看出，容忍员工的错误是一个优秀企业老板的重要条件。作为老板，当员工犯错时，要尽可能地容忍员工所犯的错误。因为在日常的管理中，老板常常遇到的问题是，工作能力越强的员工，犯错的机会就相应要多一些。

位于京郊的P印刷公司尽管规模不是很大，但是在总经理陈天剑的经营下，金融危机也没有能改变公司业绩蒸蒸日上的势头。

陈天剑上任的第一件事情，就是招聘能人。不管有无工作经验，只要能为P印刷公司贡献力量，一般都可以在P公司施展才华。

就这样，毕业于某印刷学院的郑天桥就顺利地进入了P公司。在P印刷公司，郑天桥从一线业务员已经做到了P印刷公司业务总监，不过这个阶段花去了郑天桥三年的时间，即从2008年大学毕业到2011年。

在P印刷公司的三年间，郑天桥在工作中一直兢兢业业、勤学上进。每年郑天桥的业绩都位列P印刷公司第一名。

当然，郑天桥也因此深受总经理陈天剑的赏识，也是P印刷公司其他业务人员学习的标杆。

然而，在2011年11月下旬的一天，郑天桥像往常一样从客户那里收回P印刷公司的货款时，却接到了父亲郑友朋的一个紧急求救电话。郑友朋在电话里说，郑天桥的母亲不幸得了癌症，现在是癌症早期，医生说急需手术。尽管已经变卖了家里的很多物资，但也不够手术费，问郑天桥能不能想办法借点钱医治他母亲的病。

郑天桥闻此信息，马上给总经理陈天剑打电话说借钱的事情，可是陈天剑的电话总是无人接听。5分钟后，郑天桥决定从P印刷公司货款里先借一万元给母亲治病。

作为业务总监的郑天桥十分清楚挪用公款是业务人员的大忌，更何况是业务总监，轻则退赔开除，重则绳之以法。

10分钟后，郑天桥主动走进了总经理陈天剑的办公室，将剩余的货款和一张邮电局汇款收据摆在了陈天剑的办公桌上。

郑天桥和陈天剑足足谈了一个多小时，而陈天剑的表情始终是冷峻的。最后陈天剑说："你先休息一下，叫张助理通知业务部全体人员，20分钟后召开紧急会议。"

在这次会上，陈天剑宣布了辞去郑天桥业务总监职位，业务总监的职位由原业务副总袁林暂代。

两天后，得知此事的U印刷公司总经理周文儒以年薪80万元的高薪将郑天桥聘请过去，同时还预付10万元给郑天桥为其母治病。

2012年4月，U印刷公司的销售额增长了600%。而P印刷公司的业绩却一落千丈。

在上述案例中，陈天剑就犯下了一个不能容忍员工犯错的错误。作为业务总监的郑天桥，不仅业绩出色，而且还是因为母亲急需一笔手术费，在给总经理陈天剑打了5分钟电话无人接听后，才不得已从公司的货款中借用了一万元，而且在最短的时间内到陈天剑办公室说明情况，至少说明郑天桥的职业操守还是非常强的。然而，陈天剑却不这么认为，还是按照公司制度处理了郑天桥。

然而，U 印刷公司总经理周文儒以年薪 80 万元的高薪将郑天桥聘请过去，同时还预付 10 万元给郑天桥为其母治病。这两个企业老板面对同一件事情，处理的方式却是天壤之别。

如前所述，员工犯错误非常难免，只要是情有可原，就没有必要深究不放。郑天桥犯下了错误，P 公司总经理没有容忍，而 U 印刷公司趁机挖了墙脚，使得 P 印刷公司业绩一落千丈，而 U 印刷公司销售额却增长了 6 倍。

尽可能地容忍员工所犯的错误

作为企业老板，当员工犯错时，要尽可能地容忍下属所犯的错误。因为在日常的管理中，企业老板常常遇到的问题是，工作能力越强的员工，犯错的机会就相应要多一些。

这就要求企业老板在领导员工奋斗时处理好在企业中的“双强”关系。这里的“双强”是指能力较强的企业老板和能力较强的员工。在中国企业中，很多企业老板，特别是企业创始人，他们的能力都非常强。

在这样的背景下，就要求企业老板在增强自身领导魅力的同时，更应该给能力较强员工以充分的发展空间，让其能力得到最大限度的发挥，使其自身价值得到最大限度的实现，这样，既有利于提升员工的工作积极性，同时又培养了公司的急需人才。

研究发现，对于员工的犯错，一些企业老板通常会认为，如果不正视员工的犯错，势必会滋生员工推卸责任的工作态度。

事实证明，企业老板如果过分地看重员工的犯错，那么员工便会自觉或不自觉地犯下不可避免的错误。

可能读者会问，作为企业老板，当员工犯错时，企业老板如何才能领导好这些员工呢？方法有以下 4 个（见表 10-4）。

表 10-4　处理犯错员工的 4 个方法

（1）绝不批评动机良好而无心犯了错误的员工	当员工犯错后，企业老板在处理时，如果员工动机良好而无心犯了错误，只需纠正犯错员工的方法就可以了。反之，如果员工恶意犯错，就须给予从严处罚
（2）充分看到每个犯错员工的闪光点	发现犯错员工的长处其实是优秀企业老板的一个硬素质。在实际的管理中，企业老板就必须充分看到每个员工的闪光点，特别是犯错员工的特长，犯错员工的工作经验，犯错员工的优势。当做重大决策时，主动听取犯错员工的意见，同时尊重犯错员工的意见，依据有效的建议制定出符合自身企业发展的决策，从而调动他们工作的积极性
（3）主动地放下架子	当员工犯错后，企业老板应主动地放下架子。有些企业老板往往爱摆架子，以为这样就可以管理犯错的员工了。其实不然，企业老板只有放下架子，以宽广的胸怀对待犯错的员工，做到小事不计较，大事能论理，才能有效地激发犯错员工的工作积极性
（4）企业老板时时处处严格要求自己	在实际的员工管理中，特别是当员工犯错后，企业老板必须身教重于言教、处处模范带头、以身作则、时时处处严格要求自己

第五节　惯以成败论属下：企业老板进步了，团队和员工拖后腿

作为一个管理人员，你应该懂得，雇员个人的成功与失败是企业荣辱的组成部分。你们的任务是不断地充实集体的力量，而不是人为地制造分裂。

——新希望集团创始人　刘永好

“成者王，败者寇”的成败论思维模式过于僵化

在实际的管理中，很多企业老板往往把“成者王，败者寇”作为评价员工工作完成与否的一个重要标准，在那些追求短期效率的企业中，企业老板这样的做法尤为显著。

然而，很多企业老板不知道，员工的成功与否与企业老板的领导方式、领导风格、领导魅力都有着非常紧密的联系。企业老板不称职，或者不胜任，那么员工是很难取得优秀业绩的。

事实证明，一个企业老板之所以优秀，是因为他摒弃了传统的管理模式，采用了与时俱进的创新管理理念来指导企业，以自身的领导魅力来影响员工。当然，这样的企业老板往往也会非常坦然地接受员工的失败和挫折。

任何一个企业要想有所发展，都必须拥有一支优秀的常胜员工团队。毫无疑问，业绩出色的员工往往容易受到企业老板的偏爱。

相反，企业老板往往对那些曾经有过失败、有过失记录的员工或多或少会存在某些偏见。而企业老板的这种用人观往往会导致业绩出色的员工和曾经有过失败、有过失记录的员工之间的对立，而那些业绩出色的优秀员工也许会成为企业中的众矢之的。

然而，对于任何一家企业而言，都不可能做到永远不败，一个伟大的企业都是经过多次的失败后才达到了其最大的边界，企业的员工也是如此。因此，只有容许员工失败，才是激发员工创造力的一个重要手段。这也是企业老板的一种用人原则策略。

当员工取得好业绩时，企业老板要让所有员工分享；当员工失败时，

企业老板要耐心劝解，绝对不能由此滋生一种强烈的个人偏好和憎恶情绪。

其实，员工在工作中，其失败就如同生老病死一样不可避免。作为企业老板，必须正确地、客观地看待和处理员工的失败，这不仅关系着激发员工的创造力，更关乎着企业未来的生存、发展和壮大。

在三国时代，时局动荡加剧了战争的频发。

而蜀国对外与东吴联盟，对内改善和西南各族的关系，实行屯田，加强战备。蜀建兴五年(227年)三月，蜀丞相诸葛亮率领千军万马北驻汉中(今陕西汉中东)，准备北伐中原。

在临出师前，诸葛亮向蜀帝刘禅上疏《出师表》，并在开宗明义指出：“先帝业未半，而中道崩殂。今天下三分，益州疲敝，此诚危急存亡之秋也。”

诸葛亮还表明自己心迹：“受命以来，夙夜忧叹，恐托付不效，以伤先帝之明。”于是，诸葛亮认为“今南方已定，兵甲已足，当奖率三军，北定中原。”

在这样的战略判断下，诸葛亮觉得统一中国的时候到了。于是放下狠话，扬言要从斜谷道经陕西郿县（今陕西眉县北），直捣长安。然而，遗憾的是前后6次北伐中原，多以粮尽无功。

诸葛亮平定南中之后，经过两年准备。公元227年冬天，诸葛亮就带领大军驻守汉中。汉中接近魏、蜀的边界，可以随时找机会进攻魏国。而诸葛亮的整体部署是：命赵云、邓芝率领部分军队进据箕谷（今陕西太白县境内），虚张声势，做出佯攻的样子，以图把魏军主力吸引过来；同时，诸葛亮自己则亲自率领20万主力大军北出祁山（今甘肃西和西北），以便先取陇右，最后夺取长安。

诸葛亮到了祁山后，决定派出一支人马去占领街亭(今甘肃庄浪东南)，作为据点。当时诸葛亮身边还有几个身经百战的老将。可是诸葛亮都没有用，单单看中参军马谡。

可能读者会问，诸葛亮为什么会重用马谡呢？其实，马谡是襄阳人，随刘备自荆州入蜀，平日“好论军计”，在蜀汉平定西南少数民族叛乱时，曾献过“攻心为上，攻城为下”的计谋，因而受到诸葛亮的器重。但是，由于马谡缺少实战的经验，因此，刘备在临死前，告诫诸葛亮，马谡“言过其实”，对他不可重用。

然而，诸葛亮却没有听从这个劝告。诸葛亮采用声东击西的办法，故意传出要攻打郿城（今陕西眉县）的消息，并且派大将赵云带领一支人马，进驻箕谷（今陕西褒城北），装出要攻打郿城的样子。魏军得到情报，果然把主要兵力去守郿城。诸葛亮趁魏军不防备，亲自率领大军，突然从西路扑向祁山。

蜀军经过诸葛亮几年严格训练，阵容整齐，号令严明，士气十分旺盛。

自从刘备死后，蜀汉多年没有动静，魏国毫无防备，这次蜀军突然袭击祁山，守在祁山的魏军抵挡不了，纷纷败退。

当诸葛亮的主力部队突然到达祁山时，打了曹魏军队一个措手不及。汉阳、南阳、安定三郡（今甘肃的甘谷、陇西、镇原一带）的吏民纷纷起兵反魏归蜀，战局对蜀军十分有利。蜀军乘胜进军，祁山北面天水、南安、安定三个郡的守将都背叛魏国，派人向诸葛亮求降。那时候，魏文帝曹丕已经病死，魏国朝廷文武官员听到蜀汉大举进攻，都惊慌失措。刚刚即位的魏明帝曹睿比较镇静，得知诸葛亮率领的蜀国大军进攻的消息后，积极应战：一面派重兵驻扎在郿县一带；一面又抽出精兵 5 万步骑，由宿将张合带领，赶往西线，驻防陇右，还亲自到长安去督战。

但是，马谡这时在街亭却出了问题。马谡率军进至街亭时，遇到了魏将张合所率主力部队的抵抗。

马谡违背了诸葛亮原先的部署，又不听从部将王平的建议，在寡不敌众的形势下，居然不下据城，而舍水上山，结果被张合军队切断水道，杀得大败。

街亭失守，使诸葛亮十分被动，一场十分有利的战局顿时变成败局。虽然诸葛亮随后用空城计智退了司马懿，但是，败局一定，诸葛亮一气之下，将马谡斩首了。

反观上述案例，蜀国军师诸葛亮与魏国军师司马懿为了争夺街亭，双方都损失惨重，不过，损失最严重的还是诸葛亮的蜀国集团。

从领导的角度来看，诸葛亮虽有20万兵马，但在对人的领导上没有听取刘备生前的忠告，促使在战时的领导决策失误，不但导致街亭被丢，还导致马谡被斩，这是诸葛亮一生中的败笔。虽然诸葛亮随后用空城计智退了司马懿，但是依然无法弥补失地、斩将的损失。由此看来，“失街亭”的主要责任不在马谡，而在诸葛亮，诸葛亮因不了解部属的“能力”、“意愿”水平而作了错误的判断，并采用了不恰当的领导模式，最终导致了国家的损失和个人的失败。

摒弃了传统的“成者王，败者寇”管理模式

在今天的企业管理中，作为一名企业老板，依然还用“成者王，败者寇”的成败论思维模式来评价员工，那么员工永远都不能成功。因此，企业老板要尽可能宽容员工的失败，尽可能让那些员工从失败的阴影中走出来，特别是对一个有创新意识的员工，更应该给予尊重。

很多创新项目的风险往往都比较高。员工创新成功了，企业老板当然应该奖励他；反之，员工的创新如果失败了，企业老板应该尊重他、安慰他、鼓励他，绝对不能因为创新失败而嘲笑、打击、为难他。

对于那些失败的员工，企业老板更应该宽容地对待。身为企业老板，绝不回避员工的失败，不要轻视任何一个失败者，而应该积极地尊重员工的劳动成果。因此，中国企业老板在员工失败时，应给予充分的肯定，如果企业老板不善于从失败中吸取教训，那今天的中国企业就没有一件属于自己企业的新产品了。所以，作为企业老板，面对员工的失败，更多的应该是表现得尊重和宽容，而不应该斥责和谩骂。

对于员工的失败，一些企业老板通常会认为，如果不正视员工的失败，势必会滋生员工不进取的惰性情绪。

事实证明，企业老板如果过分地看重员工的失败，那么员工便会自觉或不自觉地犯下不可避免的错误。

可能读者会问，作为企业老板，如何处理员工的失败呢？原则有以下三个（见表 10-5）。

表 10-5　　企业老板处理员工失败的三个原则

（1）弄清楚责任所在，批评其责任人	在很多时候，一些项目因为部门经理指导方法的错误而造成的失败。就必须弄清楚责任所在，批评其相关责任人
（2）原因尚不明确，不能胡乱批评员工	某些项目失败，但是原因尚不明确，作为企业老板不能胡乱批评员工，否则，员工就没有勇气再尝试下去，就可能造成某些项目无果而终
（3）员工没有责任，就不能批评员工	由于不可抗力的外在因素的影响，使得项目失败，这种情况下，企业老板是不能批评员工的

在表 10-5 中的三个原则对于任何一个企业老板来说，在处理员工失败时是非常有帮助的。对于一个企业老板来说，员工的失败并不可怕，问题是应该如何去看待。员工工作失败，其原因是多种多样的：可能是员工工作不够努力；可能是员工经验不足；可能是由于某种客观条件不够成熟……在这些原因中，除了员工工作不够努力尚可指责外，其他的都不能简单地

归罪于失败者。如果企业老板不分青红皂白，一听到或看到员工失败就肆意指责的话，员工肯定是不会心服的。

第六节 员工就是“包身工”：从不尊重员工，不打不骂不成才

在很多企业中，老板总是随意践踏员工的人格和尊严。而他们不知道的是，随意践踏员工人格和尊严都会挫伤员工的工作积极性，同时也是对员工的不尊重。这样的管理模式早已成为历史，而一些老板却视为“瑰宝”，这不得不说是一件非常遗憾的事情。

——通用电气前CEO 杰克·韦尔奇

随意践踏员工人格和尊严的管理模式已经过时

在《中国化工报》上，我看到这样一个案例：“某化工企业不久前制定了一条新规定：凡不尊重员工者一律不予提拔。该企业在中层干部调整中，原准备将三名车间主任定为提拔对象，但在征求员工意见时，员工普遍反映他们在日常管理中，经常有态度蛮横、作风武断等不尊重员工的表现。该企业在听取员工意见后取消了对他们的提拔。”

事实上，尊重员工是企业老板激活员工工作积极性的一个最基本素质之一，这个道理再简单不过了。就算不上升到以人为本的管理理念高度，单就只是以企业和部门自身的发展来看这也是非常必要的。[①]

① 顾永强．不尊重员工不能提拔［N］．中国化工报，2006-7-13.

很多中小企业老板在实际管理的过程中，总是滔滔不绝地发表自己的意见，不断地反驳员工的意见，以显示自己是老板的权威。

殊不知，中小企业老板这种高高在上的姿态不仅引起员工的强烈反感，而且非常影响员工工作的积极性和主动性，甚至会损害到企业的利益。

这就需要企业老板尊重员工的人格，绝不能随意践踏员工人格和尊严。而随意践踏员工人格和尊严都是对员工的不尊重，这样的管理模式已经过时。

在21世纪的今天，我们都在倡导人性化管理，特别是最近流行于很多世界500强企业中的情感管理，与当初强调的冷冰冰的制度管理迥然而异。

当这些世界500强企业了解中国文化后发现，中国式管理才是最好激发工作效率的管理模式。

随意践踏员工的尊严，是部分中小企业老板在企业管理中犯下的一个较为严重的错误。

然而，作为世界500强企业的连锁企业欧尚的领导者也犯这样的错误。这让我还是有些吃惊。

欧尚连锁企业从1999年进入中国开始，截至2010年6月，已经在上海、北京、江苏、浙江、安徽、四川等省市拥有大型超市36家。

客观地说，能够成为世界500强的企业，往往都具有完善的管理制度，然而欧尚杭州店的做法似乎不符合作为世界500强企业的管理作风。

据河南报业网讯报道，位于杭州的欧尚超市，在对员工下班管理时，该店领导者竟然采用让员工以摸黑白围棋子的方法来检查他们是否携带该店货品。

在下班时，这个程序是必需的，也就是按照这个方法，当员工摸到白棋时，该员工就可以刷卡下班了。相反，当员工摸到黑棋时，该员工就必须在该店保安的监视下，把自己所有的衣裤口袋都向外掏一遍。而据媒体记者调查所知，该超市这种离谱做法已经存在好几年了。

当该店的这种做法被媒体披露后，欧尚超市杭州店店长助理回应说，欧尚杭州店用摸黑白围棋子的方法来检查他们是否携带该店货品的做法只是为了起到警示员工的作用。

随意践踏员工的尊严是一些中小企业老板常犯的一个错误。在上述案例中，不管该店长助理如何回答，都显然是在为该店的做法开脱。

众所周知，对该店员工而言，摸到白棋的概率只有50%，也就是说每天都胆战心惊，员工如果摸到黑棋就意味着自身的人格尊严将被该店践踏。

可以肯定地说，该店采用让员工以摸黑白围棋子的方法来检查他们是否携带该店货品的做法不仅不会起到超市期望的警示作用，甚至还凸显出该超市对员工庄重的人格尊严的无视，这样对员工的人格的随意践踏，不仅中国法律不允许，而且也会激化店员与该店领导者的矛盾。

因此，该店在制定某项制度时，绝对不能超出法律的范围，而且还必须以尊重员工的尊严为前提，否则，受践踏的不仅是员工的人格尊严，还有该超市内部的和谐关系，最终会演化成巨大的危机事件，超市将为之付出代价。

尊重员工才符合当下的管理潮流

事实证明，不懂得尊重员工、随意践踏员工尊严和人格的企业老板肯定不是一个好老板。不得不承认的是，在实际的企业管理中，每一位员工都有其自己的人格和自尊，否则员工就没有自己独特的个性。

事实上，中小企业老板管理员工的目的，不过是为了激活其工作激情，使他在工作上做出成绩。因此，中小企业老板在管理员工时，千万不要盛气凌人，目空一切。而是应该尊重员工的人格、尊严、建议、工作成果。中小企业老板如果滥用权力，诸如以权谋私、以自己的好恶标准去制约员工的工作、故意排挤员工等，都会有损于企业老板的威望。

当然，作为一名企业老板而言，真正的权力的体现是民主集中、以人为本，那种把员工当作机器或者奴隶的做法，只能使中小企业老板自己陷入管理的败局。

对此，通用电气前 CEO 杰克·韦尔奇对尊重下属这个问题十分重视，他说："尊重下属就是在以 10000% 的速度发展。"

杰克·韦尔奇的话表达了一个深刻的道理：在企业管理中，中小企业老板应注意自己的领导风格，特别是对下属的尊重。

尊重下属是必要的，即使是那些有这样那样缺点、甚至犯过错误的员工，也同样有自尊心，有时甚至比其他人更渴望得到老板的理解和尊重。作为中小企业老板，应该充分考虑到下属的这种心理需要，真心诚意、不掺半点虚伪地尊重他们。否则，企业老板会为之付出惨重的代价。

可能读者会问，作为企业老板，如何才能避免随意践踏员工尊严的事情发生呢？方法有以下 3 个（见表 10-6）。

表 10-6　　避免随意践踏员工尊严的 3 个方法

（1）尊重下属	当企业老板不尊重下属时，发生随意践踏员工尊严的事情的概率就会大幅度提升。在企业管理中，企业老板千万不要盛气凌人，目空一切，应该尊重员工的意见，合理地安排员工工作。一旦把工作交付给下属，企业老板应尽量给予帮助，要耐心地指导他们，给予他们意见和忠告
（2）以人本思想为价值导向	在企业管理中，企业老板必须以人本思想为价值导向，在此基础上营造一个良好的公司环境
（3）把人作为资源	企业老板把下属作为战略资源。这不仅是一个关乎企业生存和发展的战略问题，更是企业做强做大的战略问题

第七节 “不懂得分享”：功劳是自己的，苦劳都是员工的

不少大学生，几个朋友在一起创业，刚刚做到有欣欣向荣的迹象的时候，却因为有利润了，开始计较分多分少的问题，最后就散伙了，在创业还未达到顶级状态的时候就倒闭了，所以分享的精神在创业过程中也是非常重要的。

——新东方创始人　俞敏洪

独占功劳会打击员工的积极性

一个卓越的企业老板，不仅仅要与员工一起分享功劳，而且有时要故意把本属于自己的功劳尽可能地推让给员工。

企业老板这样做既激励了员工发挥实现自我价值的工作才能，又让企业老板把功劳尽可能给员工的举动融入到该企业文化之中，从而营造一个全公司把功劳尽可能给员工的企业文化。

然而，在很多企业中，有一些“精明干练”的企业老板不轻易相信员工的工作能力，往往是已派给员工的工作任务，这些企业老板却亲力亲为。

这样的企业老板通常就会与员工争夺功劳，就算是一个很小的工作任务，也要亲自过问，时时刻刻都不愿意错过“我是老板，我说了算”的任何机会。

在《家族企业长盛不衰的秘诀》培训课上，我问了学员们一个非常平

常的问题：“假若在一年内，你们公司的销售额增长300%，应归功于谁？”

学员们更多的是说应归功于企业老板。理由是在企业老板的带领下，才采取了促进销售的策略，从而使销售额获得快速增长。当然，这样的回答是不完全客观的。

作为企业老板，应该把这个功劳归功于各级部门经理和一线员工们。

然而，在中国很多企业中，如果问他们，企业销售额增长300%的“功劳属于谁”时，这些企业老板却往往与员工争功或者在公开场合下贬低员工、尽可能地抬高自己。

比如，当取得销售额增长300%的良好佳绩后，部分企业老板在例会上往往对员工说：“像你们这么干怎么能成？要不是我亲自督战，销售额能取得增长300%的可喜业绩吗……”

部分企业老板可能在例会上这样说：“有的同志会干的不干，不会干的瞎干，要不是我及时发现问题，销售额能增长300%吗……”

上述这些企业老板其实讲得很明确，如果没有他这位企业老板，该公司是不会取得销售额增长300%的好业绩。

其实，企业老板与员工争功，贬低员工，这都是企业老板心胸狭小的具体表现。当某企业或部门工作成绩突出时，人们往往会把“某企业经营得好”与“该企业老板能干”等同。作为该企业老板，根本就没有必要自我表功。如果企业老板与员工争功，不承认员工的成绩，反而会损坏企业老板在员工中的领导形象。

这看起来就是小事一件，但后果却很严重，极有可能挫伤员工的工作积极性，以至于在岗位上毫无责任心可言。

这并非危言耸听，试想，但凡公司有一点成绩，就都是老板的功劳，员工还有心思搞好工作吗？因此，企业老板与员工争功，不仅会极大地影响企业老板在员工中的领导力，而且还会加剧员工与企业老板之间的矛盾，从而加剧员工的怠工心理，阻碍企业的发展。

在《中外家族企业成功之道》这个培训课程中，遵义市斯诺高科技电子公司的人力资源部经理石岩告诉我，她曾在公司里挑选出一名年轻的职员担任工程部的经理，原因在于工程部的员工虽然非常能干，但是效率一向不高，其他管理者曾试图使这个部门走向正轨，但是从来没有人成功过。

不过在新上任的年轻经理的管理下，奇迹出现了，不论他做什么都会产生积极的影响，员工的热诚和活力倍增，这个部门也变得极有效率。

这位新经理在接管这个工程部的几个月后，在一家餐厅遇到的一位女同事对他说："你的部门是蒸蒸日上，我不敢相信你们在这一季度已经完成那么多的设计方案。"

这名年轻主管在女同事的奉承下变得得意忘形，脱口就说："是呀，在我接管工程部以前，这家公司从来没有一个真正的工程部。"

他的话在这家公司内迅速流传，不久以后就传到了工程部员工的耳里。短短几天内，工程部就又变成一个极没有效率的部门。

几个月后，这位在工程部创造奇迹的年轻经理被调到其他部门，他虽然曾试图挽回颓势，但是再也无法让部属信服。

告诉我这件事的人力资源部经理最后说："将员工的功劳归为己有竟造成如此严重的影响。"

就像上述例子中的那样，尽管年轻经理为公司做出了不小的贡献，但是将该部门内的所有功劳完全归功于自己一个人，还是非常欠妥的。

其实，这个年轻经理犯了一个常犯的错误。这个年轻经理的示例警示每一个老板，任何一项工作，都绝不可能始终靠企业老板一个人去完成，都必须是一个团队去完成的，可能在某些工作任务中，一部分员工贡献得相对较少，但是作为企业老板，员工哪怕是一点微不足道的协助也必须由衷地向他表示感激，绝对不能否认下属在这项工作中的功劳。

把功劳尽可能让员工分享

懂得分享是企业老板一个必备的素养，特别是要懂得把功劳让给员工。其实，把功劳让给员工只不过是企业老板对员工劳动的尊重和认可。

作为企业老板，必须明白，对员工劳动的尊重和认可，就可以令员工更加积极、主动、兢兢业业地工作，既能让员工感激不尽，又能鼓舞员工士气，对企业的发展有着很好的推动作用。

事实证明，伟大的老板的伟大之处在于，他们能够尊重员工的成果，把功劳让给员工，从而让员工最大限度地发挥他的价值。相反，如果企业老板经常与员工争功，不仅会激化员工与企业老板的矛盾，而且还会引起员工的不满，使其缺乏工作责任心。

作为企业老板，这一点要绝对牢记。在“创业大学堂”首场讲座《在失败和探索中成长》中，主讲人新东方教育科技集团董事长兼总裁俞敏洪告诉在座的大学生们，创业要有坚韧不拔、不怕失败的精神，要有足够的准备期，而且最重要的还要懂得与自己的合伙人及职员一起分享。

俞敏洪多次谈到，要想创业成功，必须懂得与人分享。俞敏洪比喻说：“我用两个比喻来说明什么叫分享。我常常跟新东方的学生讲，大家要学会分享。你有 6 个苹果，你留下 1 个，把另外 5 个给别人吃。当你给别人吃的时候，你并不知道别人能还给你什么，但是你一定要给。因为别人吃了你的那个苹果以后，当他有了橘子，一定会给你一个，因为他记得你曾经给过他一个苹果。最后，你得到的水果总量可能不会增加，还是 6 个水果，但是你的生命的丰富性成倍增加，你看到了 6 种不同颜色的水果，吃到了6种不同的味道，更重要的是你学会了在6个人之间进行人与人最重要的精神、思想、物质的交换。这种交换能力一旦确立，你在这个世界上就会不断地得到别人的帮助。这是第一个比喻。

还有，你生活中的痛苦和快乐一定要跟别人分享。因为如果你把痛苦压在心里，就像一座还没有爆发的活火山一样，早晚有一天会爆发，一旦爆发，力量就是毁灭性的，它可能会把你自己摧毁，也可能把别人摧毁。1980年，美国的圣海伦斯火山的爆发就是一个例子。圣海伦斯火山100多年没有爆发，人们认为它不会爆发。结果一夜之间爆发了，把周围几十英里的土地全部摧毁得一干二净，几个人一起才能抱拢的大树在一秒钟之内全部被烧毁。但是你到了夏威夷以后，你就敢站在火山口看岩浆源源不断地流出来，因为你知道有岩浆源源不断地流出来，它就不可能爆发。同样道理，当你心中有压抑和痛苦的时候，你需要朋友、同事、领导和你一起分享。当你和别人分享的时候，你就会发现你的心灵是平静的，而人的心灵的平静是一切幸福和快乐的根本保证。”

创业要有分享的精神，俞敏洪用一个简单的例子对学生讲述了这个道理。“比如说现在你有6个苹果，你有两个选择。第一，你一人把它们全部吃掉，但你也可以自己吃1个，给别人分5个。表面上你丢了5个苹果，实际上你一点也没丢，因为你获得了5个人的友谊。当你有困难的时候，他们就很愿意来帮你。我吃了你1个苹果，当我有橘子的时候，无论如何我要分你1个橘子。你用这种方式收集了另外的5种水果。”

这是一个简单的道理，但在创业过程中有些人却没有看到分享的重要性。俞敏洪谈道，他看到不少大学生，几个朋友在一起创业，刚刚做到有欣欣向荣的迹象的时候，却因为有利润了，开始计较分多分少的问题，最后就散伙了，在创业还未达到顶级状态的时候就倒闭了，所以分享的精神在创业过程中也是非常重要的。

对此，长虹集团前CEO倪润峰认为："一个喜欢抢夺员工功劳的老板是不可能成功的，他得到近利，却忽视了远利。反之，一个不与员工抢功劳的老板，才有可能成功。"

从倪润峰的话中不难看出，作为企业老板，把功劳尽可能给员工，不仅体现了企业老板自身的影响力，同时也提升了员工的岗位效率。

可能读者会问，作为企业老板，如何才能把功劳尽可能给员工呢？方法有以下几个（见表10-7）。

表10-7　把功劳尽可能给员工的方法

（1）让员工分享功劳甚至是把功劳让给员工	一个卓越的企业老板应该是去和员工分享功劳甚至是把功劳让给员工。这样才可能最大限度地激励员工，创造一个优秀的团队。反之，是得了近利，但必有远忧
（2）将功劳让给员工时，切勿要求员工报恩	当企业老板将功劳让给员工时，切勿要求员工报恩，或者摆出威风凛凛的姿态。因为员工可能会因此而产生逆反心理，甚至感到自尊心受损，进而采取反抗的行动。如此一来，反而得不偿失
（3）心甘情愿地把功劳让给员工，并且对其表达感谢之意	企业老板应该心甘情愿地把功劳让给员工，并且对其表达感谢之意。换言之，企业老板该换个角度想，一旦自己身在一个可以"施惠"的公司，并且拥有值得"相让"的员工，才能让员工尝到了满足的滋味，这一切都是值得感恩的

参考文献

[1] 杨连柱 . 史玉柱如是说 [M]. 北京：中国经济出版社，2008.

[2] 金错刀 . 马云管理日志 [M]. 北京：中信出版社，2009.

[3]（宋）司马光 . 资治通鉴 [M]. 北京：中华书局，2009.

[4] 吴能文 . 落实力就是战斗力 [M]. 北京：新世界出版社，2008.

[5] 徐宪江 . 富人不说，穷人不懂：50 位亿万富豪白手起家的赚钱哲学 [M]. 苏州：古吴轩出版社，2011.

[6] 余在杭 . 芝麻开门：马云和阿里巴巴的成功之道 [M]. 北京：中国时代经济出版社，2007.

[7] 周星潼 . 芝麻开门：成就阿里巴巴网络帝国的 13 个管理法则 [M]. 武汉：华中科技大学出版社，2012.

[8] 周锡冰 . 百年青岛啤酒的品牌攻略 [M]. 北京：中国财富出版社，2011.

[9] 周锡冰 . 命门：中国家族企业死亡真相调查（升级版）[M]. 北京：中国财富出版社，2013.

[10] 郭珍 . “九头鸟”家族兵变内幕 [J]. 当代经理人，2002（4）.

[11] 刘岷 . 如何消灭企业潜规则 [J]. 中国新时代，2005（7）.

[12] 庞亚辉 . 明星代言时代的企业危机应对策略 [J]. 销售与市场，2007（5）.

[13] 乔木 . 柳传志与马云的政治经：在商言商 寻求妥协 [J]. 彭博商业周刊，2013-7-31.

[14] 沈端民 . 拜金主义：“梁山聚义”失败的根本原因 [J]. 湖南财政经济学院学报，2011（3）.

[15] 苏龙飞 . 雷士照明：资本猎手之间的博弈 [J]. 经理人，2010-12-15.

[16] 王启军，王军爱，宫照馥 . 高薪下的陷阱 [J]. 人力资源开发与管理，2008（12）.

[17] 岳淼 . “中国制造”的真实困境 [J]. 环球企业家，2008-5-23.

[18] 章振东 . 试论中小企业财务管理现状、成因及对策 [J]. 湖南财经高等专科学校学报，2004（1）.

[19] 陈莹莹，朱中一 . 房企不要盲目进入商业地产 [N]. 中国证券报，2011-12-14.

[20] 陈光 . 雅戈尔急救资金链：分析师称“涉足地产是错误”[N]. 理财周报，2008-11-24.

[21] 顾永强 . 不尊重员工不能提拔 [N]. 中国化工报，2006-7-13.

[22] 戈晓芳，李静莉 . 当初扎堆养土鸡如今无奈愁销路 自主创业莫盲目跟风 [N]. 洛阳日报，2012-2-27.

[23] 国语洋，张蕊 . 盲目跟风开店——香辣鸭脖子店关门一大半 [N]. 新晚报，2007-2-6.

[24] 李冰心，周鸿祎 . 选择伙伴韧性比激情更重要 [N]. 中国青年报，2007-4-30.

[25] 林景新 . 企业如何应对“广告门”危机 [N]. 中国证券报，2008-4-21.

[26] 马云 . 马云：不要迷信 MBA[N]. 中国食品报 · 冷冻产业周刊，2010-4-5.

[27] 齐馨 . 广告创意存在营销风险——争议广告是把双刃剑 [N]. 市场报，2004-1-7.

[28] 宋凌，武雅婷，肖斌 . 北京专家来襄传授“创业经” 选对项目很重要 [N]. 襄阳晚报，2012-12-17.

[29] 吴芳兰 . 长三角制造业投资房产重创——浙 90% 房企将出局 [N]. 上海证券报，2008-7-10.

[30] 薛松 . 马云忆当年融资难：一家家敲门一家家被拒 [N]. 广州日报，2009-9-17.

[31] 徐静，廖婧文，刘沛思，樊峰会 . 中小企业平均寿命仅 2.9 年 [N]. 广州日报，2008-7-24.

[32] 一凡 . 照明企业：合资办企不能光靠讲义气 [N]. 古镇灯饰报 . 2009-8-28.

[33] 郑巧伟，邱凌蓝 . 盲目进入房地产企业发展面临缺血 [N]. 泉州晚报，2005-1-7.

[34] 邹芸 . 家电单品自建渠道——开专卖店切忌乱跟风 [N]. 成都商报，2007-6-21.

[35] 张绪旺 . 马云：创业者不怕竞争怕没诚信 [N]. 北京商报，2010-9-8.

[36] 张绪旺 . 马云：小企业不要急着圈钱 [N]. 北京商报，2010-6-2.

[37] 张金江，王方，李琰，刘洋．西班牙雪铁龙广告轻慢毛泽东——当地华人反应强烈[N]. 环球时报，2008-1-14.

[38] 朱剑平，王春．亚星化学山东海龙陨落——大股东“抽血”不断[N]. 上海证券报，2012-9-25.

[39] 韩杨．马云对话马化腾：看到微信我也很紧张[OL][2013-03-31]. 凤凰网．http://tech.ifeng.com/it/special/2013lingxiufenghui/content-3/detail_2013_03/31/23719366_0.shtml.

[40] 何峰．马云：不要老是想打败竞争对手[OL]. i 黑马．http://www.iheima.com/archives/13473.html.

[41] 马云．马云：资本永远是舅舅 自己掌握阿里未来[OL][2010-10-12]. 中国企业家网 .http://www.iceo.com.cn/renwu/34/2010/1012/201641.shtml.

[42] 妮洛弗·麦钱特．别把员工当螺丝钉[OL]. 商业评论网 .http://www.ebusinessreview.cn/articledetail-101037.html.

[43] 王荣华．闯三关[OL]. 小说阅读网．http://www.readnovel.com/partlist/21325.html?COLLCC=1015039985&.

[44] 吴思．历史上的官商“潜规则”[OL]. 环球在线．http://www.chinadaily.com.cn/hqzx/2008-04/21/content_6632612.htm.

[45] 于斐．当今许多科技型企业为什么搞不出名堂[OL]. 博锐管理在线．http://www.boraid.com/article/html/203/203044.asp.

[46] 余胜海．企业老板要学会放权[OL]. 金融界 .http://finance.jrj.com.cn/biz/2011/10/28163211433615.shtml.

[47] 佚名．雷士照明股权连环局[OL]. 东方财富网．http://hk.eastmoney.com/news/1535,20120713221817086_2.html.

[48] 佚名．雷士照明：2004 至 2005 年劫后重生[OL]. 高工 LED. http://www.gg-led.com/asdisp2-65b095fb-6103-.html.

[49] 佚名．水浒传[OL]. 百度百科．http://baike.baidu.com/view/2578.htm#sub4991920.

[50] 佚名 . 梁山好汉为什么会失败 [OL]. 铁血社区 . http://bbs.tiexue.net/post_6599332_1.html.

[51] 佚名 . 开店有风险莫要盲目跟风 [OL]. 阿里巴巴生意经 .http://baike.china.alibaba.com/doc/view-d1512411.html.

[52] 佚名 . 创业开店不可盲目跟风，做生意要稳打稳扎 [OL]. 91 加盟网 .http://www.91jm.com/news/DTMNBRV65911.htm.

[53] 佚名 . 门窗幕墙企业切忌盲目扩大规模 [OL]. 中国门都网 . http://www.chinamendu.com/InformationShow/4907.

[54] 佚名 . 同仁堂 [OL]. 百度百科 .http://baike.baidu.com/link?url=GlwKo2X8qTai7aCeC_rHDLZzxKiFyOarrUy6bFKyOFQouoj4JvKM06ajQcAmbSnX.

[55] 佚名 . 戒欺 [OL]. 百度百科 .http://baike.baidu.com/link?url=YrpLJODeRucNn63jdlhB2Te1WX6dZh5Q9fdeygJ51FiedZjEGhwiPb7ziJ6u-8yUjlwCIhtSq7kTWq2vZi6Fea.

[56] 佚名 . 如何维护企业信誉 [OL]. 百度文库 .http://wenku.baidu.com/view/c50c9bde6f1aff00bed51e21.html.

[57] 佚名 . 企业信用的维护和修复 [OL]. 信网 .http://news.21315.com/caijingzhishi/xinyongzhishi/2009-12-21/43342.html.

[58] 佚名 . 私营企业要采取有效措施提高企业财务管理水平 [OL]. 中国劳动咨询网 .http://www.51labour.com/html/69/69168_2.html.

[59] 佚名 . 湖北幸福集团 幸福终结 [OL]. 百度文库 .http://wenku.baidu.com/view/f8f7ade80975f46527d3e162.html.

[60] 佚名 . 论家族企业的管理 [OL]. 网上人大网 . http://www.cmr.com.cn/plus/view.php?aid=5059.

[61] 佚名 . 中国企业家必备十大素质 [OL]. 百度文库 .http://wenku.baidu.com/view/f0983889cc22bcd126ff0c7d.html.

[62] 佚名 . 企业家婚变：民企经营新风险 [OL]. 凤凰网 . http://finance.ifeng.com/news/

industry/20110920/4630338.shtml.

[63] 佚名 . 九头鸟 [OL]. 百度百科 .http://baike.baidu.com/view/29484.htm.

[64] 佚名 . 老板，别让会议“毁”了你 [OL]. 百度文库 .http://wenku.baidu.com/view/bc065239a5e9856a56126052.html.

[65] 佚名 . 一山不容二虎 [OL]. 百度百科 .http://baike.baidu.com/link?url=nHmWld3ZDo8kgpksjOKf5wKl2W7RsHMdKEBdLbGnVgT0_uq7FpOFD3jn7BqQQUiV4tjVLoS00aRAjOzaD4jn6K.

[66] 佚名 . 范增 [OL]. 百度百科 .http://baike.baidu.com/link?url=if8udDLwzNL6J0SIspQT6HZZfV-YFZL1awlkuRPvkFQ24s7PLPCzzsGgRRj821QR.

[67] 佚名 . 如何分解服装企业业绩目标 [OL]. 阿里巴巴服装资讯 .http://info.1688.com/detail/1067189071.html.

[68] 佚名 . 马云：不能在资本层面稀释掉对企业的操纵权 [OL]. 亚洲财经 .http://www.asiafinance.cn/news/2011-12-14/asia0000051797.shtml.

[69] 佚名 . 马云讲创业的三个原则 [OL]. 中国创业资讯网 .http://www.cn08.net/html/cyebd/200802/7083.html.

[70] 佚名 . 从莎朗・斯通看名人品牌代言 [OL]. 39 健康网 . http://face.39.net/hy/085/31/473324.html.

[71] 佚名 . 史玉柱 [OL]. 百度百科 . http://baike.baidu.com/view/16308.htm.

[72] 佚名 . 怀汉新 [OL]. 百度百科 . http://baike.baidu.com/view/1262086.htm.

[73] 佚名 . 论企业多元化战略 [OL]. MBA 智库文档 .http://doc.mbalib.com/view/3072d536f238a2a261528a87d12255ca.html.

[74] 佚名 . 我们从史玉柱身上学到什么？ [OL] [2007-11-22]. 腾讯网 .http://news.qq.com/a/20071122/001822.htm.

[75] 佚名 . 从秦池、三株看中国策划业的发展 [OL]. 豆丁网 . http://www.docin.com/p-518652524.html.

[76] 佚名 . 史玉柱，胡润财富榜上最富有 IT 商人的近视手术故事 [OL] [2007-12-25]. 大河网 . http://www.dahe.cn/ggzx/zhuanti/purui/ssgs/t20071225_1230994.htm.

[77] 佚名 . 中小企业的投资误区 [OL]. 豆丁网 . http://www.docin.com/p-828069.html.

[78] 佚名 . 固定资产投资 [OL]. MBA 智库百科 . http://wiki.mbalib.com/wiki/ 固定资产投资 .

[79] 佚名 . 固定资产投资决策 . 人大经济论坛 [OL]. http://wiki.pinggu.org/doc-view-10505.html.

[80] 佚名 . 短期借款 [OL]. MBA 智库百科 . http://wiki.mbalib.com/wiki/ 短期借款 .

[81] 马云 . 马云 2002 年在宁波会员见面会上的演讲 . 2002.

后 记

19 世纪英国批判现实主义小说家查尔斯·狄更斯在《双城记》一书中写道："这是一个最好的时代，也是一个最坏的时代。"同样对于中小企业老板而言，可以说，眼下是"做强做大企业的最好的时代，也是最坏的时代"。

在这里说是最好的时代，主要是对于那些准备充分、思维敏锐的中小企业老板来说的，而最坏的时代主要指在商品经济大潮的冲击下，许多中小企业老板尽管热情很高，由于毫无准备，结果不是因投资失误，就是管理不善而步履维艰，甚至惨遭淘汰。

近年来民企失败率很高，同时很多民企的寿命也越来越短。究其原因，就是很多中小企业老板在投资过程中往往源于一时冲动，或憧憬一夜暴富等。

当然，也有很多人将民企寿命短的原因归咎于缺乏企业核心竞争力。有的人说，企业有了核心竞争力就有了优势。

经过对全国，尤其是江浙数千家企业研究后，笔者却不这么认为。核心竞争力这些东西是可以通过别的途径复制的，民企的核心竞争力还是老板个人的竞争力，是装在企业家脑袋里，而别人拿不到也去不掉的那些东西，比如个人素质、眼光等。

事实上，在中国，向来不缺乏优秀的品牌制造者，但是却缺乏优秀的经营管理者。有多少看似非常耀眼的中小企业在一夜间成名，叱咤风云三五年，却往往在遭遇到一两个似乎很小的、及时采取措施就完全可以控制的“小麻烦”后便如“多米诺骨牌”一样无情地垮下去，并且是一泻千里，不可收拾。

据商务部的资料显示：中国大陆地区每年注册数十万家中小企业，同时每年倒闭的中小企业也在10万家以上，有60%的中小企业在5年内倒闭，而85%的中小企业在10年内也破产而亡，其平均寿命只有2.9年。

原因何在？中小企业死亡最重要的原因，就是中小企业老板在企业问题的处理上经常犯下那些不应犯下的错误，导致企业在短时间内衰亡。如果把中小企业老板的问题看作一匹脱缰的野马，那么更正中小企业老板的经营问题就是最好的驾驭术。

在一批批企业倒下的同时，我们也看到了一些公司依然发展安稳，仍旧能够在竞争激烈的市场上乘风破浪。归根结底，中小企业老板更正自己最可能犯下的错误才是企业持续发展和永续经营的重要因素，只有这样，企业才能够基业常青。

对于白手起家的中小老板来说，如何正确投资，回避投资误区，就成为中小企业做强做大与否的关键，也成为将中小企业打造成百年老店的必修课。

这里，感谢《财富商学院书系》《火凤凰财经书系》的优秀工作人员，他们也参与了本书的前期策划、市场论证、资料收集、书稿校对、文字修改、图表制作。

任何一本书的写作，都是建立在许许多多人的研究成果基础之上的。在写作过程中，笔者参阅了相关资料，包括电视、图书、网络、视频、报纸、杂志等资料，所参考的文献，凡属专门引述的，我们尽可能地注明了出处，其他情况则在书后附注的“参考文献”中列出，并在此向有关文献的作者表示衷心的谢意！如有疏漏之处还望原谅。

本书在出版过程中得到了许多教授、培训师、中小企业老板、职业经理人、合伙人、业内人士以及出版社的编辑等的大力支持和热心帮助，在此表示衷心的谢意。由于时间仓促，书中纰漏难免，欢迎读者批评指正。（E-mail：zhouyusi@sina.com）。

周锡冰

2013年9月27日于紫竹院公园